Psicologia da Colonização

Coleção Estudos
Dirigida por J. Guinsburg
(*in memoriam*)

P**SICANÁLISES**
P**LURAIS**

COORDENAÇÃO
Maria Lúcia da Silva
Andréa Máris Campos Guerra

Coordenação de texto Luiz Henrique Soares e Elen Durando
Preparação Simone Zac
Revisão Adriano C.A. e Sousa
Capa Sergio Kon
Produção Ricardo W. Neves e Sergio Kon.

Octave Mannoni

PSICOLOGIA DA COLONIZAÇÃO

PREFÁCIO À EDIÇÃO BRASILEIRA
Maria Lúcia da Silva e Andréa Máris Campos Guerra

PREFÁCIO
Livio Boni

TRADUÇÃO
Marise Levy Warhaftig

Copyright © Éditions du Seuil, 2022.

Psicologia da Colonização foi publicada pela primeira vez em 1950 pela Éditions du Seuil. Teve então duas reedições sob os títulos *Prospero e Caliban* (1984) e *Le Racisme revisité. Madagascar, 1947* (1997) por outras editoras. Esta edição inclui o texto original de 1950 e os acréscimos do autor nas edições subsequentes.

AMBASSADE
DE FRANCE
AU BRÉSIL
Liberté
Égalité
Fraternité

Cet ouvrage, publié dans le cadre du Programme d'Aide à la Publication année 2024 Carlos Drummond de Andrade de l'Ambassade de France au Brésil, bénéficie du soutien du Ministère de l'Europe et des Affaires étrangères.

Este livro, publicado no âmbito do Programa de Apoio à Publicação ano 2024 Carlos Drummond de Andrade da Embaixada da França no Brasil, contou com o apoio do Ministério francês da Europa e das Relações Exteriores.

CIP-Brasil. Catalogação-na-Fonte
Sindicato Nacional dos Editores de Livros, RJ

M246p
    Mannoni, Octave, 1899-1989
    Psicologia da colonização / Octave Mannoni ; prefácio da edição brasileira Andréa Máris Campos Guerra, Maria Lúcia da Silva ; prefácio Livio Boni ; tradução Marise Levy Warhaftig. - 1. ed. - São Paulo : Perspectiva, 2024.
    272 p. (Estudos ; 386)

    Tradução de: Psychologie de la colonisation
    Inclui bibliografia
    ISBN 978-65-5505-193-3

    1. Colonização - Psicologia. 2. Racismo - Aspectos psicológicos. I. Guerra, Andréa Máris Campos. II. Silva, Maria Lúcia da. III. Boni, Livio. IV. Warhaftig, Marise Levy. V. Título. VI. Série.

24-91545   CDD: 325.3019
               CDU: 327.2-029:159.9

Meri Gleice Rodrigues de Souza - Bibliotecária - CRB-7/6439
15/04/2024   18/04/2024

1ª edição
Direitos reservados em língua portuguesa à
EDITORA PERSPECTIVA LTDA.

alameda Santos, 1909, cj. 22
01419-100 São Paulo SP Brasil
Tel.: (11) 3885-8388
www.editoraperspectiva.com.br
2024

Sumário

Prefácio à Edição Brasileira –
Maria Lúcia da Silva e Andréa Máris Campos Guerra..... IX

As Múltiplas Vidas de um Livro Inoportuno –
Livio Boni... XV

Nota do Autor Para a Primeira Edição Inglesa (1956).... XXI

Nota do Autor Para a Segunda Edição Inglesa (1964).... XXV

Introdução... XXXI

Parte 1
A DEPENDÊNCIA

   1. Dependência e Inferioridade..................... 3
   2. O Culto dos Mortos e a Família 13
   3. A Ameaça de Abandono 25
       Epílogo: Os Sonhos e a Necessidade de Proteção.... 51

Parte 2:
A INFERIORIDADE

1. Crusoé e Próspero 59
2. A Situação Colonial e o Racismo 73

Parte 3:
DEPENDÊNCIA PSICOLÓGICA
E INDEPENDÊNCIA POLÍTICA

1. A Sucessão das Gerações e a Personalidade 89
2. A Independência Nacional 97
3. Regressão, Estagnação, Progressão 107
4. A Administração e a Psicologia 119
5. O Que Fazer? 133
6. O Espírito Experimental 157
7. A Unidade Humana 169

ESCRITOS ANEXOS

The Decolonization of Myself 185
"Terrains" de Mission? 197

Notas 203
Referências 215

Prefácio à Edição Brasileira

> *Todo problema humano exige ser considerado a partir do tempo. Sendo ideal que o presente sempre sirva para construir o futuro. E esse futuro não é cósmico, é o do meu século, do meu país, da minha existência.*
>
> FRANTZ FANON, 1952.

Obra indispensável para compreensão do século XXI, a tradução e publicação do clássico *Psicologia da Colonização*, do francês Octave Mannoni, chega em terras tropicais e aporta no Brasil, praticamente 75 anos depois de seu lançamento. A crítica contundente de Frantz Fanon à obra atracou nas terras pindorâmicas, traduzida em 1983, graças ao movimento negro organizado no país. Nesse caso, trinta anos depois de sua primeira publicação.

Como interpretar esse fenômeno temporal de recepção e circulação de uma obra tão imprescindível para analítica do poder colonial que nos concerne? Sabemos que as cartografias dos movimentos itinerantes[1] de algumas ideias, obras e autores respondem a movimentações intelectuais, geopolíticas e sociossimbólicas de uma determinada temporalidade contemporânea, afinidade intelectiva e intencionalidade estratégica. Aqui, nos parece, a psicanálise pode ser uma boa parceira para um horizonte analítico.

Sabemos que a obra que o leitor tem em mãos circula entre a perspectiva de uma etnografia colonial, de uma psicologia dos povos ou ainda de uma análise dialética da relação entre senhor e escravo. Ela também pode ser lida historicamente como testemunho da revolta interna de 1947 em Madagascar ou ainda como um grande ensaio psicanalítico que antecipa estudos pós-coloniais em torno da temática do racismo colonial.

Talvez sirva a muitos senhores e cubra todas essas possibilidades. O que nos coloca de saída a questão: o que a obra sutura? A que ela responde? Sua leitura certamente produzirá em cada leitor(a) uma interpretação distinta. Fato é que inaugura uma reflexão honesta face às heterodoxas questões da vida na colônia, orquestradas pelo racismo como estrutura de distribuição de riquezas, de saberes e de poderes. O que instala efeitos indeléveis, como o próprio autor destaca, no nível da resposta inconsciente e sintomática daqueles que viveram sob o regime imperial nas colônias e sobre os que viverão sobre seus escombros, fantasmas e ruínas.

Octave Mannoni viveu décadas desde formado, em duas colônias francesas, Martinica e Madagascar. Trabalhava como professor de Letras e Filosofia, ministrando aulas em liceus locais. Seu interesse mais vivo pela psicanálise acontece já em idade madura, aos cerca de 46 anos de idade, num encontro com Lacan em Paris. Quando inicia sua análise pessoal, Madagascar vive uma crise política e ele, uma crise pessoal. O retrato do autor, no prefácio francês ao relançamento da obra – que ganhou três títulos diferentes a cada edição ou editora – é fiel.

A obra é escrita nesse momento de turbulência política e transformação íntima. Ela traz, em três partes, reflexões sobre a teoria da dependência e da inferioridade como dualidade antagônica, sobre o constitutivo e o reflexivo colonial na incidência subjetiva e na refração societária e política e o aporte da "situação colonial" à realidade concreta das lutas locais. O autor adverte o leitor de correções futuras que a obra poderia receber, bem como de que sua escrita trazia o acúmulo de sua experiência desde seu ponto de vista. O que é bem evidente no olhar que lança sobre a cena colonial.

E o livro é, de fato, recebido à época com muita resistência, tanto pelos marxistas, quanto pelo movimento negro. A nota do próprio autor para a segunda edição inglesa o testemunha. E, neste ponto, não nos parece casual, e por isso mesmo se faz oportuno, pensar sobre a dimensão temporal de seu aparecimento tardio na versão brasileira. Pensamos na configuração da resistência dos campos epistêmicos, mobilizados pelo tema da colonização, como defesa, no sentido freudiano mesmo.

Numa leitura metapsicológica, Freud aproxima a resistência no analisante a uma política do avestruz do recalque[2]. O sujeito não deseja desmobilizar seu modo de satisfação, mesmo sintomático de um mal maior que o atormenta. Melhor levantar um muro a discutir as raízes da violência que ameaça... É necessário reunir coragem para vencer essas resistências internas.

E, para Freud[3], não há luta *in absentia* ou *effigie*. É preciso trazer o inimigo para o combate, mobilizar as forças pulsionais, acionar a armas simbólicas para enfrentar o real tão difícil de alcançar. "O paciente retira do arsenal do passado as armas com que se defende contra o progresso do tratamento – armas que teremos que lhe arrancar uma a uma"[4]. Eis a dica freudiana para se enfrentar a resistência. Desarmar.

E quando ela se dirige a um tema que avassalou e assombrou a modernidade iluminista e seu discurso emancipatório: a colonização? Como justificar o processo civilizatório, sem ignorar sua base devastadora, exploratória, estupradora e extrativista, e ainda assim se orgulhar de seus avanços? As contradições, constatações e embaraços, visitados por Octave Mannoni neste livro, dão a ver um terreno arenoso e pegajoso de difícil deglutição.

Se, desde os anos 1930, Aimé Césaire, juntamente com Léopold Senghor e Léon Damas já haviam fundado o jornal *L'Étudiant noir*, constituindo no ambiente intelectual de Mannoni o termo negritude e a questão da colonialidade, a psicanálise não estava exatamente atravessada pelos impasses advindos com os processos e lutas contracoloniais.

Nessa seara, este ensaio de Mannoni é um acontecimento histórico. Marca um antes e um depois, certamente, para a esfera psicanalítica. Mesmo que, em seu domínio hegemônico, ainda hoje um século depois, continue a haver resistência em se tomar como pauta necessária as consequências subjetivas da colonização e da escravização na estrutura inconsciente. Senão como explicar tamanha dilatação temporal e dificuldade cabal de enfrentamento do debate colonial, que nos leva diretamente ao racial?!

Lacan aloca a resistência – *Übertragungswiderstand* – a uma operação de fechamento do inconsciente, assinalando a orientação clínica central na abertura dessa sutura ao desejo. Vencer as resistências leva ao despertar das lembranças, às associações interditadas, à liberação de catexias e ao rearranjo pulsional[5].

Suas repercussões são tanto subjetivas quanto discursivas. Novas soluções advêm junto com a responsabilidade. Como depor suas armas defensivas? Um livro é sempre um bom armamento.

Tanto Freud, quanto Lacan, e muitos outros psicanalistas, fizeram a teoria psicanalítica avançar, justamente ao não desviar os olhos de seu horizonte. Ao contrário, a atenção à geopolítica de seu tempo – Freud com a guerra, Lacan com Maio de 1968 – é o testemunho vivo de como um conceito se forja em estreito laço com o social e com a dimensão política. Dos neuróticos de guerra e do grande movimento social grevista na França, a segunda tópica freudiana com a formulação da pulsão de morte e a teoria lacaniana dos discursos, com a pluralização do Nome--do-Pai, escreveram avanços indeléveis na teoria psicanalítica. Não é o caso de reencontrarmos a coragem de olhar para nosso limiar com esse estudo de Mannoni? E avançar?

A chegada de *Psicologia da Colonização* não poderia se dar entre nós em melhor momento. Tempo de rupturas, de clamor por mudanças, a receptividade da obra, lida depois da crítica contracolonial, cartografa novos elementos. A apreciação do livro, muito mais que necessária, é realmente indispensável para análise da sintomática da neurose cultural brasileira, tão bem decantada por Lélia Gonzalez. Ela intervém no nível do recalcado, daquilo que precisou ser esquecido. "No momento em que fala de alguma coisa, negando-a, ele se revela como desconhecimento de si mesmo"[6].

Parece-nos finalmente que o convite, a leitura obrigatória que esta indagadora obra nos abre, é o da reflexão acerca dos modos de defesa da arena psicanalítica face ao tema da colonização. Muitas vezes tomado como extrínseco, identitário, político, ele acaba por revelar a lógica do Um no próprio solo da psicanálise. Se, em defesa do conservadorismo, qualquer avanço intimida, o recurso ao reflexo no espelho mostra, no final das contas, o que mais se teme: a própria imagem de um ideal despedaçada.

A colonialidade baseada na raça fundou a condição originária do apagamento de nossa história. A coragem de reler a rasura é ato de convocação em Octave Mannoni. Ao deslizar o Significante Mestre ao *Negro*, elemento recalcado, Lélia Gonzalez lembra que ele se escreve sobre o esmaecimento de heróis brasileiros: Zumbi, Ganga Zumba, Luísa Mahin. Porém, se a consciência é o lugar do encobrimento, a memória, "como esse lugar de inscrições que restituem uma história que não foi escrita, fala através das mancadas do discurso da consciência"[7]. O livro de Mannoni não poderia ser melhor chave para reabrir a história, folhear seu passado inglório e girar a maçaneta da porta de abertura para a escrita de outra versão de seus futuros capítulos.

Entre sem medo!

Outono de 2024
MARIA LÚCIA DA SILVA
ANDRÉA MÁRIS CAMPOS GUERRA

As Múltiplas Vidas de um Livro Inoportuno

Recebido no momento de sua publicação, em 1950, por uma verdadeira onda de protestos, tanto da parte dos marxistas ortodoxos, quanto dos principais defensores da negritude – Alioune Diop, Aimé Césaire, mas também Frantz Fanon, que o criticou vigorosamente em *Pele Negra, Máscaras Brancas*, ainda que reconhecendo seu papel de pioneiro[1] –, *Psicologia da Colonização* terá sido decididamente um livro inoportuno. Não apenas pelo fato de representar na época a primeiríssima tentativa de descrição da economia libidinal inconsciente própria do mundo colonial – mundo que o autor conhecia intimamente –, mas também na medida em que dava a entender que a relação colonial não pode desaparecer de repente, mesmo após a emancipação dos povos colonizados. Dito de outra forma, ainda que tenha sido escrito no final dos anos 1940, em uma época em que as descolonizações tinham apenas começado, já adotava uma perspectiva *pós-colonial*, sugerindo que os efeitos da experiência colonial seriam a longo prazo, tanto para os antigos colonizados, como para os antigos colonizadores, e isso só poderia desorientar os que compunham a frente anticolonial. Contudo, a despeito da perturbação que ele suscitara nestes últimos, não deixou de produzir efeitos notáveis *a posteriori*, particularmente após o fim da Guerra da Argélia e no mundo anglófono.

Tratemos então de fornecer alguns elementos sobre a trajetória espantosa desse texto, que teve, no espaço de meio século, três versões em três editoras distintas: *Psychologie de la colonisation* (Seuil, 1950), *Prospero et Caliban* (Éditions Universitaires, 1984) e *Le Racisme revisité: Madagascar, 1947* (Denoël, 1997).

As próprias flutuações de seu título mostram a dificuldade de inscrever este ensaio em uma categoria estável: tratar-se-ia de uma obra que se insere na linha da etnografia colonial, até mesmo da psicologia dos povos, anterior à Segunda Guerra Mundial?

Dever-se-ia considerá-lo como uma análise da relação dialética mestre-servo, como sugere o título *Prospero et Caliban*, emprestado de *A Tempestade* de Shakespeare[2], também escolhido para sua tradução inglesa? Ou, ainda, não deveria ser lido como tratando da questão do racismo colonial e da grande revolta de Madagascar em 1947, como sugere o título escolhido por Maud Mannoni na edição póstuma de 1997?

De fato, *Psicologia da Colonização* é tudo isso ao mesmo tempo, e mais ainda, como veremos neste curto prefácio de sua quarta edição, para a qual escolhemos voltar a seu título original.

Quem era então Octave Mannoni? Qual fora sua trajetória intelectual e subjetiva, antes que se tornasse, a partir dos anos 1960, uma voz reconhecida da psicanálise francesa, especialmente por seus escritos sobre o teatro e por um pequeno texto analítico destinado a deixar uma marca duradoura na história da psicanálise, "Je sais bien, mais quand même..." (Eu Sei, Mas Mesmo Assim..., 1964) com o qual, recentemente, estabeleceu-se um elo teórico, por muito tempo despercebido, com *Psicologia da Colonização*?[3]

Nascido em 1899, Mannoni cursou o ensino superior em Estrasburgo, frequentando, particularmente, os cursos de Maurice Halbwachs[4]. Parte em 1925 para a Martinica, onde atua como professor de Letras e Filosofia no Lycée Shoelcher de Fort-de-France. Desde essa época, mostra seu interesse pelo mundo "inter-racial", participando da fundação da revista *Lucioles* com, entre outros, o poeta Gilbert Gratiant, um dos primeiros a publicar versos em crioulo. Durante muito tempo, seus interesses dirigem-se, efetivamente, mais à literatura do que à filosofia. Após um curto período em La Reunion, chega a Madagascar em outubro de 1931, e ensina durante dezessete anos no Lycée Gallieni d'Antananarivo.

Não resta dúvida de que a experiência da guerra abalou suas raras certezas, como podemos constatar na leitura de seu diário, publicado postumamente[5]. Madagascar é, então, ocupada pelos ingleses com o objetivo de combater os vichystas, um episódio que terá graves consequências "psicológicas" na população malgaxe, pois irá comprometer a própria imagem do colonizador. No momento de seu encontro com Lacan, em novembro de 1945, na ocasião de uma licença extraordinária, concedida a funcionários públicos expatriados, Mannoni tem, portanto, uma primeira vida atrás dele: um quarto de século passado no mundo colonial, uma paixão pela filosofia (principalmente pela fenomenologia e o existencialismo), uma forte inclinação pela literatura (particularmente, a poesia), bem como um grande interesse em etnografia e botânica. A aproximação intelectual com a psicanálise já está em andamento, portanto, neste período de crise simultaneamente subjetiva (Mannoni pretende deixar Madagascar e se separar de sua primeira esposa, que conheceu na juventude), política (o Império colonial francês parecia a caminho de um declínio inevitável) e moral (distanciamento da filosofia). Nesse momento, o encontro com Lacan e o início de uma análise têm papel de um verdadeiro renascimento subjetivo, que parece lhe dar asas. No retorno a Madagascar, em fevereiro de 1946, Mannoni – que, nesse meio tempo, aproximou-se do PCF[6] e da CGT[7] locais – é nomeado diretor do serviço de informação da colônia, o que equivale, essencialmente, a dirigir a *Revue de Madagascar*, órgão cultural da Grande Île. Experiência de curta duração: deixou o cargo após seis meses apenas[8]. Esse afastamento, cujas razões não são claras, encerra definitivamente, aos seus olhos, sua longa permanência malgaxe, ao mesmo tempo que o encoraja a fazer uma espécie de balanço geral, simultaneamente pessoal e impessoal, em seu projeto de "avançar no domínio obscuro e impreciso da psicologia inter-racial", formulado desde fevereiro de 1946 em seu jornal[9]. *Psychologie de la colonisation* será o fruto deste projeto, elaborado, portanto, entre 1946 e verão de 1947, quando Mannoni volta definitivamente para a França e começa a dar forma a seu manuscrito[10].

É exatamente na ocasião em que Mannoni está mergulhado na redação de seu livro, que surge um imprevisto: uma revolta sem precedentes do pequeno campesinato malgaxe da costa oeste, a "revolta das zagaias", provocará um abalo na ordem colonial até que o exército consiga retomar o controle, graças à intervenção de tropas senegalesas e ao custo de dezenas de milhares de mortos[11]. A irrupção desse vasto levante, que não partiu dos círculos independentistas urbanos, mas sim de grupos sociais subalternos pouco integrados ao sistema colonial, será levada em consideração nas análises de Mannoni, cujo primeiro livro assume um *triplo caráter*: uma tentativa inédita de aplicar a psicanálise a uma compreensão da "situação colonial", com o significado de uma *relação intersubjetiva* e não como uma relação unilateral de dominação; uma leitura psicoantropológica da *subjetividade do colonizador*, e não uma psicologia do povo colonizado, como desejaria a tradição de matriz colonial; e, por fim, uma análise de *conjuntura*, a de uma grande revolta de 1947, que funciona como lugar de *verdade* absoluta das análises anteriores.

Seria necessário desdobrar detalhadamente esses pontos, insistindo, por exemplo, no sintagma "situação colonial", que está no centro da perspectiva mannoniana, na qual o mundo colonial é visto como uma cena, quase em sentido teatral, onde cada um dos protagonistas se vê desempenhando um papel – o do mestre inabalável, no que diz respeito ao colonizador, e o da criança efeminada e primitiva, quando se trata do colonizado. Ainda que sejam apenas muitos indícios, para não dizer muitos *sintomas*, assinalam incessantemente que tal divisão de papéis é amplamente *fantasmática* e baseada em um "mal-entendido recíproco", o que torna a situação colonial extremamente precária, do ponto de vista psicológico, ainda que pareça materialmente bem fundamentada.

Dever-se-ia examinar minuciosamente como Mannoni retoma a categoria analítica de "complexo de inferioridade" elaborada por um discípulo dissidente de Freud, Alfred Adler, para aplicá-la ao funcionamento inconsciente do colonizador, ao invés de utilizá-la para criticar o colonizado. Seria necessário, enfim, levar a sério a terceira parte do livro, na qual Mannoni esforça-se em imaginar um caminho original para a descolonização de Madagascar, que não passaria pela transferência em bloco de soberania do Estado colonial ao Estado pós-colonial, mas seus esforços seriam no sentido de construir uma transferência múltipla, difratada, baseada na reatualização dos *fokonʼolona*, comunidades das aldeias, segundo um modelo que lembra o ideal ghandiano de uma nação rural. Seria preciso, enfim, considerar a seção final do livro, na qual Descartes encontra Robinson Crusoé, enquanto modelo ideal filosófico do *Homo colonicus*.

Mas tal tarefa está além do escopo deste breve prefácio, em cuja conclusão identificaremos, no entanto, três razões essenciais para (re)ler *Psicologia da Colonização*: primeiramente porque, pelo fato de estar, desde o início, situado além do horizonte das descolonizações políticas, este livro tem um papel fundante no campo do pensamento pós-colonial; em seguida, uma vez que mobiliza, de forma até então inédita, a psicanálise para um entendimento crítico da condição (pós-)colonial, tem um lugar de força motriz para o discurso de Fanon, primeira voz freudo-marxista, proveniente do mundo colonial; e, finalmente, associando antropologia, sociologia, história, filosofia e psicanálise, ele antecipa a construção de um paradigma crítico mais amplo, que se tornou mais inteligível atualmente, momento em que o pensamento crítico pós-colonial bebe em todas essas fontes.

Chegou então a hora de colocar o primeiro livro de Octave Mannoni no lugar que lhe pertence, o de um *clássico pós-colonial*, cuja reedição só pode enriquecer e dar uma profundidade histórica aos debates atuais.

Paris, janeiro de 2022
LIVIO BONI

Nota do Autor Para a Primeira Edição Inglesa (1956)

Em seu prefácio, Philip Mason disse, acredito, tudo o que se pode afirmar para apresentar este estudo aos leitores ingleses. Acrescentarei algumas palavras sobre um dos aspectos da questão que sou o único capaz de conhecer: as condições nas quais o livro foi escrito.

A presente edição, salvo algumas modificações sem grande importância (ao final da introdução), é a tradução fiel de uma obra concluída ao final de 1948. É uma data relevante na história de Madagascar e, aliás, na minha própria vida.

Interessei-me, anos a fio, por tudo que eu pudesse encontrar sobre esse país e seus habitantes, porém, durante muito tempo, dediquei-me deliberadamente mais aos estudos etnográficos do que aos psicológicos. No entanto percebi, quase contra minha vontade, que em segundo plano havia problemas psicológicos mais perturbadores que os problemas etnográficos. Vi-me então participando, seja na imaginação, seja na realidade, de uma espécie de vida comunitária que era completamente nova para mim, e percebi, surpreso, que minha própria essência se modificava pouco a pouco. Por exemplo, quando eu participava de cerimônias relacionadas ao culto aos mortos, eu procurava fazê-lo como um bom etnógrafo, com questionários, fotografias etc.;

mas eu descobrira que esse culto, sob o formato malgaxe, tinha o mesmo significado para mim, e, por mais que o ornasse com as bugigangas etnográficas que colecionava, eu não podia ignorar esse significado. Eu tinha a impressão de ter desenterrado esta raiz única da qual, segundo um provérbio malgaxe, os galhos da raça humana se ramificam como os caules de uma planta de abóbora. Ao mesmo tempo, impulsionado pelo meu próprio demônio, como todo mundo, fiz diversas experiências rigorosamente pessoais que me conduziram a novas descobertas e, durante a licença que passei em Paris ao final da guerra, comecei uma análise didática na esperança de iluminar minhas ideias.

Eu tinha interrompido essa análise para ir a Madagascar para uma breve estadia, quando explodiu a rebelião de 1947. O véu se rasgou e, por um rápido instante, uma explosão de luz deslumbrante permitiu constatar a série de intuições nas quais não se ousava acreditar. Ainda bem, eu estava em condições de compreender o que via de modo tão inesperado. Poder-se-ia dizer que as dificuldades que tinham inibido e confundido minhas primeiras impressões haviam desaparecido. Enquanto escrevia, parecia-me que as coisas que eu estava começando a entender, de certa forma, eu já sabia há muito tempo. Depois, muitas pessoas tiveram a mesma impressão ao lerem o que escrevi.

Naquele momento exato, minha própria análise não tinha avançado muito e eu utilizava, de forma temerária, certos conceitos teóricos que precisavam ser tratados com mais cautela do que eu imaginava na época. Devo admitir com franqueza que as falhas evidentes que o livro apresenta nessa perspectiva agora me incomodam.

Eu poderia ter tentado alterá-lo para a tradução, mas percebi que, ao fazê-lo, corria o risco de perder uma qualidade mais importante, pois o livro mostra os pontos significativos, pode-se dizer assim, tais como apareceram na sequência natural da própria descoberta, permitindo que o leitor pudesse segui-la. Este faz uma espécie de viagem de exploração psicológica; e, se os mapas não são absolutamente exatos, isso não tem muita importância. No geral, o que lamento não é tanto que meu livro tenha essas falhas, mas que eu não tenha escrito um estudo muito mais abertamente pessoal.

O fato de que a data de 1948 tenha um significado particular na história colonial requer menos explicações. É evidente.

Acrescentarei, no entanto, já que meu livro não menciona essa questão, que não acredito que se possa estabelecer claramente a mínima lei da natureza sobre o comportamento humano. Eu simplesmente descrevi uma situação que existia em um momento específico. Talvez, neste momento, ela esteja em vias de desaparecer.

Paris, 1956
O.M.

Nota do Autor Para a Segunda Edição Inglesa (1964)

Nos últimos quinze anos, produziram-se muitas mudanças que podem justificar que eu acrescente algumas palavras a respeito da ideia que hoje faço desse livro. No momento presente, parece-me que ele poderia servir de preparo para um outro estudo, certamente um estudo muito mais difícil de realizar, que poderia se chamar *Psicologia da Descolonização*.

Em 1948, em Madagascar, quando a causa colonialista tinha, pelo menos temporariamente, o domínio, era fácil perceber que a colonização não teria mais futuro. Os poderes a serem vencidos pareciam ainda muito fortes e imensos – e a Guerra da Argélia logo confirmaria que, de fato, eram; ficou evidente, porém, que a posição colonialista era muito irrealista, muito afetiva, poder-se-ia dizer até mesmo neurótica, para permanecer por muito tempo, apesar dos seus enormes recursos. Tínhamos então a impressão de que a história se movimentava de forma mais rápida do que os observadores, mesmo os mais otimistas, haviam calculado. Hoje, com a perspectiva que temos atualmente sobre os acontecimentos, podemos reconhecer que as reflexões como as que apresentei não tiveram efeito perceptível sobre a evolução histórica que já tinha iniciado. Pelo contrário, dever-se-ia considerá-las como respostas às perguntas obscuras que a história se fazia naquele momento.

Mas o livro foi eficiente em outro domínio. Etnógrafos e sociólogos indagaram-se se não fora um equívoco considerar a situação colonial como ilegítima e indigna de seu interesse. O que haviam entendido como ponto de encontro de *duas* sociedades seria, talvez, o processo de criação de *uma* sociedade de um tipo que valeria a pena ser estudado. E ainda, sua atitude de objetividade científica, a qual os forçava a manter sua própria personalidade fora do campo de observação, começava a aparecer de modo desconcertante, como um privilégio do homem branco, e parecia ser uma fonte de dificuldades – quase um sintoma de sua recusa em compreender certos aspectos da situação. Novas preocupações surgiram em suas pesquisas, nas quais meu livro teve um certo papel, embora, como sempre acontece quando se produz alguma novidade, eles o tenham julgado aventureiro e contrário às "regras" que eles seguiam.

Por outro lado, meu livro suscitou reações mais desagradáveis. Os administradores, os oficiais e até mesmo os missionários que cuidavam de problemas práticos da vida colonial adotaram o livro com o objetivo de explorá-lo, extraindo dele métodos e truques aplicados para atingir seus próprios objetivos, uma evolução que eu poderia ter evitado se eu a tivesse considerado, mas que me pegou desprevenido. E os comunistas, muito atentos a esse tipo de possibilidade, denunciaram o livro como uma tentativa de obscurecimento. Se se equivocaram sobre meu objetivo, isso está relacionado com o fato de que a busca de soluções psicológicas pode, frequentemente, ser um álibi para os que se recusam a enfrentar os verdadeiros problemas políticos. No entanto, a hostilidade dos marxistas franceses não me parece justificável nesse momento: os fatos demonstraram que não é suficiente denunciar a situação colonial enquanto situação de exploração econômica, o que, sem dúvida, ela é. Deve-se também aceitar examinar, detalhadamente, a maneira pela qual a desigualdade econômica se expressa, como encarna, por assim dizer, nas lutas de prestígio, na alienação, nas posições de barganha e dívidas de gratidão, na invenção de novos mitos e criação de novos tipos de personalidade. O fato é que os comunistas franceses não souberam descer a esse nível e se entrincheiraram nas alturas abstratas da teoria econômica, de forma que, apesar de toda sua atividade e dedicação, tiveram apenas um papel insignificante no processo de descolonização, processo esse que ainda está longe de ser concluído.

Quanto aos conceitos psicológicos de meu livro, eu disse, em minha nota do autor escrita em 1956, por que razão e como, desde o início, os considerei inadequados do ponto de vista teórico. Eu gostaria de poder dizer sobre mim mesmo, como pedido de desculpas, o que Freud dissera a Pfister em agosto de 1909!

O que descrevi como dependência (a palavra não foi bem escolhida) é um fenômeno que é marcante em uma situação colonial, mas, sob uma forma mais discreta, encontrado em toda parte, em especial, no divã do analista. Por outro lado, a percepção do lugar ocupado pelos mortos na personalidade "primitiva" – e a maneira como o homem branco, sem perceber, vem a ocupá-lo – parece-me uma descoberta importante que convida a prosseguir com as pesquisas.

Devo acrescentar que aqueles que leram o livro com mais interesse, a quem ele mais tocou, foram, em regra, os que tinham uma experiência pessoal da vida colonial. Eles imediatamente se reconheceram neste livro como em um espelho, alguns com prazer, outros com ressentimento. Isso prova que, certamente, descrevi com exatidão algo que realmente existia. Mas, talvez, não fosse algo transitório. Eu temo, ou talvez espero, que não tenha o mesmo significado para a próxima geração.

Paris, maio de 1964
O.M.

Introdução

Tsihy be lambanana ny ambanilanitra.
(Os homens formam uma grande esteira.)
PROVÉRBIO MERINA

A questão colonial surge hoje no mundo – e na França em particular – com bastante acuidade. No entanto, se me proponho a tentar elucidar-lhe o aspecto psicológico, não é com a esperança, sobretudo, nem mesmo com a preocupação, de que essa elucidação possa contribuir, diretamente ou não, com soluções práticas. Veremos, ao contrário, como permanecem limitadas as conclusões que nesse âmbito pode-se tirar de um estudo psicológico, e direi por que isso ocorre.

Meu principal objetivo é diferente; trata-se de evidenciar o significado das situações coloniais, pois até aqui não se vislumbrou suficientemente o interesse que o estudo dessas situações pode apresentar, no sentido de que tal estudo possa enriquecer o conhecimento geral que temos do homem.

É evidente que tais situações podem ser consideradas de diferentes aspectos, conforme são estudadas por economistas, moralistas, historiadores etc. Elas oferecem tantas faces quanto se pode distinguir entre as "ciências morais". Cada um desses aspectos apresenta interesse em si, e eu seria mal compreendido se me atribuíssem a pretensão de dar maior importância à explicação psicológica do que às outras formas de análise. Se o estudo psicológico merece atenção, é porque já se pode reconhecer em uma situação colonial uma forma de dominação do rico sobre o pobre, da tutela do forte sobre o fraco, da exploração sistemática de uma diferença entre os níveis da vida etc., ao passo que não se tem o hábito de ver *também* a presença de dois tipos de personalidade diferentemente estruturadas, com as reações recíprocas que acabam por fazer do indígena um colonizado, e do europeu um colonial. Essas reações, sem dúvida, são bem conhecidas, mas nunca foram bem examinadas.

Meu projeto é, portanto, fácil de distinguir daquele dos etnógrafos ou dos sociólogos, que se esforçam em compreender o que outrora se denominava, utilizando uma expressão atualmente fora de moda, "mentalidade dos primitivos". De fato, eles procuram se colocar em posição de observadores, esforçando-se, por assim dizer, para não sombrear o campo de observação, de acordo com um método emprestado das ciências naturais. Logo descobrem, porém, que isso não é possível: muitos dos traços de comportamento que eles estudam, para serem compreendidos, devem ser interpretados como reações do observado na presença do observador. Reconhecer esse ponto é um progresso não apenas em direção a um rigor maior nos métodos, mas também no sentido de uma apercepção mais justa da unidade da espécie humana: as relações do pesquisador com o objeto de sua pesquisa são reconhecidas como sendo também relações com um sujeito; elas se tornam um certo tipo de relações sociais sujeitas a reciprocidade e troca de pontos de vista. Nenhuma observação pode ser considerada correta, até que esse passo tenha sido dado. Mas isso não é suficiente; é preciso estar ciente de outra dificuldade, de um tipo mais obscuro. A maneira como o observador compreende o comportamento do indígena é sempre uma interpretação, e tal interpretação é também, da parte do observador, *uma reação* à presença do indígena; ora, a natureza de tal observação não é evidente por si mesma. Veremos mais adiante como e por que a presença do que nosso inconsciente toma por "o homem selvagem" desperta em nós sentimentos perturbadores e ambíguos. Já podemos adivinhar isso lendo a análise com a qual, no primeiro capítulo, se abre o estudo das condutas dependentes; veremos ali que é exatamente a reação inconsciente dos observadores que os impediu de compreender o que denominamos a ausência de reconhecimento nos "primitivos", ainda que essa compreensão não apresente nenhuma dificuldade.

Em uma palavra, o que eu gostaria que o leitor admitisse é que *uma situação colonial* se cria, por assim dizer, instantaneamente todas as vezes que um branco, mesmo isolado, aparece dentro de uma tribo, mesmo independente, por menos que o branco se passe por rico, poderoso ou simplesmente invulnerável às forças mágicas locais, e por menos que tenha, no mais secreto de si mesmo e de maneira confusa, o sentimento de superioridade decorrente para ele. A alma popular sabe disso com toda a ingenuidade e, pode-se dizer, antes de qualquer experiência: o branco entre os negros, se escapa do perigo de ser devorado, torna-se rei. Por mais que, nesse sentido, se preste atenção consciente, essa atitude nunca foi completamente apagada em profundidade; deve-se inserir os dados se a intenção for evitar qualquer risco de erro. Se o leitor admite esse ponto de vista, admitirá também o tipo de importância teórica que eu gostaria de atribuir ao estudo de uma situação colonial em seus aspectos gerais.

A continuação da presente introdução é dedicada a elucidar noções muito disseminadas e banais, que podem não oferecer muito interesse em si mesmas, mas que correm o risco de dificultar a compreensão das questões que abordarei mais adiante.

Começarei dizendo uma palavra sobre a inteligibilidade de todo pensamento humano, e as razões pelas quais se pode duvidar dessa inteligibilidade.

Na presença dos fracassos e sucessos que encontraram em seus esforços para compreender o comportamento dos indígenas, os europeus se viram – e de fato ainda se veem – incitados, de forma confusa, em direção a duas atitudes extremas e opostas. Alguns renunciam a qualquer interpretação, afirmam a incomunicabilidade dos pensamentos. Estabelecem uma linha de demarcação intransponível entre os não civilizados e os civilizados. Conduzidos por uma concepção vaga da desigualdade racial, veem os não civilizados como não civilizáveis. Veremos quais são as bases psicológicas dessa atitude. Outros, ao contrário, atribuem a todos os homens a identidade de uma mesma razão, e não querem ver as diferenças que uma psicologia menos abstrata destacaria facilmente. Essa atitude é, de início, incontestavelmente mais generosa. Mas, de fato, ela conduz a tanta incompreensão quanto, se não mais. Então, as diferenças reais, quando se acaba por esbarrar nelas, surgem como *faltas* contra a razão e provocam uma necessidade indignada de corrigi-las em nome do bom senso, necessidade essa que pode permanecer moderada e humana em sua expressão, mas que, no fundo, é constituída de cegueira e fanatismo. Falando desde já a linguagem da psicologia, os primeiros projetam sobre as populações coloniais as obscuridades de seu próprio inconsciente, as quais eles não podem penetrar; a interpretação dos comportamentos é recalcada, porque se confunde com as tentações e os perigos que vêm dos "instintos". E isso pode ser observado sem abandonar a imagem do negro nos sonhos de europeus que nunca conviveram com ele. A atitude dos segundos é, afinal de contas, equivalente, pois eles procuram submeter toda a humanidade à regra de seu próprio superego. Se sua atitude é mais humana nos atos concretos, é que o superego se abranda mais facilmente do que se apaziguam os instintos! Enfim, ocorre que essas duas atitudes que inicialmente parecem opostas fundem-se em uma síntese: a mentalidade indígena é incompreensível, portanto, é inútil insistir nela; e, sendo nossa maneira de pensar a única correta, convém impô-la a todos em nome da razão e da moral.

Terei a oportunidade de falar das teses sociológicas, relativamente antigas, segundo as quais existiam mentalidades inassimiláveis de uns para outros; não que a discussão da validade dessas teses tenha ainda algum interesse: seus próprios autores acabaram por enfraquecê-las a ponto de abandoná-las. Mas as próprias teses emergiam como um *efeito* da situação colonial em que se colocavam os observadores; são um exemplo das reações das quais eu falava acima. O observador experimenta uma grande repulsa em reconhecer em si mesmo certas formas de pensamento que lhe *parecem* ser as dos sujeitos que ele observa. O objetivo dessa projeção é de se inocentar acusando outrem do que se considera, em si mesmo, um defeito. Assim, seres que têm – ou melhor, que *nós acreditamos* que têm – os mesmos pensamentos que nossos pensamentos mais secretos só podem ser, para nossa segurança, seres inferiores que nada têm em comum conosco. Não era nos sociólogos, autores das teses aqui evocadas, que esses mecanismos incidiam: eles atuavam em relatos de viajantes. Estes últimos, os quais não tinham sido preparados para o trabalho de observadores, traziam as projeções prontas, como veremos mais adiante em alguns exemplos. Os teóricos, ao contrário, acabaram por vislumbrar esses erros. Em uma conferência sobre a *mentalidade primitiva*, publicada em Oxford em 1931, Lucien Lévy-Bruhl declarava: "é preciso reconhecer que, em toda mente humana, qualquer que seja o desenvolvimento intelectual, subsiste um fundo inextirpável de mentalidade primitiva".[1] Todavia, é necessário destacar que é a psicanálise, e não a sociologia, que nesse caso tornou esse fundo acessível. Por outro lado, Lévy-Bruhl, nessa conferência, refere-se ao "fundo inextirpável" como se se tratasse, nos civilizados, de uma espécie de sobrevivência não funcional (e, para dizer a verdade, quase um defeito, um selvagem que cochila perigosamente em todo civilizado...), ao mesmo tempo que sabemos avaliar melhor o seu papel efetivo. Finalmente sabemos também que o "desenvolvimento intelectual" não tem nessa questão um papel tão importante. O fato é que a observação de Lévy-Bruhl vai muito além do *texto* das observações de viajantes que ele havia seguido pela primeira vez.

Outro aspecto, aliás, desses mesmos obstáculos que tornavam tão difícil o estudo dos povos coloniais merece ser considerado. Trata-se da crença no *primitivismo*. Aqui, mais uma vez, a discussão do valor científico desse conceito não teria qualquer interesse: ele será abandonado. Tal crença levava a pesquisar os dados elementares e originais: é evidente que não se corria o risco de encontrá-los. Desistiu-se dele, a palavra "primitivo" só pode ser empregada entre aspas, para marcar que não se acredita mais nela. Mas não é suficiente banir uma palavra da linguagem científica porque "a experiência mostrou" que seu objeto é inexistente. Como os sábios puderam acreditar em algo que não existe? Não seria este então o verdadeiro problema? É necessário, para maior segurança, tomar consciência da origem desse conceito e dar-se conta das razões profundas pelas quais os homens civilizados experimentaram a necessidade de formá-lo. Essas razões ficarão mais evidentes na segunda parte deste estudo, dedicada aos exemplos de Crusoé e Próspero. O selvagem, como já foi dito, confunde-se, no inconsciente, com uma certa imagem dos instintos (do *isso*, na terminologia analítica). Se o civilizado é tão estranhamente dividido entre a vontade de "corrigir" os "erros" dos selvagens e a de se identificar com eles como se fosse encontrar um paraíso perdido (a ponto de colocar imediatamente em dúvida o valor desta mesma civilização que ele lhes quer ensinar), isso se explica, evidentemente, por sua atitude inconsciente e ambivalente em direção às lembranças mais ou menos nítidas que pode guardar de sua primeira infância[2]. Críticos literários perguntaram-se por que Baudelaire localizava "o paraíso verde dos amores infantis" mais distante "que a Índia e a China"... Era por causa de Yvonne Pen-Moor, amiga de infância, mas também crioula da ilha Bourbon ("Tes cheveux crêpés, tes bras de mulatrêsse"[3], podemos ler no soneto de *Poemas Diversos* dedicado a Yvonne). E Baudelaire sentia, como todo mundo, que ainda eram os países *selvagens* e os povos *selvagens* a melhor imitação acessível de sua infância, ou seja, do paraíso. Vamos ainda mais longe: não é exagero dizer que não haveria etnógrafos "nos selvagens", nem exploradores, nem coloniais sem essa espécie de *vocação*, que apenas podemos indicar aqui, mas cujos subterrâneos psicológicos[4] poderemos observar melhor mais adiante. É com a matéria de que é feito o *original*, o *puro*, o *primitivo* que sonhamos... Mas sabemos que os psicanalistas empregam a palavra "primitivo" no sentido de arcaico, infantil, instintual. Nesse domínio, é uma palavra não muito feliz, geradora de equívocos: tendemos a aproximar o sentido que tem em etnografia daquele que ela ainda tem em psicologia; pelo exposto, entende-se que considero essa tendência como uma tentação da qual precisamos nos defender. De fato, se existem, em etnografia, povos dos quais podemos dizer, sem ir muito além, que parecem ter sido *pouco* tocados pelas grandes correntes de civilização; e se por outro lado podemos, em psicologia, descrever os fenômenos psíquicos menos educados, tais como constatamos na mente infantil, na perturbação das emoções, nas regressões, nada nos permite dizer que existe algo de comparável nessas duas acepções, ainda que possamos perceber em nós uma tendência a aproximá-las. Esta última nos ensina muito sobre nós mesmos, mas nada sobre os "primitivos"!

Em alguns momentos utilizarei a palavra "primitivo", sempre entre aspas. Outras expressões, tais como povos *isolados*, *pouco evoluídos*, *arcaicos*, *estagnados*, *atrasados* etc., não são melhores; o conceito do primitivismo nelas está envolvido e escondido, e essa dissimulação aumenta as chances de erro.

Aliás, entendemos que não se trata de estudar uma mente "primitiva", independentemente do sentido dado a essa palavra. Trata-se de fenômenos que se manifestam em uma situação colonial e da maneira pela qual, em tal contexto, reagem tanto os colonialistas quanto os colonizados. Tal campo de pesquisa é quase inexplorado.

É evidente que uma situação concreta corresponde muito pouco ao que se pode, de forma abstrata, representar como um contato entre duas civilizações. Obviamente, é uma visão simplista imaginar apenas as duas culturas como dois vasos em níveis diferentes entre os quais bastaria colocar uma comunicação ampla o suficiente para que os níveis tendessem ao equilíbrio. De onde vem essa concepção? Talvez de uma certa atitude *assistencialista*. O rico que doa faz o suficiente, cuida de seus próprios sentimentos a fim de evitar o orgulho ou a vaidade que o captura; quanto ao pobre, a esmola que recebeu e os sentimentos pelos quais *reage* à generosidade, tudo deve se organizar da melhor maneira, por si só, sem necessidade de se ocupar muito com isso. Esse piedoso esquema serviu, frequentemente, de base moral – sincera ou não – às organizações de colonização. A partir do momento em que um homem é considerado como *nu*, como imaginar que ele não se acomodaria, com alegria e reconhecimento, à primeira vestimenta, seja qual for, que lhe seja trazida?

No entanto, ficamos surpresos quando observamos o que os colonizados assimilaram com mais ou menos avidez e o que eles rejeitaram energicamente. Poder-se-ia dizer, em resumo, que eles aceitam quase tudo *em detalhes*, mas recusam *enquanto um todo*... Pelo menos é essa a atitude que dá aos europeus a impressão de que os indígenas os *macaqueiam* frequentemente sem conseguir imitá-los. Mais adiante, entenderemos a causa real dessa impressão superficial: ela vem do fato de que as estruturas da personalidade não são as mesmas. Basta, por enquanto, que nos livremos de uma crença obscura e, sem dúvida, em parte inconsciente, a qual consiste em imaginar que se pode trazer os "benefícios (ou os *malefícios*, segundo outros) da civilização" a homens que simplesmente teriam ficado "mais perto da natureza". Essa expressão é apenas o disfarce do primitivismo e não significa nada específico. O estado social e mental de um colonizado não pode absolutamente ser expresso por uma fração cujo numerador mediria a parte da civilização ocidental já assimilada, enquanto o denominador indicaria o total do que consideramos como desejável que ele assimile. *Na realidade, seu estado de colonização é a maneira pela qual, com o que ele era, reagiu ao que somos.* Tal reação está bem longe de ser o reflexo de nossa ação. Nem sempre podemos perceber seu caráter original, sobretudo se esperamos uma cópia dócil; é justamente porque frequentemente esperamos uma imitação muito fiel, que corremos o risco de ver, no resultado real, uma macaquice risível.

As civilizações permanecem necessariamente abstrações... Elas nunca entram em contato a não ser com seres concretos, pessoas, e o contato mais íntimo não se estabelece no nível mais favorável. Quando um líder indígena encontra um chefe europeu, produzem-se menos trocas psicológicas do que quando os diaristas indígenas trabalham sob as ordens de um contramestre europeu. Os líderes são exemplos mais refinados das duas culturas, mas a importância de seu encontro é desperdiçada em manifestações cerimoniosas, que impactam o que se poderia chamar de imaginação política, mas que têm pouca influência sobre o ajuste das pequenas coisas cotidianas no qual se faz o verdadeiro trabalho de coadaptação. A cultura europeia, aos olhos do indígena, só pode obter seu prestígio, em muitos casos, através da imagem que um colono europeu medíocre ainda consegue dela oferecer. Nesse nível, esse prestígio pode ser diferente do que acreditamos. A civilização europeia e seus representantes mais qualificados não são responsáveis, por exemplo, pelo racismo colonial; este é obra de subalternos, de pequenos comerciantes, de colonos que penaram muito sem muito sucesso. Sabe-se que na África do Sul os operários brancos mostram-se tanto e por vezes mais racistas quanto os dirigentes ou os empregadores... Outro exemplo: nunca é a *magia*, evidentemente, que se encontra com a *ciência*; é um camponês supersticioso que leva em conta as pretensões científicas de um colono, muitas vezes pouco instruído e mais ou menos hábil; e ele tira, a partir daí, suas próprias conclusões. Mesmo quando formamos intelectuais indígenas que assimilamos completamente, que se tornam nossos iguais, o que é uma tarefa possível e frequentemente bem-sucedida, no final das contas, isso não contribui para o trabalho de compreensão e interpretação que, a nosso ver, pode aproximar as "mentalidades". Entenderemos melhor a razão disso mais adiante. Afirmamos apenas que, quando a assimilação de um intelectual é completa, ele está perdido para seu próprio povo, com o qual ele não se entende mais; se for ligeiramente falha, ela cria nele conflitos psicológicos dolorosos, resultando em sentimentos de hostilidade que, de maneira paradoxal, mas explicável, podem facilmente tomar os europeus como objeto.

O fato inegável de que a atitude psicológica do indígena nos foi por muito tempo favorável impediu-nos de considerar o caráter *reativo*. Hoje, esse caráter tornou-se muito visível. É impossível negligenciá-lo.

Os fenômenos de interpsicologia que acompanham a interpenetração mais ou menos íntima de dois povos com níveis de civilização diferentes podem ser melhor formulados e compreendidos se quisermos entendê-los como a interação de dois tipos de personalidade de estrutura diferente. De fato, falar da interação dos grupos ou das personalidades que podemos considerar como sendo típicas de cada grupo é tratar, sob dois aspectos, com dois vocabulários, um mesmo problema. A personalidade nada mais é que o conjunto das concepções, tendências, hábitos, organizados e articulados uns aos outros, que constituem um único homem, mas que o constituem apenas enquanto membro de sua coletividade.

"O verdadeiro sujeito pensante que a psicologia social deve estudar é o indivíduo", afirma Gaston Bouthoul, em seu *Tratado de Sociologia*[5]. Mas neste mesmo[6], ele rejeita a ideia de uma distinção entre a pessoa e o indivíduo: "Alguns sociólogos quiseram distinguir entre individualidade e personalidade. Durkheim assinala que a diferença reside no fato de que a personalidade é o indivíduo socializado... Supor que possa existir um indivíduo não socializado é uma abstração irreal e fantasmagórica." Essa simples razão não é peremptória. Não se trata, evidentemente, de pretender descobrir um indivíduo concreto em estado puro, tal como teria sido (talvez) o "selvagem de Aveyron". Mas a abstração nada tem de fantasmagórica. A base do indivíduo é constituída pelo que ele herda em seus cromossomos, pela carga genética com a qual ele entra na vida. Nesse aspecto, ele representa a *espécie* à qual pertence, e a *linhagem* da qual, dentro dessa espécie, ele descende. A personalidade é também até certo ponto herdada, mas uma hereditariedade social, que apenas se mantém na permanência (relativa) do meio humano. Ela representa não mais a *espécie* e a *linhagem*, mas o *grupo social* e a *família*, esta última sendo considerada como um meio humano e não mais como uma estirpe genética. O fato de que esses dois elementos estão sempre integrados em um único ser não nos autoriza a confundi-los. Uma criança pequena, que desde seu nascimento é um indivíduo, ainda não tem personalidade. Sua fome, seu choro, suas atividades lúdicas pertencem, simultaneamente, à sua individualidade e à espécie biológica. Mais tarde, o vínculo duradouro com sua mãe, o respeito por seu pai, sua necessidade de justiça, seu medo do abandono serão as primeiras bases de sua personalidade nascente. Não há dúvida de que um indivíduo se torna uma pessoa socializando-se; e isso é mais visível à medida que o ideal social é menos "individualista". Mas mesmo em uma sociedade muito evoluída, na qual o ideal da pessoa seria se aproximar o máximo possível do indivíduo, mostrar-se-ia sem esforço a diferença radical que existe entre uma tal *personalidade individualista* – cujos traços individualistas encontram sua origem no meio social – e o indivíduo, pura e simplesmente, que deriva seus determinantes psicológicos (e fisiológicos) apenas das características da espécie. O individualismo pode até mesmo ser considerado como um desenvolvimento da personalidade... Para melhor me explicar, eu diria que isso equivale a retomar, transformando, uma classificação como a de Auguste Comte, que dividia a psicologia entre o biológico e o social. Mas a concepção de Comte era muito simples: entre o organismo individual e o ser social, existe uma pessoa, com sua experiência única, sua história única. Essa pessoa não se confunde com sua própria história, tal como a memória pode representá-la. Não é, tampouco, explicável pelas leis do hábito nem a dos reflexos condicionados; mas ela é formada *sobre* esses hábitos e reflexos, *ao longo* dessa história, reagindo ao meio, antes de tudo ao meio social, ou seja, ao meio familiar em primeiro lugar, que é aquele que a criança pequena conhece.

Pode-se assim passar das estruturas do grupo para as da família, destas últimas para as da pessoa: apenas se apresentam três aspectos de uma mesma realidade humana. E é possível que a melhor maneira de abordar certos problemas de psicologia coletiva, seja, em vez de estudar de fora do meio social, nele procurar a imagem interior tal qual ela se reflete nas estruturas de personalidade que são típicas nesse meio.

Da mesma forma que pode existir uma distância entre as características da espécie e as de um certo indivíduo, uma personalidade pode coincidir mais ou menos bem com a ideia que se tem da mentalidade coletiva do meio. Mas existem, nesses dois casos, *tipos* que representam razoavelmente bem a espécie ou o meio social. Sem dúvida, quanto mais a sociedade é homogênea, mais fácil é identificar esses tipos. Para estudar a ação mútua de dois tipos de personalidade agrupadas, examina-se os fatos sociopsicológicos mais importantes. É a maneira de entender algumas formas de xenofilia ou de xenofobia, racismo, nacionalismo ou espírito de clã, e, de modo geral, certas causas de acordo ou conflito entre grupos humanos.

Ora, se há um domínio no qual esses fatos podem ser observados com facilidade, é precisamente o domínio colonial: uma situação colonial efetivamente é caracterizada pelo fato de que a diferença de estrutura de personalidades presentes é grande, maior do que em qualquer outra situação, se considerarmos (o que talvez, em detalhe, não seja tão rigoroso) que os povos que colonizam estão, basicamente, entre os mais avançados, e os que se deixam colonizar são os mais atrasados. Os outros fenômenos (a dominação de uma massa por uma minoria, a exploração econômica, o paternalismo, o racismo etc.) ou são os efeitos diretos da relação das personalidades, como veremos para o paternalismo, ou então assumem, pelo fato da existência desta relação, um aspecto particular, que é justamente o aspecto colonial.

A exploração colonial não se confunde com as outras formas de exploração; o racismo colonial difere dos outros racismos...

Não é possível, por uma política de segregação, impedir que os tipos de personalidade coexistentes atuem uns sobre os outros. Essa mesma política, aliás, é um efeito da interação das personalidades, e as barreiras que ela institui têm sua contrapartida no interior das próprias pessoas. De um ponto de vista puramente psicológico, pode-se dizer que não é boa nem para quem a executa, nem para quem é por ela submetido. Por sorte, há poucas chances de que ela seja um dia implantada nas colônias francesas. Nestas, ao contrário, durante muito tempo acreditou-se em possibilidades utópicas de assimilação, crenças que dificilmente seriam possíveis enquanto as relações coloniais se mantivessem no plano da caridade e da pedagogia mais grosseira e cega. A assimilação pode ser bem-sucedida se a personalidade do indígena é de início aniquilada por meio de desenraizamento, esmagamento das estruturas sociais, escravidão. Foi o que aconteceu, com um sucesso questionável, em relação às "velhas colônias". Mas não é mais admissível preconizar a escravidão e seu poder dissolvente para reduzir as sociedades coloniais ao estado de massa indiferenciada, com a intenção distante de inseri-las mais facilmente em novos moldes. A assimilação só é possível no caso de um indivíduo isolado, arrancado de seu meio, transplantado. Dizer que se poderia assimilar todo o grupo, já que se pode assimilar indivíduos, seria uma tautologia teórica, que na prática permanece uma utopia, e quase uma piada. Em geral, depositou-se demasiada esperança nos inegáveis êxitos obtidos na assimilação de indivíduos isolados. É evidente que, se esses casos fossem numerosos (não se pode dizer de que ordem de grandeza, talvez já tenha sido atingida), teriam um *certo efeito* sobre o conjunto da situação. Mas é impossível dizer *qual* o efeito. É mais ou menos certo que esse efeito seria muito diferente do que os europeus podem imaginar, os quais ainda acreditam, de forma mais ou menos nítida, no mérito de uma política de assimilação.

Há cerca de dez anos, não se pensava o bastante em distinguir claramente a questão do indivíduo isolado assimilável daquela colocada pela coadaptação psicológica de duas mentalidades coletivas. Alguns queriam ver nos casos isolados exceções que nada provavam; outros, ao contrário, os consideravam como provas decisivas e modelos para as massas. Admitia-se que um indivíduo é composto de uma base hereditária (racial) e de uma educação concebida, muito ingenuamente, no modelo escolar. A questão da assimilação se resumia a saber se a linhagem hereditária era suscetível de carregar e fazer frutificar o enxerto cultural: assim, fomos levados à questão das aptidões inatas. Direi apenas algumas palavras para mostrar por que não tenho interesse a respeito disso.

À pergunta: "Essa ou aquela raça 'colonial' seria intelectualmente dotada tanto quanto a média das raças europeias?", não é possível, creio eu, trazer uma resposta que tenha um sentido aceitável. Se nos ativermos à experiência comum, teremos aqui e ali impressões contraditórias. Por exemplo, um malgaxe típico nos dará a impressão de ser capaz de um labirinto de sutilezas onde nos perderíamos, e, em seguida, fracassará nas questões de simples bom senso nas quais não vemos maiores dificuldades. Mas, dessas impressões, não poderíamos tirar nenhuma conclusão, pois ignoramos qual parte atribuir a seus hábitos mentais, e qual atribuir a suas aptidões inatas.

Para vencer essa dificuldade, podemos recorrer ao método dos testes. Obteremos então um número que poderá representar a inteligência média da criança malgaxe em relação à inteligência média da europeia da mesma idade. Esse número mede realmente a inteligência (levando-se em conta o grau de precisão dessa medida); mas dificilmente avançamos, pois a inteligência se desenvolve mais ou menos de acordo com o meio social. Os testes permitem medir a inteligência de diferentes sujeitos desconsiderando seu saber escolar, mas não, obviamente, seu saber *social*! E são válidos com todo rigor, apenas para avaliar as disposições inatas em sujeitos do mesmo meio. O europeu vive em um meio social mais inteligente (no sentido que o entendemos!) que o meio malgaxe, pois há indiscutivelmente uma inteligência social, que não é, com certeza, nem a média, nem uma função dos dispositivos inatos de cada indivíduo do grupo. E ainda, é provável que, se os malgaxes estabelecessem provas à sua maneira para estimar inteligência (e isso não é difícil de imaginar), os resultados estariam a seu favor.

Além disso, a noção de inteligência inata, sem dúvida, não tem significado em si mesma. A experiência psicológica concreta tende a mostrar que não é uma insuficiência nesse âmbito que pode incomodar os diferentes sujeitos. Obstáculos psicanalíticos – que sempre decorreram, de modo geral, do ambiente e do meio – prejudicam o desenvolvimento da inteligência; esta, na prática, é sempre suficiente uma vez que esses obstáculos são removidos.

Uma vez descartados os casos graves de deficiência intelectual, o problema das disposições intelectuais *inatas*, que pode nunca ter um sentido muito claro, não tem, em todo caso, qualquer significado em psicologia coletiva, pois não dispomos de nenhum meio para avaliar as aptidões latentes, a não ser observando as aptidões manifestas; e estas dependem, ao menos para seu desenvolvimento, do meio social. Falou-se sobretudo das aptidões intelectuais, porque é nelas que se pensava outrora. Mas, provavelmente, vale o mesmo para todas as aptidões inatas. Quando um autor escreve que a observação mostra inaptidão desta ou daquela raça para esta ou aquela função psicológica (atenção, raciocínio etc.), ele emprega uma linguagem incorreta. Ele pode dizer, se quiser, que um indígena de certa raça tem falta de atenção, que certo tipo de educação, bem-sucedida com os europeus, não conseguiu torná-lo atento. Ele apresentará então resultados de observação que serão inquestionáveis se a observação for correta. Mas, ao pronunciar a palavra "inaptidão", ele induz o leitor a pensar que se trata de uma inaptidão inata, e nesse âmbito ninguém sabe nada.

Parece que não se pode discutir um fato muito eloquente aos nossos olhos: o afrouxamento das estruturas sociais antigas estabeleceu nos negros de algumas regiões da África um desenvolvimento inesperado da inteligência. Desse fato resulta que suas supostas aptidões inatas não são mais avaliadas como o eram há cinquenta anos. Isso deve ser suficiente para nos colocar em alerta contra o perigo de avaliar as aptidões *latentes* segundo as faculdades *manifestas*, evidentemente, as únicas que se pode observar. O mecanismo dessa avaliação consiste em comparar um indígena a um europeu da mesma idade e do mesmo nível, com o sentimento (enganoso) de que se conhece as *aptidões inatas* deste último! Obviamente, a medida dessas aptidões tem sentido se for utilizada com um objetivo definido, por exemplo, para escolher entre crianças indígenas as que, *no momento da medição*, estão mais aptas a aproveitar este ou aquele aprendizado escolar.

Para evitar qualquer equívoco, direi uma palavra sobre o caso dos indivíduos isolados assimilados a um meio diferente daquele de sua origem. Seria necessário nesse caso colocar a questão da unidade da pessoa?

Uma lógica mais verbal do que real poderia levar a acreditar que um indivíduo formado em dois meios muito diferentes corre o risco de adquirir uma dupla personalidade. Obviamente, isso não é possível. Poder-se-ia dizer, ao estilo de um axioma kantiano: quando um mesmo indivíduo faz parte de dois meios diferentes, estes nunca são mais do que partes de um único meio...

Adapta-se a dois meios, mais ou menos, como se adapta ao bilinguismo; muda-se de atitude, e sob essa mudança subsiste a unicidade da personalidade profunda, que não está em questão. É evidente que tal personalidade é modificada por essa duplicidade aparente, mas sem deixar de obedecer à lei geral da evolução que se aplica a qualquer pessoa. Segundo essa lei, todos os elementos que podem coexistir de uma certa maneira se integram em uma unidade, enquanto os que não são compatíveis são recalcados. Assim, toda pessoa é unificada, mas também a unificação nunca é absoluta, em função do recalque. As pessoas que passam de um meio a outro e que conservaram sua unidade integrando e recalcando constituem casos particulares dessa lei.

Falando desses casos, seremos levados a dizer: "Sua personalidade europeia; sua personalidade indígena." Mas só pode tratar-se de duas partes de uma mesma pessoa. Pode-se ficar tentado a dizer que são duas *personae*, como se se tratasse de dois papéis desempenhados e encarnados pelo mesmo ator. Mas essa maneira de ver talvez não seja tão exata, pois existem razões para acreditar que em um não civilizado a *persona* não é tão fácil de ser distinguida da pessoa profunda. Foi a civilização que criou essa possibilidade de distinção, e a maneira pela qual uma personalidade construída no início sob o modelo "não civilizado" passa a ser, posteriormente, acompanhada por uma personalidade "civilizada" não nos é tão familiar... Permanecem aqui obscuridades, as quais convém deixar para mais tarde.

Todas as observações utilizadas neste trabalho se referem a Madagascar. O conhecimento *indireto* que tenho das outras populações colonizadas me faria crer que uma parte de minhas conclusões poderia ser generalizada. O conhecimento direto dos costumes malgaxes e seu significado psicológico me fez pensar, muitas vezes, que eu poderia compreender o que outros relatavam sobre outras populações. Mas cabe a eles julgar, pois um conhecimento direto é insubstituível. Notei, muitas vezes, como é fácil incorrer em erros grosseiros quando se aventura na etnografia por "ouvir dizer". A maior parte das teorias genéricas, cujo caráter hipotético, para dizer o mínimo, é hoje evidente, foi estabelecida por pensadores sedentários, a partir de testemunhos de viajantes, os quais, na maior parte do tempo, não viajavam na condição de testemunhas. Pode haver algo desagradável em lembrar que, apesar de sua dedicação e caridade, os médicos, os missionários etc. não estão, efetivamente, em uma posição *desinteressada*, pelo próprio fato de que chegam com o projeto de transformar, converter, civilizar etc. Mas, para entender seus testemunhos, é necessário que esse projeto seja levado em conta, ou seja, que simplesmente seja considerada esta situação que denominamos *colonial*. Talvez não seja essencial o fato de que tal situação tenha sido vivenciada para ser apreendida; pelo contrário, em relação a isso, não existe nada mais fácil de *imaginar*, como teremos a oportunidade de ver. Mas também, é dessas imaginações que surgem todas as miragens, e o trabalho de análise consiste, sobretudo, em separar o imaginário do real.

A propósito, não se deve tomar essa expressão de forma literal. Nunca se desenha uma *verdade objetiva* quando se descreve seu semelhante como um ser concreto. Pode-se somente torná-lo vivo com sua própria vida. Ser objetivo, então, significa acomodar – na melhor das hipóteses, na presença de seu semelhante – e organizar de certa maneira seus próprios sentimentos e sua própria imaginação. Não se trata aqui de uma extensão da objetividade científica; entendemos que é mais próximo de um tipo de relação social. É isso que dá valor à experiência vivenciada e direta. Pode-se recusar essa relação social para atingir "maior objetividade". Mas o que se elimina então pode ser algo essencial.

Este trabalho apresentará as relações sociais como mal-entendidos; são, essencialmente, relações de incompreensão. Pode-se dizer que esse é um elemento de todas as situações humanas. É dessa forma que se pode considerá-lo; talvez, simplesmente, esse elemento seja mais grosseiro e melhor analisável em uma situação colonial do que em qualquer outra. Sem dúvida, os colonizadores europeus lutaram com sucesso contra a escravidão, a doença, a fome, a ignorância, uma vez que todos esses males sofreram um recuo em decorrência dessa luta. Mas esse esforço de caridade não resultou em um bom acordo, e hoje duvida-se do fato de que tenha sido um bom caminho para se chegar a esse desfecho.

Os colonizadores da época heroica, a época da expansão colonial, estavam intimamente convencidos do valor superior de uma civilização que representavam. Sua força vinha do fato de que tinham consciência de que, se a representavam, não a encarnavam. Não se apresentavam como modelos; propunham aos outros seu próprio ideal, o qual os transcendia[7]. Mas sua posição dominante de fato era suficiente para tornar evidente, aos olhos dos indígenas, uma global obrigação de imitar e, como um pupilo, de obedecer. No começo, o resultado disso foi uma situação psicológica favorável. Nessa época não era possível perceber, mesmo que de forma confusa, o mal-entendido recíproco sobre o qual essa situação se apoiava, e nem tampouco prever como evoluiriam os êxitos e os fracassos dessa imitação. Seria inútil julgar dessa maneira o que foi feito no início, com uma espécie de inegável boa vontade de ambos os lados; no entanto, foi esse início que nos comprometeu com a situação atual. A ideia, amplamente difundida, de que os colonizadores poderiam ter sido mais generosos, mais caridosos, menos egoístas, menos ávidos para enriquecer, e que resultaria disso uma situação mais favorável, é uma ilusão. Teria sido preciso que eles não fossem colonizadores. Não se trata de subestimar a importância (capital) das relações econômicas. Ao invés disso, é extremamente provável que sejam as condições econômicas, em última análise, que governam todo o futuro das populações coloniais. Sem dúvida, houve e ainda há, nesse domínio, abusos injustificáveis e que causam indignação. Mas a causa desses abusos não pode ser compreendida se for expressa apenas em termos de interesse econômico e de exploração. Se os negros, na América do Norte, são mais maltratados do que os operários brancos, não é porque, dessa forma, produzem mais; tal cálculo se revelaria falso se fosse apresentado em termos econômicos. Na realidade, eles são maltratados porque são tratados *como negros*, ou seja, justamente de um modo que a economia não pode descrever com seus conceitos. O "colonial" não visa apenas ao lucro; ele busca também, avidamente, certas satisfações psicológicas mais perigosas. Uma observação correta dos fatos nos mostraria que ele sacrifica frequentemente seu lucro em benefício de suas satisfações. Com facilidade, poder-se-ia imaginar um homem de negócios experiente, como se costuma dizer, que ganharia muito dinheiro, mais ou menos honestamente, como se pode fazê-lo na Europa, sem adquirir esses traços característicos que tornam o colonial reconhecível. Mas tal tipo de homem é raramente encontrado nas colônias. Pode-se adivinhar o motivo: ele não tem necessidade de deixar a Europa. Ou melhor, em uma situação colonial a economia é colonial; e é o significado do adjetivo, nesta obra, e não o do substantivo, que nos detém.

Os colonizados compreenderam desde há muito a importância desse adjetivo. Sabem muito bem distinguir o europeu do *europeu colonial*: tiveram muitas vezes a oportunidade de ver a transformação ocorrer diante de seus olhos. Por exemplo, os malgaxes que atualmente vivem na França convivem muito bem com os franceses, mas evitam cautelosamente a maior parte dos franceses que passaram algum período em Madagascar. Assim, um "indígena" europeizado pode viver em ambiente europeu sem que se crie necessariamente uma "situação" particular. Esse fato não antecipa, de modo algum, a situação que seria criada se nesse mesmo meio os malgaxes estivessem em maior número.

É difícil, sendo um elemento da situação, não fazer julgamento moral dos sentimentos que nascem em uns e outros na ocasião de seu encontro. E, de um certo ponto de vista, esses julgamentos podem ser legitimamente expressos em nome da moral. Mas é um ponto de vista a partir do qual o olhar se confunde facilmente; proponho-me a evitá-lo o máximo possível, e meu objetivo final não é justificar ou condenar: contento-me em explicar como o desenvolvimento psicológico cujos efeitos vemos agora estava germinando em uma situação colonial desde o início. Ainda que nos propuséssemos, como projeto principal, a buscar os meios práticos para remediar os defeitos da "política colonial", o melhor que poderíamos fazer, a princípio, seria tentar formular tal explicação.

É evidente que a aplicação em psicologia coletiva das noções que puderam ser identificadas no estudo de casos individuais coloca todos os tipos de problemas difíceis. Ora, o presente trabalho não tem por objetivo fornecer um exemplo da maneira pela qual tais problemas podem ser tratados. Conceitos disparatados, emprestados de várias escolas, foram aí aplicados sem nenhuma preocupação de sistematização, a ponto de o leitor conhecedor das teorias psicanalíticas poder se sentir desorientado. Pensando em tal leitor, acrescentarei aqui algumas palavras[8].

Se fosse o caso de sistematizar o aparato teórico, penso que seria bem fácil fazê-lo recorrendo, sobretudo, a teorias como as de Karl Abraham e Melanie Klein. Por exemplo, o culto dos mortos tal como existe entre os malgaxes (e em muitos outros povos) pode ser considerado como tendo correspondência – porém no contexto particular dos mitos e crenças coletivas – com a conservação psicológica de um "bom objeto" internalizado (*internalized* "good object") ao qual se trata de reparar. Um culto como tal, cuja natureza contínua o distingue do tipo de luto que conhecemos, e que é submetido, de acordo com certas leis, à descontinuidade temporal, assegura efetivamente a profilaxia e a cura das depressões de estilo melancólico, mas sem ter, no entanto, o efeito protetor contra as angústias persecutórias (*persecutory anxieties*). Seria uma observação desse tipo, creio eu, que se poderia tomar como ponto de partida se nos propuséssemos a definir, de um ponto de vista teórico, a explicação psicossociológica da personalidade "primitiva". O mundo "absolutamente fantástico" (*wholly phantastic*), que Melanie Klein descobriu na criancinha (*infant*) e que é o da persecutoriedade[9], é o mesmo que foi preservado nos "primitivos", de maneira diferente da que se passa entre nós.

Porém, na realidade, quando escrevi este livro, a análise psicológica estava situada de outra forma: tratava-se de aprofundar menos a dos sujeitos observados, pois não é tão obscura, do que a do próprio observador. Surpreendi-me várias vezes, por exemplo, com o discernimento e a precisão com que os velhos colonos me explicavam o comportamento de alguns indígenas. Contudo, quando eu compartilhava com eles esse espanto, respondiam-me precipitadamente que os indígenas são impenetráveis e sempre permanecerão assim. Percebi então que, frequentemente, os colonos não admitiam a compreensão que de fato eles tinham do indígena, e que o mais difícil não é os homens se compreenderem, por mais diferentes que sejam, mas, em certo sentido da palavra "querer", que eles queiram isso, como se a dificuldade de se reconhecer em todos os homens não fosse diferente da de se aceitar inteiramente. É por essa razão que a compreensão do observador, por si só, passava a me preocupar enquanto uma precondição para toda pesquisa nesse campo.

Por vários motivos, não podia dizer nada a respeito da maneira pela qual, através dessa análise de mim mesmo, a pesquisa sobre os malgaxes coincidiu com um momento particular de minha vida pessoal. Mas ela também coincidia, inevitavelmente, com um momento da evolução das questões de colonização – um momento privilegiado, pode-se dizer assim, no sentido de se revelarem muitas coisas até então encobertas, porém, um momento contingente, que a história deveria ultrapassar rapidamente. Muitas vezes tive escrúpulos me perguntando sobre o que havia de duradouro e o que havia de transitório no que eu observava. Consolava-me com o pensamento de que talvez eu tivesse sucessores que me corrigiriam.

Nas páginas seguintes, encontrar-se-á, inicialmente, a descrição dos traços mais genéricos da personalidade malgaxe em relação à estrutura familiar e ao culto dos ancestrais (Primeira Parte). Em seguida (Segunda Parte), será analisada a atitude do europeu colonial diante da imagem do indígena. Os capítulos seguintes serão dedicados a examinar os diferentes aspectos da relação inter-humana que se constitui em uma situação colonial.

A DEPENDÊNCIA

1. Dependência e Inferioridade

A DEPENDÊNCIA

O complexo de inferioridade das raças de cor, que frequentemente evocamos para tentar explicar certos traços de seu comportamento, não difere do complexo de inferioridade estritamente falando, tal como foi descoberto por Alfred Adler. Tem sua origem em uma diferença física considerada como uma desvantagem, a cor da pele. Porém, uma diferença desse tipo só tem esse papel na condição de ser vista como uma desvantagem; em todo caso, no mínimo, é preciso que ela seja percebida enquanto diferença. Um complexo de inferioridade ligado à cor da pele é observado de fato nos indivíduos que vivem em minoria em um meio de outra cor. Em uma coletividade mais ou menos homogênea como a coletividade malgaxe, onde as estruturas sociais são ainda bastante sólidas, encontra-se o complexo de inferioridade apenas em casos excepcionais. Esse caráter de exceção pode modificar os efeitos do complexo, pois a pessoa assim inferiorizada não encontra no seu entorno exemplos de compensação ou de sublimação que, em geral, constituem para o indivíduo uma ajuda nada desprezível. Essas modificações de aspecto, porém, não alteram a natureza fundamental da inferioridade adleriana.

A propósito, esses casos excepcionais de inferioridade no âmbito de uma população homogênea não podem, evidentemente, ser explicados pela cor da pele. Devem-se a inferioridades individuais de naturezas diversas. Assim como entre os europeus, qualquer diferença pode ser inferiorizante, se certas condições psicológicas e sociológicas são preenchidas. A extrema raridade da inferioridade no malgaxe *típico* (quase nunca é encontrada no malgaxe já nitidamente europeizado) requer explicação.

Ao buscar essa explicação, fui levado a dar uma grande importância a um conjunto de condições psicológicas e sociais as quais reuni sob o termo "dependência". São essas condições, como me proponho a mostrar, que explicam de que forma se freia e se anula o desenvolvimento da inferioridade em um tipo de coletividade à qual pertence a coletividade malgaxe. A dependência e a inferioridade formam uma alternativa: uma exclui a outra. Assim, diante do complexo de inferioridade, serei levado a colocar um "complexo de dependência", que, de algum modo, lhe é simétrico e oposto. Veremos que a diferença entre esses dois traços psicológicos pode servir para caracterizar duas mentalidades, dois tipos de civilização, duas estruturas de personalidade.

O fato de que um malgaxe *adulto*, isolado em um outro meio, pode se tornar sensível à inferioridade do tipo clássico é uma prova quase irrefutável de que, desde sua infância, já existia um gérmen de inferioridade. Pesquisando nesse sentido, é provável – aliás, veremos isso mais adiante a propósito dos sonhos – que é a castração freudiana que encontraremos. Mas é suficiente destacar aqui que esse gérmen permanece inativo em condições normais, ou seja, na medida em que o indivíduo se sinta suficientemente preso na rede das dependências tradicionais. Veremos também que se poderia argumentar que existe algum tipo de dependência, latente, no europeu inferiorizado. Ela é recalcada; esse recalque dificulta a apercepção e compreensão dessa dependência em outrem. Um europeu mais ou menos inferiorizado tem uma tendência a vivenciar – e não apenas *julgar* – uma condição objetiva de dependência como uma inferioridade. Pode se rebelar contra ela, ou protestar através de "sintomas". O malgaxe, e temos razões para pensar que nesse sentido não se diferencia radicalmente dos outros "não civilizados", ao contrário, sente-se inferior apenas quando os vínculos de dependência estão de alguma forma comprometidos. Tal diferença pode ser entendida como a chave da psicologia das "populações atrasadas". Ela explica a longa estagnação (relativa) de suas civilizações. Ela justifica seu apego às crenças mágicas. Ela explica aquilo que em nossa perspectiva existe de incompreensível, à primeira vista, em suas reações psicológicas, o que consideramos, por muito tempo, uma mentalidade "inassimilável" à nossa.

Descreverei mais adiante o conjunto de fenômenos que se deve associar à dependência psicológica. Antes, gostaria de fazer algumas observações.

Não é certo o fato de que o conjunto de malgaxes possa ser reduzido a uma unidade típica. Existem numerosos grupos étnicos: no estado atual de nosso conhecimento, um número preciso não teria um valor absoluto, mas seria razoável distinguir cerca de vinte grupos que se situam em diferentes graus de evolução. Os mais atrasados são "primitivos", se, naturalmente, entendermos essa palavra no sentido muito vago que lhe é atribuído com frequência. Outros sofreram, em graus variáveis, a influência europeia. São, sobretudo, estes últimos que me interessam. Para ser mais específico, eu diria que me dedico ao estudo *da dependência nos malgaxes no decorrer da colonização e, particularmente, nos merinas.*

Por outro lado, meu conhecimento da psicologia individual nos malgaxes não pode ser tão aprofundado quanto aquele que se tem dos europeus. Pude obter sonhos e analisá-los (são, a propósito, sonhos de crianças ou jovens). Pude interpretar as relações que mantive com os malgaxes.

Mas não se pode de modo algum apoiar-se em psicanálises dos malgaxes típicos. Nunca houve, e é muito duvidoso que possa haver. Além da dificuldade que representa uma língua acessível no conjunto, mas cujas sutilezas e equívocos são temíveis, seria necessário que um malgaxe concedesse a um europeu uma confiança que ele não concede nem mesmo a seu melhor amigo… E, sobretudo, não encontramos nele essa discordância mais ou menos conflitante entre o ser social e a personalidade profunda tão facilmente encontrada no civilizado, e que é a falha onde se insere a análise. A "face" oriental se diferencia da *persona* junguiana: ela se adere mais intimamente ao ser inteiro.

Isso permite supor uma certa fraqueza do eu, como vemos nas perturbações alucinatórias e nos pânicos que aparecem quando o sentimento de segurança é ameaçado. O indivíduo mantém-se unido pela sua couraça coletiva, sua máscara social, muito mais do que pelo seu "esqueleto moral". Aliás, em diferentes modalidades, isso deve valer para muitas outras sociedades "primitivas". Tal fato pode ser constatado pela maneira como são tratados os indivíduos neuróticos, ou seja, os doentes, os possuídos, os enfeitiçados, que seriam classificados na Europa como neuróticos. Em geral, são curados por meio de danças, cerimônias ou sacrifícios de *iniciação*, destinados, de alguma maneira, a reintegrá-los ao grupo, com ou sem seu demônio. Cerimônias curativas desse tipo existiram em Madagascar, embora, atualmente, sejam encontrados apenas vestígios deteriorados e quase irreconhecíveis[1].

OS COMPORTAMENTOS DEPENDENTES

Os comportamentos de dependência nos malgaxes (e, como veremos, em outras populações "primitivas") foram quase sempre mal compreendidos, mas foram sempre notados pelos europeus, a quem surpreendem. Em geral, são no início percebidos na ocasião de uma troca de favores. O esquema típico destas condutas se desenha assim: um malgaxe recebe de um europeu um favor do qual ele necessitava muito e que não cogitava pedir. Em seguida, ele vem espontaneamente pedir favores, sendo que poderia passar muito bem sem eles; ele sente algum tipo de direito sobre o europeu que lhe fez um favor. Por outro lado, não mostra nenhum reconhecimento (no sentido que damos a essa palavra) pelos favores que recebeu. A interpretação correta desses comportamentos é indispensável para entrar em um certo tipo de mentalidade.

O jovem merina, que me servia como treinador de tênis, apresentou febre. Fui visitá-lo, e como visivelmente ele sofria de malária, enviei a ele um pequeno estoque de quinino. Ele nunca teria me pedido quinino espontaneamente – no entanto, precisava muito –, aliás, ele nunca pedia nenhum favor. Eu lhe dava o pagamento após cada treino, sendo que ficávamos completamente quites a cada vez. Fora dos campos, ele me cumprimentava de forma tímida quando nos encontrávamos na rua: nossas relações se limitavam a isso.

Após ele ter recebido o quinino, essas relações se modificaram. Ao final de um treino, apontou-me timidamente como seus sapatos de borracha estavam sem condições de uso, enquanto os meus, um pouco gastos para mim, poderiam lhe servir muito bem. Eu os doei sem hesitar; dois ou três dias mais tarde, vem ao meu encontro, fora do horário do treino, para me dizer, sem nenhuma cerimônia, que estava sem papel para cigarro. Naquela época, comprava-se o papel para cigarro no mercado negro, mas não era raro nem muito custoso. (A cada sessão de treino, ele ganhava o suficiente para comprar vários livretos desses papéis.) Seu pedido, portanto, tinha algo de incongruente, o que me levava a prestar atenção nele. Qual seria exatamente seu significado?

Quando lhe enviei o quinino, ele, que me "devia um favor", não viu nesse gesto uma ação de socorro a um doente: ele não avaliou o aspecto objetivo, impessoal, para dizer em uma palavra, real; ele apreendeu apenas o aspecto rigorosamente pessoal, e foi tocado apenas pela relação de dependência que se estabeleceu dele em relação a mim. Não entre um jogador e seu treinador, nem entre um sadio e um doente, mas entre nossas duas pessoas. É preciso cautela aqui, para não colocar a ênfase naquilo que denominamos sentimentos de interesse e presumir uma tendência a criar tal relação para explorá-la. Não é esse o caso; seu psiquismo não é evoluído nem degradado a tal ponto. Não, a própria relação de dependência lhe é suficiente. É por si mesma reconfortante. É ela que, ao final das contas, o livra da febre; ele se cura menos porque o quinino é um poderoso remédio específico para a malária, e mais porque o malgaxe que tem um protetor com quem pode contar está ao abrigo do perigo, quaisquer que sejam os meios de que este último lança mão para exercer essa função.

As doações que o malgaxe recebe, de início passivamente, que em seguida pede – e até mesmo, em casos raros, acaba por exigir –, não são mais do que o sinal visível dessa relação reconfortante de dependência. Esses sinais são necessários para aquilo que poderíamos chamar de vida dessa relação. É por isso que, quanto mais apegado a essa relação, mais é impelido a multiplicar os sinais. No caso do treinador, não pude me impedir de sorrir ao lhe dar o livreto de papel para cigarro pedido por ele. Na sequência desse sorriso, ele não me pediu mais nada; era bastante sensível às nuanças para renunciar a uma dependência na qual, de fato, eu não entrava. Ele sabia que poderia obter de mim outros favores facilmente – mas não era isso que mais o interessava.

De minha parte, eu poderia ter alimentado e embelezado essa relação de dependência esboçada por um primeiro gesto, mas posteriormente eu não poderia rompê-la sem provocar nele um sentimento de abandono, talvez de traição, com animosidade, talvez hostilidade – em todo caso, algo de negativo que poderia se voltar contra mim ou contra ele.

É através de uma grave degradação que tal necessidade de dependência, algumas vezes, muda radicalmente sua natureza e dá origem à mendicância; é notável que esta existe apenas em algumas tribos, às vezes em certas famílias; um estudo mais aprofundado provavelmente descobriria sua fonte nos costumes familiares. Aliás, a maior parte dos mendigos malgaxes dirige-se sempre aos mesmos clientes – ou melhor, aos mesmos "patrões". Os vínculos de dependência não são completamente despersonalizados, mesmo nesses casos. No entanto, em estado puro, esse sentimento permanece estritamente pessoal. Não se depende de qualquer jeito, a qualquer preço, de qualquer um.

A AUSÊNCIA DE RECONHECIMENTO

Afirmei que os sentimentos de hostilidade – conscientes ou inconscientes – manifestam-se, às vezes, como consequência do abandono que constitui a ruptura das relações de dependência. Esse fato está na origem do seguinte axioma, universalmente difundido entre os europeus de Madagascar: os malgaxes desconhecem o reconhecimento.

Esse axioma, com o contexto psicológico e moral europeu, assume um tom absolutamente enganador: em sua ausência de reconhecimento, o malgaxe demonstra delicadeza e discrição à sua maneira. Seu sentimento é arcaico. Nas diferentes camadas que constituem uma personalidade normal (normal para nós), esse sentimento ocupa um nível razoavelmente baixo. Em nossa personalidade, ele é infantil, recalcado. Talvez esse recalque em nós seja a principal causa do fato de que o julgamos mal no malgaxe. No entanto, existem outras causas, como veremos mais adiante.

É preciso levar em conta também certos preconceitos moralizadores que nos impedem de ver as coisas como elas são, sem os quais saberíamos que a dependência exclui o reconhecimento, como se pode ver especialmente nas crianças europeias, às quais se deve ensinar a serem reconhecidas. E ainda só se pode verdadeiramente ensiná-las sem hipocrisia quando elas tiverem adquirido independência suficiente para isso[2].

Essa é uma das razões pelas quais recalcamos os "maus" sentimentos infantis que estavam associados à dependência, enquanto o malgaxe não os recalcou. É preciso apenas assinalar os mal-entendidos graves e às vezes grosseiros que essa situação pode criar entre indígenas e europeus.

O leitor encontrará a gama mais ou menos completa desses mal-entendidos nos escritos dos viajantes que ficaram impressionados com a falta de reconhecimento da parte dos indígenas, não particularmente em Madagascar, mas em todos os países que eram denominados "primitivos". Lévy-Bruhl os citou com abundância no penúltimo capítulo de *A Mentalidade Primitiva*[3]. Apesar de possíveis diferenças – as quais, na ausência de uma experiência direta, não posso avaliar corretamente – o leitor encontrará nos escritos a descrição de comportamentos dependentes, como eu os entendo. Porém, os autores das descrições mostram todos uma falta de compreensão dessas condutas, e vale a pena nos determos nessa questão por um momento. O próprio Lévy-Bruhl, apesar de sua incursão habitual, deixou-se enganar, em parte, pelos erros dos viajantes que ele cita. Como vamos mostrar, ele não soube afastar particularmente a ideia de *retribuição* que distorce a interpretação.

O capítulo de *A Mentalidade Primitiva* é dividido em três partes. Na primeira, aparecem citações de médicos. Bentley interpreta as reações de seus doentes congoleses como um pedido de retribuição e vê aí uma inversão chocante da situação "normal": o doente pede honorários para seu médico! A interpretação que Mackenzie dá aos fatos é pouco mais correta do que essa, mas sua descrição é visivelmente mais exata do que a de Bentley. O doente curado diz ao médico: "Suas ervas me salvaram. *Agora o senhor é meu branco*. Por favor, me dê uma faca." E ele acrescenta: "É ao senhor que sempre irei pedir." Mas Mackenzie, assim como Bentley, vê ali "uma inversão de papéis completamente espantosa" e, após uma discussão em que tenta em vão persuadir o indígena e levá-lo ao reconhecimento, ele conclui: "Abandonei a discussão, considerando esse homem como um caso muito estranho de confusão de ideias." M. Williams, que por sua vez lida com os nativos das Ilhas Fidji, explica como um doente que é cuidado pede para ser alimentado, observa ele: "O fato de receber esse alimento dava-lhe o direito de me pedir vestimentas. Uma vez obtidas as vestes, ele se considerava, a partir de então, autorizado a me pedir tudo o que quisesse e a me injuriar se eu não cedesse às suas solicitações insensatas." Desse modo, o ressentimento (o abandono) também é observado. Um ferido curado, que teve seu pedido negado, "mostrou seu sentimento de gratidão ateando fogo na secadora do capitão, que perdeu, com isso, peixe no valor de trezentos dólares". Não há dúvida de que esses comportamentos, com menos delicadeza na forma, são bastante similares aos que observamos entre os malgaxes.

Na segunda parte, Lévy-Bruhl propõe uma explicação que se baseia na hipótese de que o tratamento não é entendido pelo indígena. No entanto, o indígena, que explica: "Suas ervas me salvaram", e mais ainda, acrescenta: "Agora o senhor é meu branco", parece ter compreendido muito bem. Mas não é imprescindível desencadear uma discussão sobre esse ponto, pois, na terceira parte, Lévy-Bruhl se vê obrigado a reconhecer que essas reações "incompreensíveis" são encontradas em situações em que o tratamento médico não está em questão: basta estar em condição de prestar um favor ao indígena para induzir nele esses comportamentos, mesmo quando não há nada que se apresente como dificuldade para sua compreensão.

Por exemplo, um indígena do Congo, cuja canoa virou, pede ao missionário que o salvou para "vesti-lo". Diante da recusa do missionário, torna-se "insolente" e tem que ser trancado no depósito e punido com uma multa de duas cabras, a título de "lição", para torná-lo grato dali por diante.

A explicação que Lévy-Bruhl propõe é a de que o indígena acredita ter direito a uma compensação por ter sofrido um prejuízo no domínio místico. O indígena pensaria da seguinte forma: o senhor (o branco), "será no futuro meu recurso, meu apoio, e tenho o direito de contar com o senhor para compensar o que sua intervenção me custou do lado dos poderes místicos dos quais vive meu grupo social e dos quais eu vivia anteriormente". Mas qual o custo do lado místico, ser salvo de um afogamento? Por que o doente que diz "suas ervas me salvaram" de modo algum fala em prejuízo?

A psicanálise nos permite compreender o que aconteceu. *Os viajantes que relatam esses fatos projetam no indígena seu próprio desejo de retribuição.* É essa projeção que impede de compreender a verdadeira psicologia das condutas dependentes e os faz ver ali uma "inversão". Mas são eles que fazem a inversão. O método da análise de Lévy-Bruhl não permitia que se percebesse essa projeção, a qual levou a que ele mesmo se enganasse.

Ele entende que o indígena, na realidade, não é ingrato nem insensato, "como parece ser inevitavelmente aos olhos daquele que o curou ou o salvou, *e que tem consciência de ter lhe prestado um enorme favor, em geral de forma completamente desinteressada* e por pura humanidade. Resta apenas desejar que essa humanidade não se limite a tratar as feridas, e que ela se esforce em penetrar por simpatia até os meandros obscuros dessas consciências *que não sabem se expressar*" (grifos meus).

Mas, à luz da análise, pode-se afirmar que, se os cuidados tivessem sido dedicados com um completo desinteresse, *ou seja, sem nenhuma ideia consciente ou inconsciente em relação à expectativa de reconhecimento*, os observadores correriam menos risco de se enganar e não teriam misturado a esses fenômenos de dependência a ideia de retribuição, a qual, ao menos nos casos típicos e não deteriorados, está totalmente ausente. Por outro lado, o mal-entendido não vem do fato de que os indígenas *não sabem se expressar*. Eles se expressam admiravelmente quando dizem: "Agora o senhor é meu branco; é ao senhor que sempre irei pedir." Em que essa maneira de dizer seria mais obscura do que qualquer uma daquelas que nos servem para expressar nosso reconhecimento, nossa gratidão ou nossos agradecimentos? Por que pedir seria mais obscuro do que prometer? É uma outra atitude, à qual não estamos habituados, ou melhor, que recalcamos. A explicação dos fenômenos está na existência da dependência no interior da personalidade indígena, personalidade cuja estrutura não se assemelha à nossa. É essa estrutura que justifica a ausência de reconhecimento.

O sentimento de reconhecimento supõe, portanto, conforme seja observado, um afrouxamento da dependência. Como deverá ser compreendido e que visões isso nos abre sobre a estrutura de nossa personalidade? A concepção vulgar e comercial segundo a qual o reconhecimento consistiria, sobretudo, em uma troca de favores e de bons sentimentos não é aceitável – livra-se rapidamente por falta de reconhecimento, por nada dever, em certos casos. O reconhecimento parece ser um esforço para manter uma atitude, à primeira vista, contraditória: manter simultaneamente o sentimento de que se deve muito e o de que não se deve nada. Supõe a negação da dependência, e, no entanto, também a manutenção de uma *imagem* de dependência, baseada no livre-arbítrio. É o primeiro modelo, talvez, da obrigação livre das estruturas coletivas para ser baseada na autonomia da pessoa[4]. É por isso que o reconhecimento não pode ser exigido, enquanto mantiver um caráter obrigatório; é por isso que ele supõe, apesar das aparências, a igualdade das pessoas. A dependência propriamente dita, tal como é observada em Madagascar, exclui a ideia de igualdade.

Antes de passar para a pesquisa da origem desse "complexo de dependência", explicitemos o significado do caráter *infantil* que somos tentados a lhe atribuir. Esse "infantilismo" tem um certo fundamento, no sentido de que tais comportamentos seriam infantis *em nós*. Porém, considerando-nos infantis entre os malgaxes, corremos o risco de imitar os colonialistas, que fundamentaram sua atitude paternalista na máxima de que "os negros são crianças grandes". Na verdade, as características que assim são percebidas no comportamento malgaxe são infantis pelo simples fato de que tudo que existe no adulto tem sua origem na infância. E isso se verifica pelo fato de que a inferioridade que se observa nos ocidentais típicos, com a necessidade de se valorizar pelas vantagens em parte imaginárias, é considerado pelos malgaxes típicos como um traço de caráter infantil! De fato, eles só conhecem esse tipo de comportamento em si mesmos, através das crianças, antes que sejam, por assim dizer, diferenciadas a inferioridade e a dependência.

2. O Culto dos Mortos e a Família

*Ny olombelona hoatra ny ladimboatavo,
ka raha fotorana, iray ihany*

(Os vivos são como as ramificações dos caules
de abóbora, na base existe apenas um caule.)

PROVÉRBIO

Diante de uma séria dificuldade, o europeu mais típico reage apelando para sua autoconfiança, ou então para sua habilidade técnica. Sua grande preocupação é no sentido de não ser *inferior*, seja em relação à ideia que faz de si mesmo, seja no que se refere à situação. A grande preocupação do malgaxe típico, porém, é a de proteger sua segurança, de não se sentir *abandonado*. Ele não confia em si mesmo e muito pouco na técnica; confia nos poderes protetores sem os quais se sentiria perdido. Na origem dessa atitude, está o modo como a necessidade de segurança (a necessidade psicológica, evidentemente) é satisfeita no decorrer das primeiras experiências, e essas experiências são determinadas pela estrutura familiar.

Ao me propor a descrever essa estrutura, o que domina o quadro é um conjunto de costumes e crenças, extremamente sólido e profundo, designado geralmente sob a denominação de culto dos ancestrais ou culto dos mortos. É através do estudo dessas crenças e costumes – aqui as duas palavras são equivalentes – que se pode vislumbrar simultaneamente as bases da vida social das coletividades malgaxes e as estruturas fundamentais das personalidades típicas.

Os estudos etnográficos nos convidam a admitir a existência de toda uma "civilização" fundada no culto dos mortos, em associação, aliás, com a cultura do arroz em arrozais irrigados. Essa civilização estende-se do oceano Índico até a Melanésia. Ela parece ter comportado, outrora, estruturas familiares que davam um lugar importante à autoridade do tio materno. Em Madagascar, encontram-se apenas traços bastante vagos dessas antigas estruturas – no papel, por exemplo, que o tio materno ainda tem na ocasião da circuncisão e em certos provérbios antigos. Por mais interessante que seja a tentativa de reconstruir hipoteticamente um passado do qual subsistem apenas alguns traços, é preciso reconhecer que esses resquícios sobreviventes não têm mais nada de funcional. Eu os deixarei de lado, e me limitarei a considerar o culto dos mortos tal como ele existe hoje.

Podemos encontrá-lo em toda Madagascar sob várias formas, das quais não é necessário esboçar o inventário, pois sua diversidade permanece puramente aparente. A essência é a mesma em toda parte. Os mortos são a fonte única e inesgotável de todos os bens. A vida vem deles, a alegria, a paz e, sobretudo a fecundidade[1]. Os malgaxes dizem e acreditam que os mortos são a raiz invisível de sua raça; os vivos são apenas os brotos efêmeros. São os autores de todos os costumes; e, como tudo é costume, até mesmo os instintos dos animais, a forma das plantas e as leis do mundo físico, pode-se dizer que eles governam tudo. São simultaneamente o Deus do universo, a Natureza e o Espírito da família. Mas devemos ter cuidado para não representar essas crenças à nossa maneira, como dogmas. Elas são tão certas que podem permanecer vagas. Nunca evocam a necessidade de esclarecimentos; não são sistematizadas, e o pesquisador europeu que busca conhecer "o detalhe" através de perguntas acaba por obter como resposta apenas um florescer de fantasias que o distanciam. Por exemplo, quem é o autor dos costumes (instintos) dos animais? Os ancestrais, evidentemente. Mas quais? Alguns responderão que são os homens de outrora; outros, que são os ancestrais dos animais. Esse detalhe não interessa, e a precisão não nos interessa. É comparável ao fato de que os homens sabem, em qualquer lugar, que o solo sob seus pés é sólido; porém, se lhes perguntam sobre o que repousa essa solidez, eles inventam as mais fantasiosas explicações, pois nunca tiveram a oportunidade de realmente colocar esse fato em questão. Ao investigar o que seria exatamente o "culto dos mortos", aprendemos o que é uma crença – e como se diferencia de uma opinião. Tal crença é incontestável, inacessível à razão assim como à experiência. Tal solidez na crença, sem nenhuma preocupação com as opiniões, é ainda mais notável quando os malgaxes são completamente capazes de "se perder" em detalhes e levar adiante discussões as mais bizantinas. Prova disso é um jogo antigo, *mifampiady karajia*, que consistia em jogar de forma burlesca com os sentidos das palavras, assim como sua atual habilidade com questões de procedimento ou de astúcia comercial...

A solidez dessa crença nos mortos, uma vez retiradas todas as opiniões sem importância que a recobrem, explica por que os missionários, católicos ou protestantes, abstiveram-se, cuidadosamente, de atacá-la.

Eis como o padre Vincent Cotte descreve essa crença em uma tribo pouco "evoluída", a Betsimisaraka:

O ancestral continua a fazer parte da família dos vivos. O morto ou a morta, ainda que a data seja recente, e qualquer que tenha sido sua posição na família, ganha imediatamente uma posição de prioridade nela. Já observaram que os indígenas, antes de beber, deixam cair algumas gotas do líquido sobre a esteira? Esse gesto não é para rejeitar alguma impureza, é a parte oferecida ao ancestral, que se supõe estar sempre presente [...]. A respeito dos ancestrais, escutamos frequentemente esta expressão: eles são *Zanahary ambonin'ny tany*, deuses na terra. Os próprios indígenas explicam: porque são o broto do bambu do qual saíram os ramos, quer dizer, os homens.[2]

Mas o reverendo padre, *cum permisso superiorum*, conclui também que a crença nos ancestrais e a religião cristã pode se sincretizar em "uma mentalidade nova cristã que, sem perder o que tem direito a conservar do culto dos ancestrais, enriquece-se de novas noções, ao mesmo tempo mais humanas e dotadas de um dinamismo, cuja esperança sempre oferece sustentação"[3].

Isso é admitir, em termos ambíguos, que os missionários de qualquer denominação encontraram esse tipo de crença profundamente alojada nos alicerces da pessoa para que seus argumentos tivessem acesso a ela. Esqueceram que santo Agostinho havia identificado o paganismo no culto dos ancestrais. Santo Agostinho, que tinha razões pessoais para ter conhecimento sobre conversão, sabia que uma conversão não é uma mudança de opinião ou de profissão de fé, mas uma modificação da personalidade em seu conjunto.

Se não há, por assim dizer, quase nenhum malgaxe que não seja membro de alguma igreja cristã, também não há muitos para quem a religião seja mais do que um disfarce social, aceito com muito prazer, mas que reveste uma personalidade de tipo arcaico edificada não sobre a crença em um Pai Eterno distante, mas sobre a imagem bem próxima e muito mais poderosa dos pais temporais falecidos.

Podemos apreender aqui, ao vivo, um fenômeno que se deve diretamente à presença de dois tipos de personalidade; as crenças estão situadas como se estivessem em dois andares diferentes e não se encontram. Os observadores, diante desses fatos, acusaram os malgaxes de se contradizer, de ignorar o princípio do terceiro excluído e de amalgamar ideias incompatíveis, como se isso fosse a marca de uma falha da lógica ou de incapacidade intelectual. Na realidade, os malgaxes podem perfeitamente adotar nossas opiniões. Porém, como poderiam deixar de ser o que são, o que sentem ser na profundidade, ou seja, a emanação, à luz do dia, da força subterrânea dos mortos? Nada os impede de coroar suas tumbas com uma cruz cristã, de fazer abençoar seus mortos na igreja. Estão até mesmo dispostos a dizer que seus mortos também converteram-se, que eles vão de forma invisível à igreja com eles e recitam os cânticos. Essa maneira de ver lhes convém. Mas que os mortos possam deixar de habitar a terra, de se intrometer, de certo modo, na vida cotidiana dos vivos, não nos arriscaremos a levá-los a se questionar seriamente sobre isso; só poderiam fazê-lo atravessando uma grave crise, a partir da qual sua pessoa se reconstruiria de outra forma. É o que acontece, aliás, aos raros indivíduos que, genuinamente e no verdadeiro sentido do termo, se converteram.

No mundo ocidental, no passado, a personalidade foi transformada pela ruptura dos arcabouços ancestrais e o endereçar ao céu uma autoridade paterna universalizada. Foi assim que, de forma geral, a Europa converteu-se do paganismo ao cristianismo. Encontramos entre os malgaxes a essência de um espírito pagão, a respeito do qual, ao que tudo indica, não sabíamos do que se tratava, pois na história antiga só aparece camuflado por roupagens de uma mitologia politeísta. Se os malgaxes tivessem sido politeístas, os missionários teriam ficado enfurecidos: estavam preparados para um adversário como esse. Diante de um culto dos mortos que não apresenta a maior parte dos traços pelos quais habitualmente reconhecemos uma religião, pois este tem um lugar muito mais profundo do que as convicções religiosas, não consideraram, ao respeitá-lo, um fracasso em sua missão.

Não se trata aqui de discutir a questão, frequentemente debatida, de saber se os missionários cristãos devem ou não adaptar a religião aos costumes existentes. O leitor a encontrará, por exemplo, em uma abordagem de Westermann, no capítulo 10 de *Negros e Brancos na África*. Não se trata, tampouco, de saber se o *lolo*[4], o fantasma que vaga à noite e aparece nos sonhos, pode ser confundido com a alma substancial. Não abordo aqui uma questão de teologia, mas sim de psicologia. Existe uma psicologia da conversão: ela nos ensina que esta é um remanejamento das estruturas da pessoa. Esse remanejamento pode marcar em nós uma era de civilização. A conversão dos malgaxes, salvo algumas exceções, nunca foi dessa forma.

Para retornar ao aspecto etnográfico do culto dos mortos, um breve exemplo tornará compreensível o modo pelo qual as crenças essenciais podem aparecer sob o disfarce de formas que mal parecem comparáveis. Ainda recentemente, era costume entre os Sakalava da região de Morondava ornar suas tumbas com madeira esculpida, de uma espantosa obscenidade; ainda mais espantosa, na medida em que os malgaxes são muito pudicos. Porém, essas esculturas existem para lembrar e tornar visível (e talvez acessível) a fecundidade que reside nos mortos: elas são como as imagens de um sonho onde se expressaria a ideia que o escultor tem da morte, no mais profundo de si mesmo. No entanto, nas planícies altas, o que se vê é bem diferente: as tumbas de Imerina não têm nenhum ornamento. Mas, quando ocorrem as exumações, as mulheres estéreis da aldeia disputam com uma obstinação risível uma esteira utilizada para colocar um morto por um momento. A mesma fecundidade encontrada nas esculturas muito pouco decentes em Morondava também reside, em Imerina, em uma esteira muito simples, que acaba de ser comprada em um mercado, e sobre a qual o *faty* (quer dizer, o corpo santificado de um morto) foi colocado por um ou dois minutos.

É por essa perspectiva que se deve compreender o impulso de sexualidade que pode se manifestar nas festas fúnebres, evitando considerá-la uma imagem do que entendemos na Europa sob o conceito de *orgia*. Em todo caso, uma vez descartadas todas as variações que podemos chamar de supersticiosas, descobrimos uma crença profundamente enraizada: os mortos podem virar pó; não deixarão por isso de representar os verdadeiros pais, os únicos dotados de fecundidade e autoridade. Dessa fecundidade e autoridade, os pais vivos têm dos mortos apenas uma procuração.

Seria inútil procurar nos costumes relativos aos mortos qualquer sinal que permita reconhecer a categoria do *sagrado*, ou *mistério*. Esses mortos onipotentes nada mais são do que cadáveres envolvidos em seda que dormem em seus leitos de pedra, no fundo de uma tumba familiar. Essa tumba é periodicamente aberta para adicionar novas mortalhas e para levar à luz do dia ora um morto, ora outro. Tudo isso é feito prosaicamente, em um clima de festa camponesa, quase um piquenique. Um europeu pergunta se ele pode visitar o interior da tumba: naturalmente, sim; é uma grande honra para a família. Poder-se-ia tirar uma fotografia a magnésio? Por que não? Os membros da família retêm as provas. Não há imposição de rituais nem de gestos; se existem costumes e proibições, são da mesma ordem daqueles encontrados no mundo cotidiano. Um enterro europeu se assemelha a um pesadelo; parece feito para imprimir nas almas o sentimento da importância e da magnitude terrível da morte. Os europeus acreditam *na morte*; e a morte para eles é unicamente objeto de dúvidas e interrogações muito perturbadoras. Os malgaxes acreditam *nos mortos* e não na morte; é por isso que, quando têm o cadáver diante dos olhos, não precisam de rituais nem ornamentação.

Para compreender a situação de uma criança malgaxe em uma família cujos ancestrais constituem a parte mais importante, seria necessário imaginar uma família europeia na qual todo o dinheiro e autoridade pertenceriam a um avô acometido de paralisia e incapaz de se levantar da cama. Imaginem, nessa família, uma criança que se dá conta, a partir do que ouve, do respeito e importância que se dá a esse paralítico invisível, ou pelo menos, que só pode ser visto em ocasiões solenes. Nos dias de festa, tenta-se diverti-lo um pouco; finge-se acreditar que ele comeu e bebeu bem. Quanto a ele, através de piscar de olhos difíceis de serem interpretados, consegue revelar seus desejos; e estes são executados pontualmente, como se seu descontentamento pudesse causar a ruína da família. Se a criança está convencida de que tal situação nunca terá fim, e descobre que o mesmo ocorre em outras famílias, estará nas mesmas condições que uma criança malgaxe. O leitor concordará, sem dúvida, que em tal ambiente familiar a criança não terá nenhum desejo nem meios de rivalizar com tal autoridade; e mais do que isso: ela não conseguirá formar a ideia de que, um dia, possa ter uma vontade "dela" e que pertença exclusivamente a ela.

Não é necessário expor em detalhe como a "vontade" dos mortos se expressa nos sonhos, presságio e adivinhação. Ela é rigorosamente obedecida, ainda que se trate de um malgaxe "evoluído", como se costuma dizer, ou seja, bastante europeizado para agir, em tudo o mais, como um europeu. Os europeus se indignam, frequentemente, com os caprichos, "a má vontade", os vira-face e o não cumprimento da palavra nos malgaxes; porém, estes não podem agir de outra forma, já que devem obedecer aos sonhos e presságios. Inventam, para se justificar, as razões que acreditam ser as mais plausíveis e polidas; o europeu choca-se com essas mentiras contínuas e "sem razão", sem que o malgaxe consiga confessar a ele os motivos de suas ações, pois sabe que depararia com uma incredulidade de tal natureza que não poderia dizer nada que fosse convincente. Essa desistência de convencer é a contrapartida à certeza de suas convicções. Podemos, empregando argumentos de bom senso, convencer uma criança europeia a abandonar sua crença em fantasmas; mas o fato é que a ajudamos a completar sua personalidade tendo a nossa como modelo. Com um malgaxe que acredita nos mortos, não se passa dessa forma. Fazê-lo abandonar sua crença seria tão complicado e difícil quanto levar um europeu a duvidar genuinamente da realidade exterior: em vez de adotar uma atitude que parece delirante, tentamos todos os meios de defesa... De fato, temos aqui um problema muito geral, pois precisamente os doentes que deliram são com frequência aqueles cujas estruturas pessoais estão perturbadas; e a experiência nos ensina que não são mais influenciáveis pelos argumentos de bom senso. Por sua vez, eles desistem, aliás, muito rapidamente de tentar nos convencer. Nos malgaxes, as estruturas não são absolutamente perturbadas; não são absolutamente *anormais*, são *outras*. Suas convicções profundas e as nossas não são confrontáveis, pois situam-se em níveis diferentes. Elas são reciprocamente entendidas enquanto *opiniões*, quer dizer que se pode discutir sobre elas... mas, enquanto convicções, fazem parte das fundações da pessoa: se conseguíssemos retirá-las, tudo deveria ser reconstruído.

Entendido dessa forma, o culto dos ancestrais não pode ser considerado uma simples curiosidade etnográfica: podemos dizer, com essa "mente aberta" na qual vemos um produto da civilização, que *cada país tem seus costumes*, e o malgaxe repetirá isso depois de nós, em um de seus provérbios; mas para nós os costumes são preconceitos em relação aos quais podemos mostrar tolerância ou indulgência, ao passo que para o malgaxe eles têm um sentido completamente diferente: de modo literal, os "fazem viver"; são a base de sua existência, e não excentricidades que devem ser perdoadas! Se o culto dos mortos faz parte dos costumes, só se pode afirmá-lo na condição de não considerar esses costumes como hábitos ou uma rotina; é como se tornaram os nossos, na medida em que se desenvolvia nossa autonomia. Não é exagero dizer que os mortos e suas imagens constituem a *instância moral superior* na personalidade dependente do malgaxe, no mesmo lugar onde nos europeus encontramos a consciência moral, a razão, ou Deus, ou o rei, ou o partido...

Mas o que encontramos, sobretudo em nós, atrás desse panteão moral e dessa mitologia das autoridades, é uma continuidade de conflitos muito pouco conscientes, através dos quais o ego negocia, com o superego e o ideal, suas possibilidades de existência. Eles são introduzidos pelo desejo condenável ou a esperança angustiante de escapar da autoridade de fato, invocando uma autoridade superior; e foi essa fuga que marcou nossa civilização com seu caráter *evolutivo*. Tal abordagem é amplamente conhecida *sob forma de mito*, e a fábula do Pequeno Polegar existe até mesmo na Malásia. Mas apenas o Ocidente ousa realizar seus mitos. Realizou literalmente o do Pequeno Polegar, como podemos vê-lo em Descartes, que se acomoda resolutamente no abandono, inventa um meio de não se perder na floresta da dúvida, aniquila os espantalhos da autoridade má (seu próprio ogro se denomina Gênio Maligno) e encontra em Deus uma autoridade superior que lhe delega autonomia e liberdade, assim como o Pequeno Polegar tornou-se adulto pela proteção do rei, graças a quem ele pode esquecer seu pai lenhador. Todos sabem como este caminho é difícil: é feito de angústia; conduz simultaneamente à liberdade e à miséria do homem, mas do homem ocidental, a respeito do qual o dr. André Berge pôde resumir, de maneira impactante, o essencial de sua condição: "O homem moderno tenta desajeitadamente ser adulto, permanecendo imaturo para a condição de órfão."

No entanto, o não civilizado, possuindo uma personalidade estruturada como a que já descrevi no malgaxe, não está, e isso é evidente, de forma alguma maduro para a condição de órfão; ele não tenta de modo algum, desajeitadamente ou não, tornar-se adulto à nossa maneira. Podemos dizer que ele pode se comportar assim graças à sua crença nos mortos. Mas podemos dizer também que ele é obrigado a acreditar nos mortos porque não consegue se comportar de outra maneira que não essa. Nada obriga a escolher entre essas duas formulações, ao menos à luz daquilo que sabemos atualmente.

Na família, o pai é o intérprete natural da vontade dos mortos. Porém, ele não celebra nenhum culto familiar. A religião importada teve ainda o efeito de empurrar para as tumbas o espírito religioso malgaxe, de atrair para a igreja a vida social, e de deixar a vida da família estranhamente vazia[5].

Nos Hova, isto é, na burguesia merina, o pai mantém o controle rigoroso das finanças e regula a vida material nos mínimos detalhes. A mãe executa, serve de intermediário, transmite às crianças as ordens do pai e, a ele, as solicitações dos filhos. Estes últimos, além da escola e dos deveres religiosos, não têm outras ocupações a não ser consertar roupas, manter a horta e o galinheiro e outros serviços gerais; nos intervalos, eles procrastinam. Não têm dinheiro (por medo de que façam "besteiras"). Suas leituras limitam-se ao que é recomendado pelo padre e, raramente, pelo professor. Se "fazem besteiras", é sempre silenciosamente e às escondidas: nunca se mostram agitados ou indóceis de forma explícita. Se estão mais irrequietos, o medo do pai é suficiente para acalmá-los. Às vezes, a mãe os ameaça com a fúria do *vahaza* (o europeu), o qual, no fundo, é um substituto da imagem do pai, mas a quem é atribuído o infeliz papel de bicho-papão, de tal modo que, certamente, ele se torna objeto de medos traumatizantes, embora eu não tenha encontrado vestígios de sua existência no inconsciente nos sonhos que analisei. Mas, para os malgaxes, os sonhos têm importância demais para que os confiem qualquer um deles a um europeu, sobretudo aqueles em que figura este último.

A mãe usufrui de uma grande influência real, mas não tem nenhuma autoridade propriamente dita. Essa posição na família parece ser psicologicamente boa para ela; todos os observadores puderam notar como os *ramatoa* (as mulheres) diferem de forma vantajosa dos *rangahy* (os homens). Talvez isso se deva ao fato de que para elas o preceito "Você não abandonará seu pai e sua mãe" seja válido, enquanto o homem nunca abandonará seu pai, mesmo quando este último apenas possa observá-lo e acompanhá-lo de longe, do fundo de sua tumba. Teremos aqui um tema de estudo do qual apenas posso apontar a existência e que somente poderia ser explorado através do estudo de casos individuais.

Dentro de casa, a criança é sobretudo ligada à sua mãe, que a protege simultaneamente dos perigos de fora e da severidade paterna. Sua necessidade mais ou menos consciente de segurança é assim satisfeita. Ela nunca se afasta da mãe, que a leva por toda parte em suas costas, embrulhada, inclusive a cabeça, em seu *lamba*. É provavelmente uma memória do conforto infantil, o costume dos adultos de dormir completamente embrulhados. Sua respiração os aquece; o *lamba*, cobrindo da cabeça aos pés, cumpre também a função de mosquiteiro. Os mortos são sepultados assim. A primeira infância, o sono e a morte, como se poderia esperar, são simbolicamente identificados.

Ligada assim de modo permanente à mãe, a criança não é o objeto de um conflito. Veremos que ela só pode ser ameaçada *através* da mãe, como mostram claramente os sonhos. Ficamos surpresos com a obediência das crianças malgaxes, diferentemente da criança europeia, cuja má conduta se explica por sua situação entre o pai e a mãe.

Existem na Europa famílias cuja estrutura, à primeira vista, não difere essencialmente da família malgaxe que acabo de descrever, ou seja, onde a autoridade paterna intacta é exercida sobre a criança por intermédio da mãe. No entanto, as crianças ali são agitadas, violentas e combativas, ainda que a autoridade paterna, quando se apresenta, seja capaz de acalmá-las instantaneamente e de fazê-las sentir vergonha. Do ponto de vista energético, tudo se passa como se nessa turbulência infantil se preservasse e se formasse a quantidade de força de independência da qual a criança necessitará mais tarde, quando ela será, por sua vez, "chefe de família". Sua turbulência, porém, é sobretudo um protesto, a afirmação (inconsciente) do fato de que seu pai é um homem como os outros, e que ela, a criança, é um homem como seu pai. Tal afirmação não se dá sem a apercepção confusa dos perigos angustiantes que ela pode originar, e daí vem a turbulência. A criança malgaxe não está na mesma situação.

A circuncisão (que existe nos malgaxes) tem como efeito, segundo Freud, reforçar a autoridade do pai, pois ela é o símbolo da aceitação dessa autoridade. Mas esse ritual, sem significar nenhum desprezo, tampouco ódio para os incircuncisos, não parece carregar tanta afetividade quanto nos semitas. Não tem o mesmo significado – encontra-se aqui também um tema de estudo, o qual posso apenas apontar de passagem.

A circuncisão é colocada "sob o signo" de uma árvore bifurcada – espécie de poste totêmico na origem (?), que representa o *Omby maranitra*, touro com os chifres afiados. Diz-se, no discurso tradicional, que essa madeira representa os ancestrais... Mas a árvore permaneceria em pé na aldeia, símbolo da virilidade do circuncidado. O outro símbolo é (ou era) um galho de árvore escolhido em uma árvore vigorosa da floresta.

É interessante comparar esses costumes com o culto das árvores que existe nos melanésios (ver *Do Kamo*, de Maurice Leenhardt, por exemplo[6]). Porém, estes ficam mais evidentes através do simbolismo dos sonhos, os quais apresentarei mais adiante.

Em todo caso, apesar da fortíssima influência da circuncisão sobre a mentalidade malgaxe, a autoridade paterna, com toda força que possui, não deixa de ser uma autoridade derivada, que transborda por todos os lados a própria pessoa do pai.

A criança europeia sabe que substituirá seu pai e herdará toda a autoridade; o menino malgaxe sabe que isso nunca acontecerá. A fonte da potência paterna perde-se em um passado longínquo, mas sem se enfraquecer com o distanciamento[7].

Os rebeldes que, armados com simples bastões pontiagudos, atacam tropas armadas com fuzis, avançavam em fileiras cerradas, marchando, gritando *rano... rano*, quer dizer, "água... água...". Esse grito logo seria explicado pelas palavras dos prisioneiros: era um grito mágico destinado a trocar por água as balas que saíam dos fuzis; os feiticeiros haviam imaginado esse sortilégio, que se alastrou por todos os pontos da ilha onde havia agitações, e eu vi advogados e médicos malgaxes, formados à moda europeia, se perguntarem seriamente "se era verdade". O símbolo tem, portanto, uma grande força, a qual é preciso explicar. Até mesmo os soldados europeus viram-se no ponto de conceber dúvidas e deixaram-se impressionar pelo efeito nulo de tiros mal direcionados ou por fracassos devidos à antiguidade de certos cartuchos. Em seguida, falavam sobre isso rindo, mas se podia imaginar que, no momento do perigo, esse simbolismo tinha, provavelmente, despertado neles a angústia de impotência representada com tanta frequência nos pesadelos pelas falhas de armas de fogo.

No entanto, nos malgaxes rebeldes, as coisas se passam desta forma: a imagem paterna é projetada sobre o *vahaza* que atacam. O fuzil simboliza o órgão sexual masculino. Na criança, sai dele apenas "água". Vejam, parece que a criança está dizendo, eu não rivalizo com meu pai, meu pênis só serve para urinar. Aqui está uma defesa contra o medo da mutilação, uma defesa contra a angústia. Para ousar atacar o pai, o qual o *vahaza* representa, é preciso se convencer de que o pai também é apenas uma criança inofensiva. No entanto, é preciso observar o caráter revelador desse processo inconsciente: em situação análoga, os europeus se obrigariam a utilizar a "magia" para elevar suas armas à altura das do adversário, sobre o qual projetam a imagem, afirmando sua própria virilidade, enquanto o malgaxe desviriliza o pai e procura rebaixá-lo ao nível da impotência infantil.

Assim, em vez do protesto pelo qual o europeu se esforça em afirmar que é um homem como seu pai, descobriríamos no malgaxe a presunção de que todos os homens são crianças. Ele projeta sua própria dependência em todos. A palavra "criança" aparece muitas vezes nos nomes das tribos: e, no fundo, apenas os mortos são para ele o que são os adultos para as crianças da Europa.

3. A Ameaça de Abandono

INDEPENDÊNCIA E LIBERDADE

A persistência do "complexo" de dependência pode ser avaliada levando-se em conta a dos sonhos, na qual a segurança é perturbada e restaurada de alguma forma. Vemos aí aparecer o casal pai e mãe, *Ray aman-dreny*, ainda que o pai apareça ali, na maior parte das vezes, de forma ameaçadora. A criança se encontra entre a autoridade temida do pai e a proteção amada da mãe. Os dois aspectos opostos do mesmo sentimento (temer e amar) são, portanto, nitidamente separados. Observaremos que, em três dos sonhos que serão apresentados na sequência deste capítulo, a proteção materna se mostra insuficiente. Desses três sonhos, dois são sonhos de menina e o terceiro, o sonho de um menino curioso, e de espírito "experimental", que "quis ver" – o que ele viu, como a mãe cede ao pai. Esse material, no entanto, não é suficiente para que eu possa me arriscar a analisar mais profundamente o complexo de Édipo nos malgaxes. Antes de ser mais sistemático, seria necessário coletar um número maior de documentos.

A dependência, tenho afirmado, não é inferioridade. Esse fato é fácil de ser demonstrado, mesmo quando o malgaxe se percebe ou se sente inferior; ele não compensa à maneira de um europeu, reivindicando uma igualdade ou superioridade. Ele tenta, ao contrário, reestabelecer a situação criando uma relação de dependência que seja uma imagem da relação da criança com o pai e a mãe; as palavras *Ray aman-dreny*, que querem dizer precisamente "o pai e também a mãe", o casal parental, são aqueles através dos quais o malgaxe identifica as autoridades que julga dignas de respeito, o administrador ou o governador, por exemplo – com quem ficaria feliz em estabelecer uma boa relação de dependência. Quando consegue constituir relações dessa forma, na vida, com superiores, sua inferioridade não o incomoda mais; vai tudo bem. Quando não é bem-sucedido, quando sua posição de insegurança não se corrige dessa forma, ele experimenta um fracasso. É possível que tal fracasso desperte antigas lembranças de abandono e leve a manifestações negativas, como já vimos.

Tentei verificar esse quesito recorrendo a observações relativas a outras populações coloniais. Eis como D. Westermann, em *Negros e Brancos na África*[1], descreve o comportamento do africano: "Ele não conhece a humildade rastejante, a adulação servil, e não o constrangemos facilmente. Em regra geral, ele é mais seguro de si mesmo que o europeu." Mais adiante, o autor dá uma interpretação desse fato – interpretação que, como veremos, não parece justa: "*Ele não depende de outros economicamente*, e não há distinção entre o servo e o mestre, o rico e o pobre. *Portanto, não existe complexo de inferioridade*." (O itálico é meu). Não podemos admitir tal explicação; não são os fatos da desigualdade social que habitualmente *criam* esse complexo. Mas, como o autor nos dá uma descrição detalhada dos fatos, a verdadeira explicação aparece em algumas linhas adiante: "O sentimento de estar sempre rodeado de amigos, e poder contar com ajuda em qualquer ocasião, contribui para dar a todo africano 'não civilizado' esta segurança que surpreende e agrada."

Vemos, então, que a situação do africano, mesmo sendo completamente diferente da do malgaxe, apresenta em relação a ela indiscutíveis analogias. O africano não tem inferioridade, porque sabe com quem pode contar. Mas as pessoas das quais depende (com quem ele conta) são seus iguais e não seus superiores. Esse fato explica sua expressão aberta e "agradável". Isso se deve, provavelmente, à organização por tribos e faixas etárias que garante a segurança pela coesão dos indivíduos colocados em um mesmo plano. É por isso também que, sem dúvida, os ancestrais são memórias. O malgaxe conta com seus superiores; é diretamente dependente da linhagem ancestral; compreendemos que sua atitude não seja a mesma. Não é necessário colocar em questão as diferenças raciais e opor o *temperamento* oriental ao temperamento africano.

O "complexo" de dependência do malgaxe impregna toda sua personalidade e dá às suas ações e reações de adaptação, em todos os domínios, um estilo particular. No entanto, a situação de dependência familiar ou social onde esse complexo se originou não é específico do malgaxe, e todas as crianças, independentemente do meio a que pertençam, a experimentam. Todos, aliás, estão igualmente em uma situação de inferioridade. É fato que a maior parte dos europeus liquida seu complexo de dependência, o recalca ou o sublima, enquanto a maior parte dos malgaxes escapa aos efeitos da inferioridade, justamente pela aceitação da dependência. Essa diferença radical só pode ser devida às diferenças que existem no meio familiar, como já assinalei, e que fazem com que a criança pareça não se colocar como rival de seus pais.

Afirmei que a inferioridade e a dependência constituíam uma alternativa. E é certo que o fracasso, por uma razão qualquer, [ou a recusa] da dependência pode revelar a inferioridade. Sem dúvida, é notável que um psicólogo tenha percebido – de uma maneira um pouco diferente – a existência dessa lei nos europeus da Europa. No entanto, ele tira conclusões que não são aceitáveis como quais. Convém, portanto, observar sua posição.

Trata-se de Fritz Künkel, cujos trabalhos eu desconhecia quando percebi a dependência nos malgaxes, e suas relações com a inferioridade. Aliás esses trabalhos não eram, por assim dizer, conhecidos na França, até o momento em que Oliver Brachfeld os resumiu em *Sentimentos de Inferioridade*. Foi através desses resumos que os conheci; para mais detalhes, recomendo o texto completo para o leitor, sendo que aqui exporei apenas o essencial.

Segundo Künkel, o sentimento de inferioridade, o qual ele concebe à maneira de Adler, não tem a origem que Adler lhe atribuía (principalmente uma deficiência física ou, pelo menos, uma diferença física considerada como uma deficiência). Para Künkel, o sentimento de inferioridade nasce de uma traição do entorno da criança. Trata-se de um sentimento de abandono; a escolha dessa palavra ("traição") dramatiza a situação objetiva e de certa forma cria a luz subjetiva na qual ela deve ser colocada do ponto de vista analítico.

Na perspectiva da psicologia dos malgaxes, certamente o fato de não experienciar um sentimento de abandono – ou de traição – e, por consequência, poder manter uma posição satisfatória de dependência é o que explica a ausência de inferioridade entre eles. Uma questão que não podemos resolver, sem dúvida, refere-se a saber se a diferença da criança dependente e da criança traída é uma diferença objetiva – como parece ser o pensamento de Künkel[2] – ou se, como eu o vejo, a traição não seria mais o efeito imaginário de um desejo ("culpado") de independência, forma da vontade de poder.

Se Künkel tinha razão, os malgaxes – e, de maneira geral, os "primitivos" que ainda não são contaminados, o que aliás ele invoca expressamente[3] – viveriam em um tipo de paraíso psicossociológico, paraíso esse do qual Künkel e os outros europeus teriam sido capturados pela traição original. Nesse caso, tentando livrar o malgaxe de sua dependência, tarefa necessária se quisermos que ele complete sua personalidade e alcance a liberdade moderna, o conduziremos ao caminho espinhoso da inferioridade. E não teríamos nem mesmo o recurso de dizer que é um mal necessário; que a inferioridade, por menos confortável que seja, é o único motor do qual dispomos para o progresso do indivíduo, pois, se acreditarmos em Künkel, ela seria um mal absoluto e incurável, sendo o único remédio autêntico, o retorno à dependência perdida. O que para ele seria um retorno a uma espécie de feudalismo[4]. Sem dúvida, sua teoria é menos aplicável aos europeus que extinguiram seu complexo de dependência do que ele acredita. Mas ela se aplica a seja lá quem lamente – por uma espécie de regressão afetiva – a dependência perdida; e é preciso ver se ela não se aplicaria aos primitivos, como parece lógico, no dia em que os "livrássemos" de uma dependência que, é verdade, os prejudica no caminho do progresso, mas os protege maravilhosamente da consciência infeliz que é o pesado resgate desse progresso.

É claro que o fracasso da dependência (ou, no caso do europeu, mais provavelmente, sua recusa) é uma condição da formação do complexo de inferioridade, ou talvez, simplesmente, de sua manifestação. Recordaremos que, de modo efetivo, um malgaxe adulto isolado de seu meio pode se tornar "inferior", prova quase irrefutável da existência nele de uma inferioridade latente, mascarada pela dependência. Porém, retornar à dependência é apenas uma das soluções possíveis; e essa solução constitui uma verdadeira regressão. A preferência que Künkel lhe dá é suspeita. A liquidação autêntica desse complexo não seria talvez a conclusão da personalidade, ou seja, o aprendizado da liberdade? Não nos faltam meios de sublimação – o homem criou termos, desde Deus até verdades matemáticas, passando pelo amor ao próximo, as obrigações profissionais e sociais –, os deveres em geral, que podem lhe permitir estabelecer elos de dependência purificados; são meios de transição. O objetivo é o de alcançar uma liberdade que não seja dependência nem independência, já que ela se sustenta no sentimento das responsabilidades assumidas. Tal sentimento é indispensável à conclusão da personalidade. Sem dúvida, se o fracasso ou a recusa só faz romper os elos de dependência sem substituí-los por outra coisa, então o sujeito, uma vez na independência, não quer mais ser conduzido e não pode conduzir a si mesmo: ele encontra, nesse caso, a miséria pascalina, a angústia existencial, o abandono. Os caminhos da liberdade são mais difíceis do que uma queda vertical nessa independência ou uma regressão künkeliana.

Não se deve, no entanto, subestimar o que está correto, ainda que se deva suspeitar aqui de uma regressão, na atitude que consiste em sonhar com o retorno a um mundo feudal, onde os laços estabelecidos entre os homens os livrariam deles próprios e de seus tormentos: abandonados a si mesmos, é exatamente uma sociedade feudal que uma grande parte dos malgaxes se esforçariam em reconstituir, espontaneamente e até mesmo sem se dar conta disso. Eles iriam batizá-la de república ou democracia, mas sua necessidade de dependência os impulsionaria quase que inevitavelmente para a organização de clientelas em torno de patrões de acordo com o gosto deles[5]. Não teriam a coragem de enfrentar os tormentos da libertação pessoal verdadeira.

Ainda que sejam ajudados pelos europeus, o aprendizado da liberdade não será para eles algo simples. Parece – pelo menos de acordo com as observações de Westermann que mencionei – que o negro africano, por mais dependente que seja de seu grupo, alcançaria mais facilmente a liberdade, pois já conhece a igualdade em sua dependência, e mesmo a fraternidade tribal. O malgaxe não tem, ou talvez não tenha mais – mas, nesse caso, há séculos – essa vantagem, pelo menos nas populações que não permaneceram suficientemente "primitivas" para ainda estarem organizadas em tribos; é um paradoxo, que merece ser examinado, quando se pergunta se as partes mais atrasadas da população de Madagascar não seriam, mesmo assim, as mais fáceis de serem libertadas, pois formam as coletividades menos hierarquizadas, mais homogêneas, na medida em que são distantes ainda dessa aspiração no sentido da subordinação feudal.

Se consultássemos os colonialistas, eles nos diriam: "Os malgaxes não precisam de liberdade. Eles não sabem o que é isso. Se lhe é imposta, eles ficarão infelizes, e a infelicidade os torna maldosos." Esse julgamento não é aceitável tal qual, porque é interessado. A visão que tais colonialistas têm da psicologia malgaxe é falseada pelas deformações de sua própria psicologia, a qual estudarei mais adiante. Mas eles conhecem bem a necessidade de dependência, no sentido em que a exploram, que vivem dela. Eles não desejam vê-la extinta, preferem mantê-la. Aliás, de fato, eles a mantêm adotando instintivamente uma atitude paternalista – amando bem, castigando bem. A experiência deles é bem-sucedida; e, por consequência, em um sentido pragmático, tem uma parcela de verdade. Essa verdade se reduz, aliás a isto: viver em uma dependência que nada preocupa, os malgaxes poderiam experimentar – e experimentam de fato, quando estas condições são realizadas – um certo conforto psicológico. Mesmo alguns europeus não colonialistas, mas sensíveis a formas um pouco arcaicas de sabedoria, podem julgar que esse conforto é um bem e hesitam em retirá-lo, sob o pretexto de progresso necessário, das populações que, até aqui, tinham conhecido uma incontestável forma de tranquilidade e razão. Mas o leitor compreende que, em situações desse tipo, os fracassos dão razão a todos. Sem dúvida, se os conservadores tivessem conseguido impedir qualquer evolução (o que é utópico), não teria havido crise! Podemos sustentar também que essa crise teria sido menos grave e mais maleável se as reformas propostas não tivessem encontrado uma oposição tão feroz. Mas o fato de que os fracassos nunca ensinam não tem nada de especificamente colonial.

A PERSONALIDADE DEPENDENTE E O RECALQUE

Se a dependência é exatamente a noção que parece a mais apta a esclarecer a psicologia do malgaxe colonizado e em curso de evolução, não é certo que esse conceito teria o mesmo valor se o utilizássemos para compreender o que se passa nos grupos mais "primitivos" e que permaneceram praticamente ao abrigo de nossa influência, se tais grupos ainda existirem...

Reencontraríamos aqui, muito provavelmente, uma certa forma de dependência, mas que não seria associada, de forma tão exclusiva, somente ao casal parental, tampouco transferida aos mesmos substitutos, entre os quais os ancestrais da família têm um lugar tão importante. Ancestrais místicos, reis vivos ou mortos, o grupo no conjunto, a tribo, e talvez os ídolos de substituição, como os *solo*[6] dos antigos merinas, desempenham então o papel dos guardiões da tranquilidade e da segurança, e protegem ao mesmo tempo contra os perigos externos e a culpa, tão estreitamente unidos no inconsciente. O estudo dessas formas coletivas apresentaria em si mesmo um grande interesse, mas não nos seria mais elucidativo no que se refere ao essencial da dependência psicológica.

Nos grupos desse tipo, a personalidade se livra muito pouco do coletivo, ou seja, as consciências individuais se assemelham e refletem umas nas outras. Parece que a dependência ali deve ser uma solidariedade global, sem articulações. Com certeza, o vínculo que une a criança à sua mãe nunca será esquecido nem mesmo diminuído naquilo que tem de força afetiva. Porém, não terá o mesmo papel em uma estrutura social onde todas as crianças de uma mesma geração formam uma mesma classe muito homogênea. Para elas, a praça da aldeia é tão segura, tão *familiar* quanto a casa, pelo menos durante o dia. O sujeito se apega com menos energia psíquica aos laços verticais familiares quando se sente amparado por todo um sistema de laços horizontais, embora saiba que só deve entrar nele com a idade e através dos rituais de iniciação. As relações interindividuais são portanto de outra natureza. Indivíduos desse tipo, separados de seu meio, terão a tendência a procurar um outro meio onde possam se integrar, mais do que se apegar a uma pessoa da qual dependeriam. Estarão, assim, mais aptos a estabelecer amizades sólidas com seus iguais.

Não sabemos como puderam evoluir os grupos malgaxes. É impossível classificar *cronologicamente* os diferentes tipos sociais sem se apoiar em hipóteses que, no máximo, podem ser muito plausíveis. É simplesmente um fato de observação que, entre os merinas, os quais, sem nenhuma razão válida, passam por "mais evoluídos", os laços são sempre verticais. Os laços horizontais são extremamente fracos.

Podemos nos perguntar em que medida esses laços horizontais poderiam se estabelecer ou, talvez, restabelecer espontaneamente no dia em que se enfraquecessem perigosamente as dependências verticais; a observação de malgaxes mobilizados parece nos autorizar a responder de modo afirmativo. Uma política previdente, em todo caso, sempre respeitando as relações verticais, deveria encorajar o fortalecimento dos laços horizontais, sobretudo nas crianças, pela camaradagem escolar, as sociedades esportivas, o escotismo etc., evitando o máximo possível que elas não se verticalizem pela adoção de líderes ou patrões aptos a acolher a projeção de imagens parentais[7]. Poderíamos, talvez, dessa forma, evitar dificuldades futuras e mitigar os efeitos psicológicos, poupando aos indivíduos a ansiedade do abandono.

Diremos que os laços verticais são extremamente sólidos e estão longe de serem rompidos. Isso não é uma certeza. Em se tratando do fato de que as gerações parentais não "trairão" (no sentido de Künkel) as gerações mais jovens, não há sombra de dúvida. Mas já vimos que a criança pode vivenciar como uma traição parental a projeção de um desejo de independência que, inconscientemente, ele julga digno de culpa; pois, objetivamente, qualquer coisa basta para criar um contexto de traição, até mesmo um castigo leve e justificado, se as condições subjetivas forem realizadas[8]. Ora, no estado atual de turbulência, a necessidade da dependência e sua aceitação inconsciente podem ser gravemente perturbadas na psicologia individual sem que se transformem, pelo menos na aparência, as grandes estruturas sociológicas da família e do culto dos mortos. Existe oposição entre as velhas gerações conservadoras e uma juventude progressista, oposição cuja natureza é difícil de especificar, pois os jovens são simultaneamente tradicionalistas e mais revolucionários que os velhos.

Enquanto isso, no malgaxe mediano, a dependência funciona ainda no sentido de um aumento de segurança, de falta de iniciativa, de ausência parcial do sentido de responsabilidades. Compreendemos, por exemplo, a razão pela qual os malgaxes são rotineiros. Eles assim o são, como alguns europeus, por necessidade de segurança. Afastar-se da rotina é passear no bosque; depara-se aí com um touro e bruscamente é reconduzido para casa. Sem dúvida, em outros tempos, a rotina respeitada em todos os detalhes da vida era uma garantia. Mas, como poderemos compreender mais adiante, a própria existência dos *fady* (tabu) se explica pela maneira pela qual é combatido o sentimento de insegurança. A rotina do malgaxe, que não pode ser confundida com uma atitude misoneísta em função da facilidade com a qual ele adota *uma outra rotina*, teria, antes, um parentesco distante com o cerimonial dos obsessivos: ela protege contra uma obsessão inconsciente de insegurança. No entanto, essa explicação não atende completamente o estilo da rotina malgaxe. Vemos um malgaxe encontrar satisfação em um trabalho administrativo complicado, respeitar com pedantismo todas as regras e todos os hábitos, sem ousar ignorar alguma formalidade, mesmo se não tiver nenhum sentido. Agindo assim, ele não difere tanto de alguns funcionários não malgaxes; a semelhança permite afirmar que, em ambos os casos, existe no psiquismo os mesmos obstáculos, ou pelo menos, obstáculos equivalentes, qualquer que seja a forma que estes puderam assumir em uma época mais remota da evolução pessoal. Não é indispensável levar em conta essa evolução para descobrir que o respeito das formalidades no funcionário europeu é, frequentemente, uma arma para se defender contra o público, dando a si mesmo uma importância individual – às vezes agressiva e maldosa – graças à qual ele pode compensar sua inferioridade, enquanto o malgaxe se submete a essas formalidades para entrar em uma grande família em que encontra seu lugar e segurança, a aplicação escrupulosa da regra do jogo sendo uma garantia da força dos vínculos que fixam esse lugar no conjunto, e consequentemente afastar qualquer imprevisto perigoso[9]. Não se deveria crer, simplificando, que o funcionário malgaxe é escrupuloso por medo de ter "problemas" e ver sua situação comprometida. Não se trata de um cálculo consciente, mas de uma atitude global, que lhe permite multiplicar os laços duráveis e hierarquizados de dependência, porque ele gosta de se sentir sustentado por esses elos.

Quando se trata de comprovar iniciativa, decidir uma questão sem nenhuma regra e nenhum precedente, perde-se a cabeça e parece faltar inteligência. Já na escola, os alunos que realizam brilhantemente análises lógicas ou gramaticais refinadas ficam constrangidos diante de perguntas fundamentalmente fáceis. E, no cotidiano, julgamentos com alguma importância são utilizados apenas através de fórmulas prontas, os "provérbios", onde se resume a sabedoria dos ancestrais, fórmula essa cuja ausência de lógica e a extraordinária elasticidade não devem impedir de perceber aquilo que ela traz de reconfortante em uma discussão ou uma disputa.

Esses mesmos malgaxes, a quem parece faltar bom senso, revelam-se, no entanto, muito inteligentes desde que possam exercer sua inteligência sem sair do mundo das regras e das fórmulas. Assim, os velhos sábios malgaxes são burocratas temíveis. Com fórmulas feitas, reagrupadas de diversas maneiras, todos os malgaxes se revelam poetas e são capazes de improvisar os quebra-cabeças de fórmulas como os *hain-teny*[10] com muita sutileza e refinamento.

Por outro lado, eles denominam "flexibilidade" uma qualidade – aos seus olhos – que consiste em chegar a seus objetivos sem esbarrar em nada, sem contrariar ninguém, sem violar nenhuma das regras admitidas. Esclarecendo que essa "flexibilidade" se assemelha muito à hipocrisia e choca os europeus, os quais não compreendem a verdadeira natureza dela. Os europeus, por sua vez, que instituíram no país regulamentos detalhados e formalistas, frequentemente zombam desses regulamentos, falando com desprezo e ainda, ocasionalmente, os violam; representam então, para o malgaxe, objeto de indignação e causa de desmoralização.

Os termos nos quais D. Westermann descreve a dependência do negro podem ser retomados, sem nenhuma alteração, para o malgaxe:

Os motivos de suas ações são predominantemente sociais e não individuais, e ele é influenciado de maneira profunda pela opinião pública. Sua consciência tem raízes na aquiescência da comunidade; ela depende da segurança diária garantida pelo grupo e não de uma ação individual independente. A responsabilidade pessoal é evitada na medida do possível.[11]

No entanto, parece que, para o africano, o grupo, a tribo tem uma coesão que a sociedade malgaxe não possui, a qual se apresenta mais inconsistente em seu conjunto, e sua solidez se dá sobretudo pela presença, em seu interior, de linhas de força, linhagens associadas aos ancestrais.

Apesar de sua docilidade, falta ao malgaxe uma verdadeira consciência profissional, mas não da mesma forma quando esta falta, em alguns casos, ocorre nos europeus. Essa ausência no malgaxe se dá porque ele personaliza as relações, quando não as formaliza; onde não há forma, nem pessoa, não há mais nada. Deve-se fazer o que for possível para agradar ao patrão e para respeitar os regulamentos. Sua deontologia se limita a isto e, naturalmente, não é suficiente para que seja consciencioso[12]. Até mesmo o respeito da verdade é substituído pela consideração pelo interlocutor. Não se fala o que é verdade; se diz o que se deve ser dito. Isso pode ser observado em um traço da linguagem. "Sim" significa: "falo como você". "Não" significa: "não estou de acordo". À pergunta "não choveu?", a resposta: "não" quer dizer que choveu. Essa forma de falar mostra uma preocupação em especificar a própria posição do indivíduo em relação às pessoas e não em relação às coisas[13].

Para ser completo, é preciso, sem dúvida, associar ao complexo de dependência a crença absoluta dos malgaxes pouco evoluídos (e, sem dúvida também, mais do que parece, muitos daqueles que acreditamos serem civilizados) em adivinhações.

Em sua forma mais comum, a adivinhação se dá através do *sikidy*: utilizam-se grãos; pega-se um punhado deles ao acaso; e, conforme o punhado contenha um número par ou ímpar, coloca-se um ou dois grãos, constituindo assim grupos que lembram a disposição dos caracteres Braille. Uma vez formada a primeira fileira, deduz-se, a partir desta, uma outra fileira, segundo regras bastante complexas. Lê-se o resultado aproximadamente da mesma forma como se lê o tarô[14]. O conselho dado pelo *sikidy* é obedecido de forma rigorosa. Tal costume explica as ações, frequentemente incompreensíveis, dos nativos, que mudam de projetos sem nenhuma razão, desistem de um negócio vantajoso por um pior etc. Eles nunca admitem que é o *sikidy* que estão seguindo; para o europeu, eles inventam pretextos que, muitas vezes, são insustentáveis, e que o deixam irritado.

Da mesma forma, obedecem aos sonhos.

Os feiticeiros são muito diferentes dos adivinhos que fazem o *sikidy*. Eles permanecem em sigilo e são muito difíceis de serem abordados. O feiticeiro faz o que o agrada, e causa indignação; ele não obedece aos costumes. Por exemplo, ele dança à noite sobre os túmulos. Ele próprio (por represálias) não é enterrado no túmulo, mas à beira de um caminho, a fim de que seja pisoteado. Em certo sentido, o feiticeiro é uma espécie de vítima voluntária, de bode expiatório que personifica o mal, e que aceita esse papel. Suspeitamos que, para desempenhá-lo, seja suficiente que ele escape de todas as redes de dependência. Como fez para se desvencilhar delas? Talvez tenha, *à nossa maneira*, transferido sua dependência para seres imaginários? Sua vida "profissional" é tão oculta que desconhecemos até mesmo como se *torna* um feiticeiro. Parece, pela maneira como se defendem os adivinhos, que se pode passar da magia "honesta" para a feitiçaria; os adivinhos teriam que lutar contra essa tentação. Em todo caso, não é o fato de praticar a magia que caracteriza o feiticeiro; é de ser *carregado de mal*[15], nos dois sentidos da palavra. Acusam-no mais de vender veneno do que de lançar feitiços; é verdade que para os malgaxes esses dois tipos de atividade não são divididos em categorias tão distintas quanto para nós. A hipótese mais plausível que se pode fazer para explicar a existência do feiticeiro malgaxe é que o homem forma espontaneamente uma imagem do malvado, imagem essa que fascina; o feiticeiro é aquele que se identifica com tal imagem; e existem caminhos sociais (cerimônias, iniciações, crenças diversas) que transformam essa identificação em uma "situação" dentro do grupo. É apenas uma hipótese; ela explicaria as características do feiticeiro malgaxe, mas de forma alguma as dos mágicos ou curandeiros.

Ao confrontar-se com outra forma de personalidade, uma personalidade livre, ou independente, como a do europeu adulto, a personalidade dependente do malgaxe não se adapta sem algumas dificuldades.

A primeira tentativa de adaptação produziu-se no plano mítico, por uma racionalização que deve ser mencionada, pois ainda é "verdadeira" aos olhos dos malgaxes; é uma crença vivenciada, que não precisa ser formulada; e é sólida porque tem relação com a crença nos mortos.

Ela consiste em considerar que o europeu não tem alma. É uma opinião óbvia, aos olhos dos malgaxes, e que nos permite, além disso, compreender o que eles entendem por alma. É notável que eles acusam de não possuírem alma os homens que acreditavam lhes trazer a doutrina da imortalidade da substância espiritual.

É que, para eles, a alma é quase o mesmo que a dependência: é o princípio que faz os costumes serem obedecidos, que impede de violar os *fady*, que se une ao princípio da família e da tribo, que aparece nos sonhos dos vivos após a morte etc. A prova de que os europeus não têm alma é que entre eles não há o culto dos mortos e tampouco fantasmas brancos. Dizer que o branco não tem consciência, ou dizer que ele faz o que lhe agrada, ou dizer que ele não tem alma, ou dizer que ele não tem ancestrais, são quatro proposições quase equivalentes. Nunca obtive de um malgaxe o relato de um sonho onde aparecesse um branco – é verdade que essa prova é suspeita, pois para o malgaxe seria repulsivo entregar a um europeu sonhos desse tipo.

O malgaxe, à sua maneira, sente e compreende com perturbação o complexo de inferioridade do branco, da mesma maneira que o branco compreende de forma confusa, mas útil, o complexo de dependência do malgaxe. Este último sente que no branco existe uma força que o impulsiona a mudar incessantemente, a experimentar a novidade, a ser exigente, a realizar coisas extraordinárias "para ser valorizado". Ele o compreende ainda melhor, na medida em que o complexo de inferioridade, apesar de mascarado pela aceitação da dependência, sem dúvida, não está absolutamente ausente, e, em certas circunstâncias, se manifesta claramente. Diz-se então que o malgaxe "quer parecer o *vahaza*", o que é fonte de escárnio. Fingir o *vahaza* e fingir-se esperto é quase a mesma coisa. O malgaxe que segue esse caminho não pode ir muito longe nem tirar dele grandes satisfações, a menos que tenha sido separado muito jovem de seu meio.

Ao que parece, nada impede um malgaxe de desenvolver uma personalidade à europeia, se for educado desde sua infância em um meio europeu. Tal malgaxe é um europeu, com os complexos de um europeu. Talvez alguns traços de caráter ligados ao temperamento físico – na maneira de expressar as emoções, por exemplo – subsistem a título de características raciais, mas mesmo isso é duvidoso.

Diferente em tudo é o caso, bastante frequente, de um malgaxe que, em sua juventude (mas não mais desde sua primeira infância), acrescenta à sua personalidade malgaxe já existente uma personalidade europeia. Ao recalcar sua personalidade malgaxe, torna-se, em aparência, europeu no mais alto grau, mas sua primeira personalidade não está aniquilada e continua a se manifestar por meio de efeitos disfarçados. Se retornar ao seu meio, sua personalidade recalcada é por este solicitada. Ele se vê então colocado na mesma posição em que um homossexual recalcado estaria no meio de homossexuais manifestos; tal situação, como sabemos, gera ódio consciente ou não. Esse fato explica a razão pela qual a ação dos "assimilados" é tão fraca. Promover o retorno, da Europa para Madagascar, dos malgaxes completamente europeizados, na esperança de facilitar uma aproximação franco-malgaxe, é uma política que não compensa tanto quanto se imagina *a priori*. Vemos os assimilados repelidos para o lado dos europeus por seus complexos; e a maioria dos europeus, por sua vez, não os acolhe como iguais. Estão desconfortáveis em todos os meios, e o fracasso que personificam contribui ainda mais no sentido de tomar consciência das diferenças raciais, ao invés de apagá-las[16].

Se o malgaxe europeizado não recalca sua personalidade malgaxe, ele é obrigado a integrá-la a elementos europeus, tarefa essa bastante árdua, sendo sua boa vontade e sua habilidade insuficientes para realizá-la; além disso, é necessário que os meios europeus e malgaxes não lhe apresentem obstáculos muito difíceis de ultrapassar. Se ele fracassar nessa tarefa, pode ficar evidente que a personalidade europeia não passa de uma *persona* insignificante, e nosso "civilizado" tem apenas um verniz europeu. Uma visão superficial liga a existência desse verniz com fenômenos de degradação e manifestações de vaidade. Ao fazer isso, ela constata corretamente os fatos, porém os explica de forma incorreta. A vaidade é o resgate do fracasso e a compensação da inferioridade. Seria melhor que o malgaxe tivesse uma hipocrisia consciente – a qual, aliás, existe, algumas vezes. Em geral, os fenômenos são menos puros; a personalidade original não está intacta sob a máscara; no lugar de uma vaidade quase megalomaníaca, vemos surgir ressentimento, hostilidade. Foi um erro atribuir estes traços – vaidade, hipocrisia, ressentimento – aos malgaxes em seu conjunto. São o resultado de uma europeização malsucedida; as condições são tais que – pelo menos hoje em Madagascar – a europeização é mais frequentemente malsucedida do que exitosa. Ela é razoavelmente bem-sucedida na Europa, pelo fato de que a sociedade europeia é menos sujeita a obstáculos, mas, então, somos conduzidos ao caso anterior: a personalidade malgaxe é finalmente recalcada.

O malgaxe útil ao nosso trabalho, capaz de favorecer uma colaboração franco-malgaxe, é aquele que manteve uma personalidade intacta, sem mascará-la, embora tendo que adaptá-la. O reconhecimento desse fato seria, por si só, capaz de transformar fundamentalmente nossos métodos de educação, se fosse compreendido. Atualmente nossos métodos consistem, de maneira geral, em instruir a massa sem adaptá-la e em cultivar a elite, submergindo sua personalidade; dois resultados que não representam – tanto um, quanto outro – uma real melhora da situação.

É notável o fato de que os tumultos tenham explodido no exato momento em que os malgaxes europeizados voltavam para Madagascar. Alguns deles, verdadeiramente assimilados, não se solidarizaram com seus compatriotas, sobre os quais, aliás, não tinham nenhuma influência; outros, falsamente assimilados, fomentaram e conduziram as revoltas, pois os falsos assimilados são particularmente capazes de experimentar um verdadeiro ódio contra os europeus. O enunciado de Caliban: "Você me ensinou a falar, o que me permite te amaldiçoar", sob uma forma um pouco simplificada, é profundamente correto. Não é porque Caliban tem instintos selvagens e inevitáveis, e porque ele seria como uma terra ruim, onde até mesmo a semente boa produz ervas daninhas; é nisso que crê Próspero. Mas Caliban dá a verdadeira razão: "Você cuidou de mim, eu o amava", e você me abandonou sem que eu tenha me tornado seu igual... Ou melhor: você cultivou em mim a dependência, eu era feliz; depois você me traiu e me atirou na inferioridade. É exatamente nesse sentido que é preciso procurar a gênese dos ódios que se manifestam, às vezes com tanta força, nos indígenas "evoluídos", cuja evolução é, de fato, um fracasso.

Em contrapartida, o malgaxe cuja personalidade não é recalcada nem mascarada, que conservou seu complexo original de dependência em sua ingenuidade, não experimenta, em geral, sentimentos hostis pelo europeu. Ao longo da recente rebelião, em várias circunstâncias, os malgaxes que iam encontrar os colonos isolados para assassiná-los explicavam a eles que o faziam a contragosto, para obedecer a seus líderes, em relação aos quais eles tinham prestado juramento, mas não por ódio.

Desde o início da revolta, esses assassinatos foram representados sob o aspecto de atrocidades; enquanto éramos tão mal-informados a respeito de tudo, conhecíamos todos os detalhes capazes de despertar tendências sádicas... As investigações que puderam ser feitas desde então têm a tendência a considerar que existia ali, desde sempre, deformações e exageros que não eram nem mesmo conscientes e calculados; mesmo quando eram alguns funcionários da Segurança que difundiam esses rumores, eles o faziam mais impulsionados pelo seu sadismo do que pela aplicação de uma política. De fato, esse exagero não se aplicava somente às "atrocidades" malgaxes. Os atos de violência exercidos pelos europeus eram exagerados nas mesmas proporções, *e pelas mesmas pessoas*. Os defensores dos acusados malgaxes tomavam o cuidado de mencionar os maus tratos infligidos aos prisioneiros (para fazê-los "confessar") apenas quando podiam constituir a prova, através das anotações da visita médica, por exemplo, ou pela constatação de cicatrizes. Mas talvez nos surpreendamos ao saber que os europeus que participaram mais ou menos diretamente desses maus tratos gabaram-se disso e, sem se importar com o mal que assim causaram a si mesmos, as descreveram como torturas infinitamente mais espetaculares do que, na realidade, foram. (Isso não quer dizer absolutamente que, na realidade, elas não tenham sido suficientes para atingir seu objetivo, o qual consistia em fazer assinar declarações visivelmente preparadas com antecedência.) Assim, uma certa descrição, particularmente sangrenta e colorida, da "câmara de torturas" de Fianarantsoa acaba por desencadear uma investigação oficial, de teor chocante, investigação que só leva a descobrir os abusos (odiosos, mas mais prosaicos) da "rotina" policial. Ora, essa descrição emanava de homens bastante neuróticos que tinham, mais ou menos oficialmente, participado dos interrogatórios policiais, e que se fizeram passar por verdadeiros carrascos, para assim satisfazer, a um custo razoavelmente baixo e na imaginação, tendências às quais, na realidade, cederam apenas em parte... Somos, portanto, obrigados a ter uma participação relativamente ampla em uma espécie de sadismo fabuloso; nessas condições, não seria surpreendente o fato de que tantas torturas, crueldades e estupros tenham sido atribuídos aos rebeldes. Por exemplo, descrevia-se a morte horrível de um jovem funcionário público, "autopsiado vivo" pelo seu próprio médico nativo, o qual o cortava segundo as regras da arte, ligando as artérias à medida que avançava, mantendo-o até o fim com injeções de óleo canforado! (Abstenho-me dos detalhes.) Apesar da inverossimilhança ridícula de um relato desse tipo, a opinião se mostrava tão sensível a tais notícias que não era prudente (da parte de um europeu que mantinha um mínimo de senso crítico) mostrar-se incrédulo. Nesse caso também, houve, seis meses mais tarde, uma investigação oficial. Esta revelou que o médico indígena havia demonstrado uma grande dedicação, que ele fez um esforço enorme para ajudar seu chefe, doente, a escapar dos rebeldes. Ele foi recompensado pelo governo. Não poderíamos citar muitos exemplos com essa potência, mas encontraríamos numerosos casos que se aproximam muito deste.

Feitas essas reservas, para prevenir todos os relatos de atrocidades não acompanhados de provas, resta que a rebelião e sua repressão foram obviamente motivo de muita violência e que não é difícil ressaltar, nesse contexto, traços de crueldade real.

Mas a crueldade dos malgaxes não se parece com a imagem formada a esse respeito, espontânea – e quase inevitavelmente – por uma imaginação europeia. Sua ânsia contra a vítima assemelha-se mais à do assassino "inexperiente", e apavorado pelos sentimentos de culpa, do que aos refinamentos e à ciência do torturador sádico. Esse traço de psicologia é evidentemente difícil de ser compreendido em época de rebeliões, da parte de testemunhas horrorizadas, ou da parte daqueles que, mais tarde propagam os relatos cedendo a complacências inconscientes. Além disso, o assassinato de um homem é, em si, bastante cruel, mesmo sem tortura, para perturbar profundamente.

Compreenderíamos melhor qual é a natureza exata da crueldade que se deve atribuir aos malgaxes, considerando a maneira, já bastante desagradável para nosso gosto, mas não sádica, pela qual eles sacrificam seus bois na ocasião de cerimônias funerárias.

Eles gostam do boi que irão matar. De início brincam com ele, depois a brincadeira se transforma em luta; como o boi se defende, surgem ressentimento e cólera, de modo que, ao final, eles o matam com uma ânsia um tanto repulsiva, um boi malvado e "que mereceu isso". Se o touro das corridas espanholas é nobre, de onde poderia vir essa nobreza que lhe é atribuída, a não ser pela projeção da nobreza que faz parte da alma espanhola? Mas, ao fim, o boi que os malgaxes sacrificam é considerado rebelde, miseravelmente mau, estupidamente desobediente, e isso, sem qualquer chance de sucesso. Esses traços desenham, a seu modo, em projeção e em negativo, o complexo de dependência. Encontramos exatamente os mesmos traços psicológicos na brincadeira infantil que imita o sacrifício do boi. Nessa brincadeira, o boi é representado por uma criança, que é maltratada por seus colegas. Cailliet observou muito bem essas marcas[17].

Todos os relatos, muito bem-organizados, que circularam na população europeia e que tendiam a representar os malgaxes como os autores de atrocidades revoltantes (retornarei, mais adiante, aos componentes sexuais dessas imagens), nem sempre foram desmentidos oficialmente ou, com frequência, isso ocorreu muito tardiamente. Os que os inventavam talvez não trabalhavam de forma voluntária para criar um mal-entendido persistente entre europeus e malgaxes; no entanto, foi a esse resultado que chegaram. Mas, verdade seja dita, eles não criaram nada: em tais relatos, *saíam* seus sentimentos de ódio inconscientes, e essas narrativas despertavam nos ouvintes sentimentos análogos, até então recalcados.

Na mente do malgaxe, o europeu é uma imagem que tem muita importância para que não seja considerada com uma atenção particular. Em tempos normais, o europeu é tranquilizador: assume tantos erros contra os costumes, e parece tão sólido para carregar a culpa! Ele condensa a imagem do chefe absoluto, a do protetor e a do bode expiatório, imagens essas que, na Europa, nunca são confundidas a esse ponto. Mas, apesar de tais características tranquilizadoras, o europeu não deixa de ser uma fonte de perturbação mais ou menos nebulosa: ele não está vinculado a nada, e não se pode prever suas decisões. Ele não tem normas. Ele tem atitudes excêntricas: fica desapontado com o fato de que as frutas não estão maduras, sendo que não é a estação delas! Ele é capaz de querer o impossível, e o exigir. Ele dá assim um mau exemplo, arriscando ferir a sabedoria herdada dos ancestrais. Felizmente, ele é forte. Se fraquejasse, "o que seria de nós?"

Tudo que o europeu faz – o modo de se lavar, comer, em geral, viver – também se torna objeto de um saber um pouco fantástico, como o são entre nós os hábitos dos castores ou dos cupins. É que esse saber é, de certa forma, valorizado – como podemos observar, aliás, também na Europa – pelo sucesso de certos livros sobre os hábitos dessas sociedades animais. Somente, o europeu, cujo caráter é mais ou menos tocado pela inferioridade, tem tendência a considerar essa valorização, da qual é objeto, como uma espécie de avaliação: ele a interpreta como reconhecimento de sua própria superioridade. Mas o malgaxe verdadeiramente típico se interessa pelo branco e pode mesmo de forma inconsciente se identificar com ele, sem se comparar e sem se sentir inferior, adotando ao mesmo tempo uma atitude dependente. É assim que podemos compreender a facilidade dos "primeiros contatos". Foi assim que os indígenas puderam parecer, sucessivamente, aos observadores que Lévy-Bruhl cita, ora tão dependentes e ora tão insolentes, como se não soubessem se manter "em seu lugar", ou seja, no lugar onde os observadores os colocavam, a partir de um julgamento ou avaliação apenas conscientes, que só eles mesmos podiam fazer...

Se tentarmos interpretar as aparências, o que encontramos inicialmente é a reciprocidade da relação de dependência. Se o mestre tem um servo, este possui um mestre; e, sem se comparar com ele, se satisfaz com o valor do que possui. O senhor é agora o *meu* branco, diz claramente o doente tratado por Mackenzie. Na Europa, talvez isso seja válido para a psicologia dos serviçais nos estabelecimentos de luxo: eles são inocentemente dedicados ao cliente rico e elegante, porque se identificam com ele, e não sofrem com sua posição subalterna. É o cliente pobre que os rebaixa! É uma característica da psicologia da dependência. Encontraríamos muitas características que se explicam dessa maneira no *Diário* de Robert Drury, publicado em 1729 (ver a bibliografia no final deste trabalho). Na época em que Drury permaneceu em Madagascar, como náufrago, os *roitelets*[18] malgaxes desejavam muito se apropriar de um branco: eles atribuíam um grande valor a essa posse, mas tal valor não representava absolutamente algum tipo de consideração.

Essas relações são difíceis de serem entendidas, pois sempre acreditamos que é possível explicá-las por um cálculo interessado. (Acreditamos, por exemplo, que o serviçal admira o cliente rico por causa das gorjetas; porém, efetivamente, o pobre, muitas vezes, dá uma gorjeta maior por timidez, e é ainda mais desprezado!) No caso da preferência dos *roitelets*, acreditamos que eles consideravam os brancos como propriedades úteis; o branco tinha mais conhecimento sobre todas as coisas. Basta ler o *Diário de Drury* – aliás, é uma leitura, em si mesma, muito interessante – para constatar que isso é um erro: os autores que dão essa interpretação exageram a importância que os malgaxes poderiam atribuir à técnica europeia: eles tinham, sobre essa questão, apenas uma curiosidade. Sem dúvida, eles apreciavam muito os artefatos trazidos pelos europeus, mas não tinham interesse em saber como produzi-los; e Drury, em bom estilo europeu, aprendeu muito mais dos malgaxes do que estes últimos quiseram aprender com ele. No entanto, sempre em bom estilo europeu, estava muito disposto a ensiná-los sobre tudo de que tinha conhecimento[19].

Essa reciprocidade pela qual o malgaxe se apropria daquele de quem depende, e através da qual ele o valoriza, esconde subterrâneos psicológicos mais obscuros. Sem tentar elucidá-los, apontamos, no entanto, o que podemos neles vislumbrar.

A satisfação que podemos experimentar ao conhecer outras espécies de animais e seus hábitos nos serviu de exemplo, como mencionamos há pouco. Aqui também encontraríamos um tipo de apropriação. Tocamos no terreno psicológico onde estão enraizadas as crenças totêmicas. Sabemos que por trás do totem está a imagem dos ancestrais, e mais ainda, a dos pais da primeira infância. Mas é provável, como nos ensina a psicanálise, que essa imagem dos pais, a primeira de todas as imagens humanas para a criancinha, permanece para o homem como o único meio de escapar do solipsismo – ou do narcisismo – e *de apreender o outro como existente*. As estranhas crenças que reunimos sob o nome de "totemismo"[20] seriam assim explicadas pela necessidade de apreender mesmo às outras espécies vivas, pelo menos de início, através dessa *imago* humana. Sabemos muito bem quais são, nos sonhos das crianças ou em seus desenhos, as imagens de animais que representam a mãe com uma frequência que coloca essas assimilações ao abrigo de qualquer dúvida. Assim podemos compreender o totemismo, do qual não estamos tão distantes quanto gostaríamos de acreditar.

O totemismo é o contrário da teoria animais-máquinas. Essa teoria foi formulada por um filósofo que se debatia com o problema da existência dos outros, esforçava-se em vê-los como "casacos e chapéus", e não foi tão bem-sucedido, apesar das perguntas da princesa Elisabeth, em lhes conceder mais existência do que aquela mecânica, conduzida por uma vontade e uma razão quase despersonalizadas: pois podemos querer qualquer coisa, e a razão é a mesma para todos. Mas é interessante constatar que as crianças, em vez de tratar animais como máquinas, tratam as máquinas como seres vivos, que são ainda mais valorizados, pois podem ser mais bem apropriados. Essa apropriação se estende até a identificação, e as crianças brincam de ser máquinas (locomotivas, automóveis, aviões) assim como os "primitivos" brincam de ser o totem. A psicologia das duas atitudes é provavelmente muito próxima. A atitude totêmica seria, portanto, a que se realiza quando um outro ser é "entendido" como vivo e existente através da projeção inocente da *imago* original. O fracasso dessa projeção conduziria aos diversos acidentes do narcisismo ou ao solipsismo.

É sobre esse fundo psicológico, pouco acessível à consciência, que se deveria tentar desenhar a imagem do branco tal como o malgaxe pode, inicialmente, apreendê-lo. Compreenderíamos então como ela pode *interferir na dos ancestrais*, como demonstrarei mais adiante, e como Émile Cailliet a vislumbrou em seu *Ensaio Sobre a Psicologia dos Hova*[21].

Em todo caso, podemos entender assim que a relação de dependência que analiso não abrange nenhum fenômeno de comparação nem de autoavaliação, nenhum esforço para se *situar* de outra forma que não essa ordem particular, que é a das dependências. É evidente que isso só é válido na medida em que essa relação seja pura, ou seja, os sentimentos de segurança que ela garante ainda não foram afetados. Esse fato é suficiente para distingui-la radicalmente das atitudes que descrevemos sob o nome geral de "inferioridade".

Uma criança europeia que desistiu de "ser" um avião se torna, na imaginação, um aviador. Ela considera os aviadores reais, sem se comparar com eles; assim, escapa da inferioridade. Ao contrário, essa identificação a exalta. Apenas ela pode continuar seu sonho por uma vocação autêntica (que não é absolutamente, de início, um elemento necessário para a brincadeira), enquanto o malgaxe pode descobrir repentinamente, no dia em que se rompem os elos de dependência, o abismo da inferioridade no qual ele corre o risco de cair. Existe aqui uma possibilidade de fenômenos negativos dolorosos que é criada pela identificação prévia. Em termos abstratos, o malgaxe pode suportar não ser um homem branco; o que é cruel é ter, primeiramente, descoberto que se é um homem (por identificação) e *em seguida* que essa unidade se rompe em brancos e negros. Se o malgaxe "abandonado" ou "traído" mantém sua identificação, ela se torna então requerente, e exigirá *igualdades* das quais ele não sentia nenhuma necessidade. Essas igualdades teriam sido vantajosas, para ele, antes de reivindicá-las, mas, depois, tornam-se um remédio insuficiente para seus males: qualquer progresso nas igualdades possíveis tornará as diferenças ainda mais insuportáveis, as quais, repentinamente, aparecem como dolorosamente indeléveis. É dessa maneira que ele passa da dependência à inferioridade psicológica.

A ideia de que podemos incrementar as "vantagens" do malgaxe dando a ele o que lhe falta, como aumentamos uma soma pela adição de outras somas, só é válida quando se trata de doações materiais, de objetos, alimentos, utensílios. Aplicada às "vantagens" políticas, morais, psicológicas, ela se mostra um tanto simples... Quando tentamos modificar uma personalidade de uma estrutura diferente da nossa, não devemos esperar mais do que apenas uma mudança no conjunto. É assim que se compreende este paradoxo: quando o malgaxe começa a se assemelhar um pouco conosco, significa então, com frequência, que ele se afasta de nós abruptamente. O erro que nos afasta é de origem escolástica: reduzimos toda a pessoa àquilo que é a mente de um aluno, a qual decretamos vazia, e que é necessário mobiliar. Para os mestres que consideravam não ter nada no intelecto que não tenha passado pelos sentidos – entendam, nada na memória que não tenha entrado pelas orelhas que escutam o mestre, ou pelos olhos que leem o livro –, a conclusão desse fato é que havia na pessoa apenas aquilo que se colocava deliberadamente, como as plantas de um jardim – e o que se encontrava ali de modo espontâneo podia ser podado, como se fossem ervas daninhas. Essa filosofia de *magister* manteve a Europa sob sua autoridade; no final das contas, foi ela que a formou, com suas qualidades e defeitos.

Mas, quando se trata de personalidades de um tipo muito diferente, aquilo que pretendemos acrescentar à pessoa permanece alheio a ela, ou então determina, por um prazo mais ou menos longo, um remanejamento do conjunto, com reações de integração, por um lado, e de recalque, por outro.

É por isso que um ensino limitado a armar os nativos coloniais com utensílios novos será simplesmente utilitário se respeitar a totalidade da pessoa e não tiver nenhum valor cultural direto, enquanto, por outro lado, um ensino cultural pode subverter a pessoa com um alcance muito maior do que o esperado, com exceção do caso em que esse aprendizado seja apenas aceito no plano da *persona*, como um saber do qual se pode orgulhar, um saber escolar, livresco, não integrado – e talvez seja esse o caso mais frequente.

Um método de ensino que possa passar entre essas duas armadilhas ainda não foi encontrado. Por ora, estamos condenados a não tocar a personalidade ou tateá-la às cegas. Podemos compreender melhor, desse ponto de vista, o papel que o cristianismo poderia ter assumido junto às populações de personalidade dependente, papel esse que mal desempenhou.

COLOCANDO EM QUESTÃO A DEPENDÊNCIA

Percebemos a existência de um órgão apenas quando ele adoece. É possível que a dependência se revele claramente aos nossos olhos apenas porque ela já está bem delineada. Nos contatos entre as duas civilizações, os elementos presentes foram, dos dois lados, profundamente modificados, muito além do que podemos perceber em um primeiro golpe de vista[22].

Que a colonização sempre se baseou na existência de dependência, para mim, isso não é uma questão. Nem todos os povos são aptos a serem colonizados, apenas aqueles que possuem essa necessidade. Por outro lado, nem todos os povos têm aptidão para serem colonizadores e, como mostrarei em outra parte, são necessárias outras disposições, igualmente definidas. Existem outras maneiras de ser vencido que não a de se tornar uma colônia do vencedor, há outras formas de vassalagem. Há também a assimilação, a associação, a exploração econômica. Existe o extermínio, em um extremo, e a absorção do vencedor pelo vencido, em outro.

Em quase todo lugar onde os europeus fundaram colônias do tipo que, atualmente, está "em questão", podemos afirmar que eles eram esperados, até mesmo desejados no inconsciente de seus sujeitos. As lendas, em toda parte, prenunciavam-nas sob a forma de estrangeiros vindos do mar e destinados a trazer benfeitorias[23]. Os europeus náufragos, desde o início do século XVII, eram acolhidos de braços abertos, e os diferentes chefes os disputavam entre si. É verdade que, algumas vezes, esses europeus foram massacrados. Porém, desconhecemos por quais condutas e quais exigências incompreensíveis os nativos os teriam assustado. Em todo caso, não existe, *a priori*, dificuldade de origem racial; se existe um *a priori* qualquer, seria a favor do branco, pelo menos em Madagascar.

O colonizador, de início, nunca se apresenta como inimigo, mas como estrangeiro, como hóspede. Em Madagascar, este é denominado *vazaha*, termo cuja melhor tradução seria "honorável estrangeiro"[24]. Ele acaba por apoderar-se da autoridade quando, por força das exigências – aos olhos do nativo, ele se torna insaciável[25] –, termina por suscitar reações defensivas em uma parte da população. É por essa razão que admitimos que as colônias foram conquistadas. Mas, na maior parte dos casos, tratava-se de submeter os fatos a um esquema pré-existente. Quase nunca as forças militares colocadas em ação teriam sido suficientes se não tivéssemos encontrado na alma dos nativos cumplicidades inconscientes. Em 1947, após cinquenta anos de colonização, tribos tidas como pouco guerreiras, armadas com suas varas pontudas, as quais são chamadas de lanças nos comunicados, marcham para atacar posições defendidas com metralhadoras e granadas. No momento da conquista, os malgaxes formados em tropas supervisionadas, armados de fuzis, batiam em retirada aos primeiros tiros. Não foi, portanto, a força em estado puro que conquistou Madagascar. Não teríamos conquistado essa ilha e não a teríamos mantido se, desde antes de nossa chegada, o povo malgaxe já não estivesse pronto para nos acolher.

Aliás, os europeus tinham adotado apenas de forma aparente essa crença na força militar. Eles sabiam – conhecimento esse, profundo e pouco consciente – onde residia o segredo de sua força: em alguma "fraqueza" da personalidade de seus sujeitos. Eles não se davam conta de que sua dominação vinha do fato de que eles ocupavam, nas redes de dependência, aproximadamente o mesmo lugar que os mortos. Porém, eles o percebiam de forma confusa, e pressentiam que a pura força corria o risco de se mostrar insuficiente, no dia em que essa situação psicológica fosse questionada.

O desespero e a raiva que se manifestam como resposta a qualquer tentativa de emancipação do indígena seriam a prova de que essa é a atitude dos europeus coloniais. Não podemos identificar nela a reação adequada do homem certo de sua força que responde com medidas enérgicas frente a um perigo. Os raros europeus que, não se deixando vencer pelo contágio, puderam observar essa reação nos colonizados, admitirão que ela se assemelha muito a um pânico, a uma tendência a soluções violentas, espetaculares e talvez inúteis, ou mesmo prejudiciais. Em um próximo capítulo, veremos quais são as bases psicológicas dessa atitude.

Desde o início da revolta, em março de 1947, vimos os europeus de Madagascar se portarem de forma paradoxal e, por consequência, reveladora. Aqueles que se encontravam na zona de revolta davam provas de sangue-frio e coragem. Após a surpresa inicial, que causou numerosas vítimas, não houve ali, por assim dizer, mais perdas. Mencionamos, entre outros, o exemplo de um colono que, com um fuzil de caça e vinte cartuchos, resistiu durante dez dias a trezentos agressores até ser libertado.

Porém, longe das agitações, os europeus foram dominados por um misto de preocupação, excitação e cólera. Na capital, eles tomavam precauções defensivas desproporcionais ao perigo real, a ponto de privar de socorro as partes da ilha mais ameaçadas, que se queixavam dessa atitude[26]. O fato é que a causa da emoção não era o perigo real. Todos os tipos de sinais permitiam avaliar isso. Por exemplo, os lapsos: quando a rebelião parecia acalmar, alguém, negando-se a se acalmar, dizia: "Não me *desespero* diante de novas agitações...", como se temesse uma espécie de fascínio pela revolta; e as condutas dos europeus, as quais eles consideravam como de defesa, eram, *à sua revelia*, condutas de desafio e de provocação.

Assistia-se à ira do mestre a quem se desobedeceu e que, para sua satisfação psicológica, recorre à violência, porém uma violência de caráter particular, uma violência teatral: ele *encena*, toma uma atitude, proporciona um espetáculo a si próprio e aos seus, conforme as leis de um pensamento mais mágico do que eficiente, mas através do qual ele tenta obter um alívio interno. Dessa forma, podemos explicar os passeios ruidosos de homens armados, à noite, e que retornavam para casa, satisfeitos, dormindo profundamente o resto da noite. Eles justificavam sua atitude pelo projeto de intimidação. No entanto, a imensa maioria dos malgaxes tinha necessidade de sentir que não estava abandonada. Esses homens pressentiam que, agindo assim, agitariam malgaxes pacíficos e correriam o risco de empurrá-los para os braços dos rebeldes. Mas eles experimentavam, de modo pouco racional, certa satisfação em correr esse risco.

Pode-se argumentar, de um ponto de vista puramente psicológico e afastando as considerações *morais*, que o emprego da *força* pode levar a "soluções", e todos sabem que na guerra o combatente, ao mesmo tempo que faz as pazes com o inimigo, acaba por fazê-lo consigo mesmo. E, mais ainda, ele precisa se reconhecer no inimigo, ter compartilhado seus riscos, suas misérias e sua coragem; ou melhor, é preciso ter sido um combatente, e distinguir o combatente no inimigo. Essa situação dificilmente seria possível em uma guerra colonial. A raiva, a ameaça, o desafio e a provocação não trazem em si mesmos sua própria resolução. Compreendeu-se essa questão tardiamente, organizando-se cerimônias de submissão, nas quais esforçava-se para apresentar a pacificação como um acordo entre os combatentes. Mas ninguém acreditava nisso. Até mesmo a guerra tem leis as quais não se viola impunemente.

Não é possível explicar a atitude dos europeus coloniais apenas pela preocupação com seus interesses bem calculados, tampouco o medo de algum perigo. Ao contrário, ela se explica pela natureza dos sentimentos complexos que se manifestam em uma situação colonial, e é a fonte desses sentimentos que, na segunda parte desta obra, tentarei situar.

Epílogo
Os Sonhos e a Necessidade de Proteção

Os sonhos mostram, com uma constância notável, o papel que tem a necessidade de segurança e proteção. Todos os sonhos que vou mencionar foram coletados durante um período de agitações, porém em sujeitos que não as presenciaram, apenas ouviram falar a respeito. O sonho típico – o qual, após algumas investigações que pude fazer, parece se repetir em milhares de exemplos – é como o pesadelo de um cozinheiro merina de vinte e três anos que apresentarei em primeiro lugar.

SONHO DO COZINHEIRO

O pesadelo é relatado nestes termos: "Estou sendo perseguido por um touro negro furioso. Apavorado, subo em uma árvore onde permaneço até que o perigo passe. Desço tremendo muito."

O touro representa um militar senegalês. Não foi possível prosseguir a análise; porém, outros sonhos, que veremos em seguida, não deixam dúvidas a esse respeito.

A árvore representa a mãe, como no simbolismo europeu. Isso, aliás, é facilmente entendido: em caso de perigo, a criança corre em direção à mãe, que a ergue do chão e lhe permite assim provocar o inimigo de uma posição elevada e protegida. Ou, ainda, a criança pode se esconder "em sua sombra", em suas saias, como em uma folhagem.

Enfim, sem sombra de dúvida, existe por trás do senegalês (o touro), que representa o perigo exterior, a imagem mais profunda do pai, como será revelado por outros sonhos do mesmo tipo[1].

SONHO DE RAHEVI

Rahevi, um garoto de treze anos, teve o seguinte sonho:

Passeando nos bosques, encontrei dois homens negros. Ah! eu disse, estou perdido. Eu vou [quero][2] escapar, mas é impossível. Eles me cercam e murmuram ao modo deles. Acho que eles dizem: "Você vai ver o que é a morte". Tremo de medo e digo a eles: "Deixem-me, senhores, tenho tanto medo". Um desses homens sabe falar francês, mas apesar de tudo eles me dizem: "Venha ao nosso líder". Começando a caminhar, me fazem andar à sua frente e me mostram seus fuzis. Meu medo [se] redobra, mas antes de chegar ao seu campo temos que atravessar um riacho. Eu mergulho no fundo da água. Graças ao meu sangue-frio, chego a uma gruta de pedra e me escondo nela. Quando os dois homens vão embora, fujo e encontro a casa de meus pais.

Uma análise poderia nos mostrar, talvez, por que havia dois homens. Porém, deixando de lado esse detalhe, o sonho é idêntico ao anterior. Os fuzis substituem os chifres.

SONHOS DE JOSETTE

A sonhadora, uma jovem, perde-se e senta-se sobre um tronco de árvore deitado. Uma mulher trajando um vestido branco lhe diz que ela está no meio de ladrões. O relato continua assim: "Sou uma escolar, respondi a ela tremendo, e quando eu voltava da escola, me perdi aqui." Ela me diz: "Segue este caminho e vocês chegarão em casa."

Aqui, parece que a proteção materna é insuficiente. Tudo se passa como se a mãe estivesse morta; está deitada na terra. Josette conta com sua qualidade de escolar, e com a senhora vestida de branco – uma professora ou uma enfermeira. A passagem do singular para o plural em "Siga este caminho e vocês chegarão em casa" é notável. O perigo é o isolamento (estou sozinha e perdida); a segurança é a reunião (estamos todos juntos). A passagem de um para o outro no sonho causou, no relato, esse lapso revelador.

SONHO DE RAZAFI

Razafi, um menino de idade entre treze e quatorze anos, é perseguido por atiradores (senegaleses), os quais, correndo, "fazem um barulho de cavalo a galope"; "eles mostram seus fuzis na sua frente". O menino escapa deles tornando-se invisível. Sobe uma escada e encontra a porta da casa.

O significado sexual dos fuzis é evidente. O barulho do cavalo a galope, o desejo de ser invisível são explicados de forma muito plausível pelo fato de que a criança assistiu à "cena primitiva"; ela *ouviu* e *viu*. Compreendemos, e veremos ainda melhor em seguida, que é desta maneira, na medida em que é visto como um agressor que coloca a mãe em perigo, que todas as ameaças se condensam no pai... A criança, aliás, se identifica de forma confusa com a mãe "em perigo".

A prova de que existe um complexo de mutilação nos será fornecida pelo sonho de Elphine (treze a quatorze anos). Sabemos que esse complexo existe nas meninas tanto quanto nos meninos. Elphine é uma menina. Entre os malgaxes, o tio materno, no momento da circuncisão, engole o prepúcio[3]. Nas fantasias da menininha, seu pênis foi comido pelo seu pai (provavelmente como punição de outras fantasias...). O perigo que assim representa o pai é despertado pelo perigo que correm os malgaxes durante as "agitações" na época do sonho.

SONHO DE ELPHINE

O pesadelo de Elphine é o seguinte:

Sonho com um boi negro que me persegue com obstinação. O boi é grande e vigoroso. Sua cabeça quase manchada de branco (sic) ostenta dois longos chifres pontiagudos. Ah! que desgraça, digo a mim mesma. A trilha está se estreitando, o que posso fazer? Eu me empoleiro em uma mangueira, mas ele quebra o tronco da mangueira. Que desgraça! Caí nos arbustos. Então ele [se] pressiona os chifres contra mim. Meu intestino sai e ele o come.

A maior parte dos outros sonhos não acrescentaria nada de novo ao que acabo de relatar. Mais da metade dos sonhos coletados aleatoriamente correspondem ao mesmo tipo. Porém, alguns deles apresentam particularidades[4].

SONHO DE RAZA

Em seu sonho, Raza ouve dizer na escola que os senegaleses estão chegando. "Saí do pátio da escola para ver." De fato, os senegaleses vêm. A criança foge, pega o caminho de casa. "Mas nossa casa também está dispersa por eles."
"Dispersa" é uma impropriedade que se explica pela ideia de perfurar[5] (ver acima os chifres com os quais o boi rompe o tronco da mangueira).
O sonho mostra o desejo de ver por si mesmo. Esse desejo é uma falta que é punida. Compreendemos aqui, como no sonho de Razafi, em que a criança viu a fraqueza de sua mãe diante do pai, que a "transpassa". A angústia infantil, originada por essa descoberta, é revivida diante do perigo. Esse tipo de descoberta deve ser mais frequente entre os malgaxes do que entre os europeus, dado seu modo de acomodarem-se, frequentemente, todos em um único cômodo, e de dormirem em simples esteiras[6].
A mãe desempenha um papel protetor bastante precário; como pudemos ver, nos dois sonhos citados, sua proteção é ineficaz. O pai não teria nunca esse papel? Sim, mas em circunstâncias diferentes.

SONHO DE SI

Um menino de quatorze anos, Si, relata este sonho:

Eu passeava no jardim, sentia alguma coisa que fazia uma sombra atrás de mim. As folhas batiam ao meu redor, caindo como (se) houvesse um bandido que quisesse me pegar. Quando eu caminhava por todos os corredores, a sombra ainda me seguia. Então o medo tomou conta de mim e me pus a fugir, mas a sombra dava grandes passadas [que] ela estendia sua mão enorme para me pegar [com] (pelas) minhas roupas. Eu sentia minha camisa rasgar e eu gritava. Ao ouvir meu grito, meu pai saltava da cama e me olhava, mas a grande *sombra* desaparecia e eu não sentia mais um medo tão grande.

Aqui, uma primeira interpretação é a de que o pai protege contra um fantasma, um *lolo*, que representa o poder dos ancestrais. O que diz respeito aos ancestrais concerne ao pai. Os medos vagos da infância se fixam nas imagens de fantasmas, quando a criança descobre sua "existência".

Mas é preciso destacar que o pai não protege no sonho; ele protege no despertar (o relato, aliás, permanece ambíguo, o sonho se funde com a véspera...). Podemos argumentar que o ser perigoso representado por um *lolo* é o pai aqui também, de modo que o pai real protege contra o pai sonhado. A interessante imagem de pavor constituída pelas folhas que balançam e caem é encontrada em diferentes folclores. Pode-se supor um símbolo materno, de forma que, apesar das aparências, esse sonho não se diferencia tanto dos outros.

Pode-se concluir do conjunto desses sonhos, em primeiro lugar, que as crianças percebem o perigo porque seus pais sentem medo. O objeto temido é o atirador senegalês (objetivamente, naquela época, o medo era justificado). Ele se disfarça sob símbolos clássicos (um touro, por exemplo), mas por trás desses símbolos encontramos a imagem do pai, condensada com a dos perigos externos. No último sonho, percebe-se um esforço para negar que o pai seja perigoso (eu ousaria argumentar, mas sem provas: *para negar que o pai tem medo*; estaria assim de acordo com a lógica deste tipo de pensamento: o medo *do* pai *é* o perigo). A proteção é do tipo maternal. Nunca é ambígua, mas é impotente em alguns casos, o que parece ser a forma mais banal da angústia.

A INFERIORIDADE

1. Crusoé e Próspero

A relação de dependência supõe no mínimo dois termos; e, em uma situação colonial, se um dos termos é o colonizado, o outro pode ser o colonizador. Ou melhor, é o colonial que constitui um tipo humano mais interessante, do meu ponto de vista. O homem que merece verdadeiramente o nome de "colonizador" é quase necessariamente uma personalidade forte que não é submetida às primeiras relações, mas as instaura. Somente então se torna colonial. O colonial típico encontra a relação constituída, ele se instala e se acomoda ali; muito frequentemente, ele a explora. Em todo caso, seja ele submetido a essa relação, à revelia, seja apegado a ela com avidez, o fato é que ela mais o transforma do que é por ele modificada. Essa transformação, especificamente, o caracteriza, faz dele um colonial. Precisamos agora estudá-la se quisermos apreender claramente a natureza psicológica dos vínculos entre o europeu colonial e o autóctone dependente, e compreender como e por que essas relações evoluem com o tempo e como agem sobre os dois termos.

Ao tentar estabelecer como um europeu – que em nada se distingue, aparentemente, de outros europeus – pode se tornar, às vezes em muito pouco tempo, um colonial típico muito diferente do que costumava ser, cheguei a uma concepção que pode parecer, à primeira vista, paradoxal: a meu ver, a personalidade colonial não é constituída por características adquiridas durante e pela experiência colonial; essa experiência apenas traz à tona e revela traços, em sua maioria complexos, que estavam contidos na psique do europeu de forma latente e recalcada. A vida social na Europa tem por efeito exercer certa pressão sobre o indivíduo, e essa pressão preserva os contornos da personalidade. Ainda que ela cesse, o inchaço dos contornos traduz, então, pressões internas até então insensíveis.

Sem dúvida, trata-se apenas de uma metáfora, mas eu gostaria de mostrar que o europeu toma para si a figura que, tornando-se colonial, é explicada pela influência de complexos inconscientes que me proponho a analisar. A forma que um peixe assume quando o tiramos das profundezas explica-se pela diferença de pressão, mas também por suas conexões anatômicas internas. No limite, minha tese equivale a dizer que uma personalidade sem complexos – se tal personalidade é possível – não seria modificada no mesmo sentido pela experiência colonial. Em primeiro lugar, ela não teria a vocação; e, supondo que tal pessoa fosse às colônias ao acaso, ela não vivenciaria as satisfações afetivas, conscientes ou não, as quais, como sabemos, prendem de forma tão poderosa o colonial predestinado.

Esses complexos se constituem necessariamente na infância e seguem um destino variável segundo a maneira como são resolvidos, recalcados ou buscam satisfação no contato cada vez mais premente da realidade, à medida que nos aproximamos da idade adulta. Para descrevê-los, podemos recorrer à imagem que os escritores geniais fizeram deles, projetando-os em personagens imaginárias e criando, sempre na imaginação, situações coloniais características, as quais eles tiraram de seus anseios inconscientes. O fato de que podemos proceder dessa forma prova que os complexos antecedem a experiência colonial real.

Crusoé não tem outro modelo senão o próprio Defoe, e como veremos é fácil estabelecer. Entre os "verdadeiros robinsons" que conhecemos na sua época, nenhum teria resistido à solidão. O mais conhecido, Selkirk, tinha perdido completamente o uso da palavra. O da ilha Maurice ficou louco; John Segar morreu ao rever os brancos. É justamente por ser fábula que a aventura de Crusoé, saída indiretamente do inconsciente de seu autor, toca tão facilmente o nosso. Em 1725, o próprio Defoe escreveu em uma carta ao bispo Hoadley, sem qualquer outra explicação, que a história de Robinson era a representação alegórica de sua própria vida. Ele só percebeu esse fato mais tarde (como Flaubert sobre sua identificação com Madame Bovary). Sabe-se que ele escreveu seu romance em duas etapas. Ele redigiu a segunda parte (as viagens pelo continente) sob encomenda de seu editor, e com muito esforço. Mas a primeira parte, objeto de nosso interesse, foi composta de uma vez só, em um lance de inspiração, e ditada pelo inconsciente. Veremos a confirmação desses fatos em um extrato de *Sérias Reflexões*, o qual leremos um pouco mais adiante.

A história da amizade de Robinson e Sexta-Feira encontra-se na origem de muitas vocações coloniais, mas não se trata absolutamente dessa banalidade o que eu gostaria de destacar. O romance revela a própria vocação colonial tal como já existe no inconsciente, antes de qualquer imitação e influência, e tal como existia, necessariamente, no inconsciente de Defoe. Ele não deveria ceder. No entanto, ele é o autor, em 1702, de um estranho projeto de expedição contra as colônias espanholas da América, e se ofereceu oficialmente como chefe dessa expedição. Na velhice, ele já completara quase sessenta anos, estava satisfazendo um antigo desejo (procuraremos ver qual) escrevendo seu romance.

A Tempestade, obra de velhice de Shakespeare, também desenha uma situação psicanaliticamente quase idêntica à de Robinson. É quase certo que Shakespeare não tinha outro modelo que não ele mesmo para criar Próspero.

Uma característica geral desse tipo de fábulas, e que também se aplica à *Odisseia*, a *Sindbad* e a *Gulliver*, é que o herói afronta ou os perigos, ou os infortúnios do exilado. São os castigos ou as assombrações; as duas noções se aproximam facilmente pela ideia mais genérica de defesa. Têm como causa uma falha, mais ou menos voluntária, que é a desobediência aos deuses, aos costumes, em geral, ao pai. Próspero negligenciou os deveres de seu cargo e foi traído por seu pai com a cumplicidade de um rei, que é a imagem paterna. Aliás, os viajantes reais – Baudelaire, Trelawny e tantos outros – se curvam docilmente ao esquema inconsciente[1]. Os viajantes das fábulas encontram as defesas parentais sob a forma de monstros: os ciclopes, o pássaro Rokh, os canibais. Eles são atormentados pelo arrependimento: "Ah!

Teria sido melhor!" No seu retorno, eles têm apenas infortúnios para contar: "Eu estava remando", dirá Robinson, "trabalhando para minha destruição por minhas próprias mãos." No entanto, suas aventuras são objeto de inveja por parte do leitor doméstico, sobretudo o jovem.

De todas essas personagens, Próspero é o menos evoluído, conforme os critérios da psicanálise, já que ele dispõe de um poder mágico que o dispensa das qualidades viris e adultas, às quais Ulisses e Crusoé devem a salvação. Crusoé, verdadeiro "pau para toda obra", é o menos arcaico, como se observa em sua confiança na técnica. É necessário associá-lo a uma corrente ideológica que vai de Locke aos Enciclopedistas, enquanto Próspero remeteria mais a Bacon, que pensa experiência, mas sonha magia. Aliás, ele não é o único, na peça, a negar a técnica, há também Gonzalo, o utopista. Essas diversas figuras têm, portanto, muitas chances de abarcar todo o nosso tema. Pouco importa a cronologia; começamos por ver o que a análise de Crusoé irá nos ensinar.

Uma primeira observação, muito significativa, é que o náufrago é ainda menos infeliz na solidão absoluta do que quando teme não estar sozinho.

É preciso insistir sobre esse paradoxo, cujo hábito faz com que não nos surpreendamos tanto: o homem tem medo porque está sozinho; e esse medo é o medo dos outros. O medo da solidão é o medo de uma intrusão. (O mesmo ocorre em *A Tempestade*: a solidão de Próspero é finalmente rompida.) Os críticos da época já haviam ressaltado essa "contradição" em Robinson. Mas talvez não seja uma contradição.

Em todo caso, tudo que possa parecer de um outro, um bode, uma pegada, tudo aterroriza Robinson; até mesmo seu papagaio, que, no entanto, é a primeira representação de um companheiro, o qual teme e deseja em uma ambivalência complexa. (Compreenderemos melhor o papel desse papagaio que aprende a falar, aproximando-o da passagem de *Sérieux réflexions* que citarei mais adiante.) *Daniel Defoe conta o longo e difícil tratamento de uma neurose de misantropia.* Seu herói, de fato, inicialmente em dificuldade com seu entorno, retoma pouco a pouco forças em sua solidão. Ele se acostuma às presenças nas quais ele tenta projetar a imagem, aterrorizante e reconfortante, de um *outro*.

Em seguida, ele tem um amigo, Sexta-Feira, no início, "mudo" como seu papagaio. Mais tarde, ele ousa lutar contra os "outros", hostis e antropófagos. Depois, tendo que se haver com sujeitos terrivelmente maus, mas mais próximos dele, ele os subjuga com sua autoridade. Proclama-se governador da ilha. Sua cura está assegurada: até mesmo reconciliou-se com a imagem do pai. Ao mesmo tempo, ele se reconcilia com Deus. É também, do mesmo modo, questão de Deus em *Sérias Reflexões*. Ele pode voltar para casa, cheio de uso e razão – e dinheiro, um dinheiro ganho, aliás, principalmente com o comércio dos escravos.

Deixemos por um momento o caso de Defoe para examinar o de seu leitor e investigar as causas de seu interesse pela leitura. Esse interesse permite afirmar a existência, na alma infantil, de um traço em parte misantrópico, em todo caso, antissocial, o qual, na falta de um termo melhor, podemos chamar de "a tentação de um mundo sem homens". Esse traço pode ser recalcado mais ou menos profundamente; no entanto, ele subsiste no inconsciente.

É a existência dessa tentação que valoriza a noção, embora objetivamente pouco sedutora (o que pensavam disso os verdadeiros Robinsons?), da ilha deserta. As ilhas desertas da imaginação são, é verdade, sempre povoadas de seres imaginários; é até mesmo, evidentemente, sua razão de ser. Algumas dessas imagens formadas pelo inconsciente, como Caliban ou os liliputianos, ilustram um desejo de pejoração, que se aplica a qualquer espécie. Ou então representam a condensação dos seres maus, nos quais a criança projeta seu desejo de fazer o mal, e da imagem dos pais que proíbem fazer o mal, pois o pai que invoca o perverso bicho-papão torna-se, para a criança, o bicho-papão; todos os perigos exteriores, o lobo e o policial, são seus aliados, expressamente invocados, aliás, nas cenas reais da infância. Vimos com que constância os sonhos das crianças malgaxes traduzem essa condensação, quando a criança "má" (culpada) é perseguida pelo perverso senegalês que é ao mesmo tempo seu pai – o touro.

Porém, é um fato que, apesar dessas defesas, ou por causa delas, a criança sonha com a evasão. Existe uma idade, após os quatro anos, em que a criança tenta, às escondidas, sair sozinha. Às vezes, ela "se perde". Dá a volta no quarteirão e retorna ao seu ponto de partida, como se testasse uma intuição topológica, como se tivesse demonstrado que a Terra é redonda. Variante:

ela sonha em ser invisível. Então se esconde. Sua mãe, preocupada, a chama; ela esquece de responder. A mãe considera essas brincadeiras uma bobagem. Talvez sejam mais do que brincadeiras. Enfim, a criança sonha em se esconder longe, onde não há ninguém. Ela vai para o fundo do jardim brincar de Robinson. Mesmo que esse jogo seja jogado por muitos, isso não interfere no seu significado: é o jogo de fugir dos homens. É preciso se defender contra a intrusão.

Mas a atração pela solidão deve-se ao fato de que, uma vez esvaziada dos homens tais como são, ela pode se povoar com seres tais como gostaríamos: Calipso, Ariel, Sexta-Feira. O caminho que leva à personalidade adulta supõe que fomos bem-sucedidos em alinhar, bem ou mal, as imagens do inconsciente com os seres reais: *a fuga na solidão é um fracasso desse alinhamento*. Quando, em *A Tempestade*, Miranda grita: "O brave new world that has such people in it!" (Oh, bravo mundo novo que traz tal povo em si), compreendemos, com certa emoção que indica a importância desse fato, que ela faz logo de início esse ajuste do arquétipo à realidade de que seu pai, neurótico, foi tão insuficiente. Ele responde com desprezo: "Tis new to thee" (Isto é novo para vós), prova de que não se curou. Preferir Ariel ou Sexta-Feira à realidade é consequência de uma adaptação falha, tendo na base uma acentuada insociabilidade ligada a uma necessidade patológica de dominação. Esses traços do inconsciente de Próspero-Shakespeare ou de Crusoé-Defoe estão provavelmente presentes em todas as crianças, com diversas possibilidades de evolução.

A figura de Sexta-Feira não é mais definida que a de Ariel; afinal de contas, ela não tem mais sexo. Esse recalque da sexualidade nos conduz a um mundo de fantasias infantis. Que indignação, que raiva "legítima", se tal imagem cogitasse desobedecer: a imagem do *socius* que seu inconsciente fornece a Defoe deve ser perfeitamente submissa. Albertine prisioneira é, secretamente, um ser livre e grosseiro! Se nosso objetivo era o de prescrutar a psicanálise de Defoe, e não o de chegar, após esses longos desvios, ao desenho do tipo colonialista, podemos supor, então, para que lado olhar: para o de Sophia, a filha preferida do romancista, figura notavelmente próxima de Miranda. Aliás, vamos ao texto *Sérias Reflexões*, que é uma segunda versão das aventuras de Robinson:

Ouvi falar de um homem que, tomado por um desgosto enorme pela conversão insuportável de alguns de seus parentes, cuja convivência social ele não podia evitar, decidiu repentinamente não mais falar. Durante vários anos, ele manteve sua decisão de forma muito rigorosa; nem as lágrimas, nem os pedidos dos amigos, nem mesmo de sua mulher e seus filhos, não conseguiram induzi-lo a romper seu silêncio. Parece que a primeira vez teria sido o mau comportamento em relação a ele; se dirigiam a ele com uma linguagem provocadora, que frequentemente produzia nele movimentos pouco convenientes e o obrigava a dar respostas indelicadas; e ele assumiu essa maneira severa de punir a si mesmo, deixando-se provocar, e puni-los por ter sido provocado. Mas essa severidade era injustificável, ela devastara sua família e destruíra seu lar. Sua mulher não pôde suportá-la; após ter tentado todos os meios de romper esse silêncio rígido, ela o deixou, e acabou enlouquecendo, tornando-se melancólica e incapaz de cuidar... Seus filhos partiram, cada um tomou seu caminho, ficando apenas uma filha, que amava o pai acima de tudo. Ela cuidou dele, *falava através de sinais* e viveu com ele, por assim dizer, no mutismo durante *aproximadamente 29 anos*. Até que, estando muito doente e acometido por uma febre muito alta, no seu delírio ou perdendo a cabeça, ele rompeu seu silêncio sem saber quando isso aconteceu. E falou, ainda que, no início, de forma incoerente. Mais tarde, recuperou-se da doença e passou a falar com frequência, mas pouco com sua filha, e muito raramente com outras pessoas. No entanto, a vida interior desse homem estava longe de ser silenciosa. Ele lia sem parar e escrevia coisas excelentes que mereceriam ser conhecidas pelo público; e, em seu isolamento, era frequentemente ouvido, com muita clareza, orar a Deus.[2]

Robinson permaneceu em sua ilha por 28 anos, dois meses e dezenove dias. A filha que aparece nesse texto se comporta como Sexta-Feira, falando através de sinais. O que significa esse relato na biografia de Defoe? Evidentemente, não é possível supor que o próprio Defoe tenha passado vinte e nove anos no mutismo! Porém, o relato tem um grande aspecto de verdade, se o compararmos a alguns casos clínicos. Contudo, essa história, qualquer que seja sua origem, havia lhe causado uma forte impressão, pois ele a contou simbolicamente em *Robinson* e, além disso, afirmou: "Robinson sou eu."

Misantropia, melancolia, necessidade patológica de solidão, projeção de suas falhas sobre outrem, culpa em relação ao pai, sentimento recalcado por uma filha da qual se quer ignorar o sexo, esse é, praticamente, o caso de Defoe. Daí surgiu Robinson, nos moldes de um sonho. E, quando esse sonho foi publicado, toda a Europa deu-se conta de que o sonhava. Durante mais de um século, em razão desse sonho, o "selvagem" não passou deste mínimo de realidade no qual o europeu, mais ou menos infantil, ou, como Rousseau, incapaz de se adaptar ao real, podia projetar uma imagem interior, repelida por uma realidade muito específica e muito conhecida.

Essa imagem do selvagem já existia, pelo menos como esboço, antes de Defoe. Desde 1572, Jean de Léry a propõe em sua *História de Viagem ao Brasil*. Porém, confirmando meu ponto de vista, ele a traça para, visivelmente, colocá-la em oposição, por uma necessidade amarga e misantrópica de censura, aos europeus de seu tempo, cujos costumes ele deprecia. Não é por acaso que o século XVIII, o qual exaltou o "bom selvagem", é o mesmo que preparava a Revolução e o Terror. Os dois movimentos têm a mesma fonte. Esse século devia escolher como herói um sentimental que era um misantropo "perseguido".

Foi nesse ambiente que surgiu o gosto pela literatura exótica. O sucesso de *Robinson* tem algo a ver com isso, mas já encontraríamos o gérmen desse gosto em *Telêmaco*, onde é reconhecível. Estava em germe em *A Tempestade*; algo no fundo da psique humana o chamava.

Em todo caso, essa tendência à misantropia, qualquer que seja sua natureza, e que primeiro se manifesta por uma fuga diante dos outros, pode se prolongar, como vemos, provocando uma ruptura grave na representação desses outros ou, se não uma ruptura, pelo menos um fracasso na síntese que deveria formar tal imagem. Ela se divide em dois pedaços, que se afastam cada vez mais em vez de se encontrarem. De um lado, imagens aterrorizantes ou horripilantes; de outro, seres graciosos, mas sem propósito nem vontade; de um lado, Caliban e os canibais (Caliban é, sem dúvida, um anagrama voluntário); do outro, Ariel e Sexta-Feira.

Ora, o mesmo homem é simultaneamente Ariel e Caliban; é preciso admiti-lo para ser adulto. Existe uma época infantil na qual essa síntese é recusada. Dessa fase, permanece no inconsciente o resíduo de uma tentação mal elaborada, que levou Defoe e Shakespeare a escrever. E isso também impeliu os europeus a procurar ilhas oceânicas povoadas de Sextas-Feiras e, ao mesmo tempo, a se fortalecer, em postos-avançados isolados, em país hostil, de onde dispunham de tempo para repelir com tiros de fuzil seres assustadores, mas que também saíam de seu inconsciente.

Sem dúvida, podemos alegar todos os tipos de causas históricas para explicar como materialmente a colonização pôde se desenvolver e não podemos negar a importância dos fenômenos de expansão econômica. Mas essas causas agiam sobre mentes psicologicamente preparadas. E, se minha análise está correta, torna-se verdadeiramente colonial por impulso dos complexos infantis que foram mal elaborados na adolescência. A diferença de nível que existe entre a personalidade dependente do autóctone e a personalidade europeia permite o desdobramento dos complexos; ela solicita as projeções do inconsciente. Favorece a adoção de comportamentos que não são justificados por uma apreciação objetiva, mas que se explicam, em última análise, pela subjetividade mais infantil. Os países coloniais são ainda o que mais se aproxima do arquétipo da ilha deserta, e o indígena é o que mais se aproxima do arquétipo do *socius* e do inimigo, Sexta-Feira e os Canibais. Assim, a vida colonial é apenas um paliativo disponível para quem ainda sofre de forma confusa a tentação de um mundo sem homens, quer dizer, para quem fracassou no esforço necessário para adaptar as imagens infantis à realidade adulta. Essa interpretação que a análise de Robinson me levou a adotar será confirmada pelo estudo do caso Próspero, em que se revelará mais precisa.

Em *A Tempestade*, a situação colonial está ainda mais bem desenhada do que em *Robinson*[3]. Isso é ainda mais admirável, na medida em que Shakespeare certamente pensou menos nisso do que Defoe. O tema de Shakespeare é o drama da renúncia ao poder e dominação, simbolizados pela magia, poder emprestado, o qual devemos devolver. É necessário que o homem se aceite tal como ele é, isso seria sábio, e que aceite da mesma forma os outros, ainda que eles se chamem Caliban. Essa caminhada em direção à sabedoria é terrivelmente dolorosa para Próspero.

Para que não haja dúvidas sobre a natureza da autoridade mágica de Próspero, sua filha obediente aparece ao seu lado: a força mágica é justamente a imagem infantil da onipotência paterna. Esse candidato à sabedoria exibe continuamente uma impaciência e uma tendência à raiva quase neuróticas, sempre que essa autoridade absoluta é ameaçada, por mais inofensiva que seja a ameaça.

Desde o início, é colocado o problema essencial: Próspero retira seu manto mágico e vai relatar sua vida para Miranda. Trata

Miranda de igual para igual. Ele não consegue; começa assim: "Obey and be attentive!" (Ouvi e estai atenta!). O relato é interrompido por outras ordens do tipo, absurdas e descabidas. Mais adiante, chegará a ameaçar Miranda com seu ódio.

Mesma atitude com Ariel: promete-lhe a liberdade, e não cumpre. Ele relembra incessantemente que libertou Ariel das entranhas nodosas de um pinheiro rachado onde Sicorax, a mãe terrível, o havia aprisionado. E isso significa ainda que Próspero tem todos os direitos porque é o pai.

Caliban é o filho rebelde e incorrigível, o qual é renegado; é considerado o filho do diabo por Próspero. Ao mesmo tempo, é o escravo útil explorado sem nenhum escrúpulo. Caliban não se queixa por ser explorado: ele se lamenta de ter sido "traído" no sentido que Künkel deu à palavra; ele o expressa nitidamente: "Ao chegar, você me acariciou, me ensinou, e eu te amava. Agora você me abandonou em um canto de rochas." Caliban sofre com o ressentimento que dá origem à ruptura da dependência.

Próspero se justifica: Caliban não teria tentado violentar Miranda? Após semelhante erro, o que se pode ainda esperar? Não há nenhuma lógica nisso: Próspero poderia, por segurança, afastar Caliban, ou continuar a civilizá-lo e a corrigi-lo. Mas a inferência: "Você quis violentar Miranda, portanto você vai cortar madeira" pertence a um outro modo de pensamento que não o racional. Entre os numerosos aspectos que essa atitude apresenta (em particular, o trabalho para o sogro, tão disseminado nas coletividades patriarcais), ressaltamos que ela é, sobretudo, uma justificativa para o ódio e a culpa sexual. Está na base do racismo colonial.

Fui conduzido para o caminho da explicação desse racismo por um sujeito, europeu e colonial, que estava convencido de que a raça negra se tornou inferior à raça branca porque havia abusado da masturbação! O sujeito, é evidente, encontrava-se ele mesmo em dificuldade com as defesas parentais nesse domínio. O ser inferior serve de bode expiatório: ele recebe as más intenções que podem ser projetadas nele. Até mesmo e, sobretudo, intenções incestuosas: não há outra mulher na ilha a não ser Miranda, e não há outros homens a não ser Próspero e Caliban. Deve-se compreender a razão pela qual é sempre sua filha, sua irmã ou a esposa do vizinho (mas não a sua própria) que se imagina violada pelo negro. É para afastar de si as más intenções e as colocar em alguém que seja injustamente responsabilizado. Caliban, nessa situação sem saída, conspira contra Próspero. Não para ser livre – ele é incapaz disso – mas para ter um novo mestre o qual ele possa adular, ser o *foot licker*. Ele espera ansiosamente por isso. Não poderíamos apresentar melhor o complexo de dependência em estado puro. Esse complexo é projetado; caso contrário, de onde viria? Quanto aos autóctones, ele existe realmente. Isso promove um encontro repleto de perigos na prática, entre o inconsciente do europeu e uma realidade que não está bem preparada para acolher a projeção deste. Os coloniais vivem em um mundo social de mínima realidade, onde a realidade desperta de forma não tão eficaz o sonhador...

Entre os náufragos, existe uma personagem estranhamente concebida: Gonzalo. Conselheiro honesto, diz a lista dos *dramatis personae*, outrora ele ajudou Próspero e este o trata com muito respeito.

Porém, temos aqui uma nova versão de Apolônio, um pouco caricatural. Ele é um tagarela senil. *A Tempestade* reconstitui, para liquidá-la, uma situação hamletiana: um irmão suplantado por um irmão, um pai culpado (aqui o rei de Nápoles), o ódio contra a mãe, o devaneio em vez da ação – uma regressão devida à perda do poder real. E, ao lado do pai, alternadamente, o tio ou outra imagem paterna; um velho senil e sem poder. Gonzalo sonha utopicamente em fazer da ilha um país de Cocanha[4]: a natureza fornece tudo, sem trabalho, sem governo, sem instituições. É exatamente a atitude de Próspero, a mesma regressão infantil, salvo a imagem onipotente do pai, ou seja, sem magia, sem esta magia que é a causa de todas as dificuldades e que é necessário abandonar.

Com que repugnância esse pai abandona sua filha a Ferdinando! Ele não pode devolver a liberdade a Ariel sem lhe impor ainda uma tarefa. Ele perdoa seus inimigos, mas depois de se vingar deles, cobrindo-os de injúrias. Em Nápoles, onde será apenas duque honorário, passará um terço de seu tempo a meditar sobre a morte. No epílogo, que ele mesmo pronuncia, diz claramente: *Now my charms are all o'erthrown, / And what strength I have 's mine own, / Which is most faint. //*[5]

Através desse testamento, o homem devolve o que havia usurpado através da magia, e é o que ele havia perdido por traição, inclusive o direito de primogenitura. Quem escreveu essa peça encontrava em seu inconsciente uma necessidade obscura e violenta de reinar sobre os homens (ainda que por prestígio), poderosa e difícil de ser superada, mas de forma diferente daquela com que Defoe deparou-se. É pouco provável que seja o Shakespeare de Stratford-upon-Avon; no entanto, com os recursos do inconsciente, tudo é possível.

Em todo caso, é desse inconsciente, de um mesmo inconsciente, que emergem as duas ilhas dessas fábulas. O encontro das duas obras se apresenta a nós como uma garantia de que estamos em presença de arquétipos: Ariel, Sexta-Feira, Caliban-canibais. Na vida real, esses arquétipos podem comandar as condutas, assim como, na obra de arte, guiaram a imaginação. O colonial típico é condenado a reproduzir Próspero. Ele o carrega em seu inconsciente, tal como Shakespeare, mas sem o poder de sublimação do escritor.

Na realidade colonial, a personalidade do europeu não é moldada pela do autóctone. Não há adaptação. Ela se desenvolve de acordo com sua anatomia interna. Desse fato só pode resultar um mal-entendido, uma monadologia na qual as mônadas não têm portas nem janelas, mas sem garantia de harmonia.

A opinião dos colonialistas, que deve sempre ser levada em consideração, pois é sempre reveladora, confirma meu ponto de vista: "Não há mal-entendido a ser elucidado, não vale a pena, a personalidade do malgaxe é o que quisermos, ela não existe. Somente a nossa é que conta." Isso significa que eles não a encontram. Nada que seja externo os detém. O que seria de fato a personalidade de Miranda, Ariel e Sexta-Feira? Nada, eles são submissos. Caliban impõe-se ao se opor, mas, então, é apenas bestialidade.

Falta ao colonial como Próspero aquilo de que é desprovido, o mundo dos Outros, o mundo onde os Outros se fazem respeitar. Esse mundo, o colonial típico abandonou; é banido pela dificuldade em admitir os homens como eles são. Tal fuga está associada a uma necessidade de dominação de origem infantil que a adaptação ao social não conseguiu disciplinar. Pouco importa que o colonial tenha cedido "ao único desejo de viajar", ao desejo de fugir "do horror de seu berço" ou de suas "antigas barreiras", ou que ele deseje, mais grosseiramente, "uma vida mais ampla". Essas variantes dissimulam mal a identidade fundadora daquilo que denominei, em um sentido muito geral, de vocação para um mundo sem homens.

Quanto àquele que escolhe uma carreira colonial por acaso, sem vocação, este tem, contudo, muitas chances de trazer nele próprio, recalcado de forma mais eficiente, um "complexo de Próspero" de prontidão para se manifestar em condições favoráveis. Gaston Bouthoul observa, em seu *Tratado de Sociologia*:

> A mentalidade é, entre todos os elementos constitutivos de uma sociedade, o mais difícil de ser destruído. Um homem pode ser arrancado de seu meio, levado aos antípodas ou aprisionado em uma masmorra, mas a sociedade da qual faz parte continuará a viver nele através de suas crenças, por todo conteúdo de sua vida mental e dos conhecimentos que carregará consigo. Se esse homem tem a força, ou se ele encontra colaboradores, poderá reedificar em um meio distante uma sociedade semelhante à que abandonou. Este é o caso que se repetiu mil vezes, da fundação das colônias.[6]

Isso é verdade; o homem *adulto* carrega por toda parte o que ele é, sem que a experiência possa acrescentar ou subtrair nada de essencial nele. No entanto, o que ele é não é inteiramente manifesto. Ele contém virtualidades latentes. Em outras circunstâncias – aos antípodas –, a fronteira entre a personalidade latente e a personalidade manifesta dificilmente deixa de se deslocar. É então a mesma realidade que ele transporta para outro meio; no entanto, ela assume uma nova forma que se explica pela nova relação das pressões sociais, mas também e sobretudo pelo equilíbrio mais ou menos bem realizado das pressões internas da personalidade.

2. A Situação Colonial e o Racismo

A França é indiscutivelmente um dos países menos racistas do mundo, e sua política colonial oficial é abertamente antirracista. Mas os efeitos da situação colonial são inevitavelmente sentidos, de modo que um racismo perceptível se desenvolve à margem dessa atitude oficial e apesar dela. Mesmo os funcionários públicos que aplicam com consciência e humanidade a política pró-indígena da França são, no entanto, homens submetidos às leis psicossociológicas e, a menos que possuam qualidades humanas excepcionais, apesar de sua doutrina, acabam adotando, fora de sua vida oficial, atitudes com matizes de racismo. Quanto aos colonos, estes não precisam nem mesmo manter as aparências.

O "complexo" de Próspero, que delineia, por assim dizer, a partir de dentro a figura do paternalismo colonial com seu orgulho, sua impaciência neurótica e sua necessidade de dominação, desenha ao mesmo tempo o retrato do racista cuja filha foi objeto de uma tentativa de estupro da parte de um ser inferior. Essa tentativa de estupro, evidentemente, é imaginária, já que figura em uma obra da imaginação, mas como esse aspecto sexual do racismo tem um lugar importante no inconsciente, é necessário que seja explicado imediatamente. Essas violações de raça para raça são projeções do inconsciente. Antes de qualquer experiência real, Shakespeare não teria descoberto a necessidade dela em sua inspiração? A rigor, esse argumento é suficiente. Poderíamos acrescentar outros. Por exemplo, é obviamente sem nenhuma base objetiva que a opinião pública, mesmo esclarecida, no século XVIII, tenha sido persuadida pela ideia de que os grandes símios poderiam capturar mulheres para estuprá-las. Haverá base mais objetiva para a convicção, tão bem estabelecida no inconsciente de alguns estadunidenses do Sul, de que os negros esperam apenas algum relaxamento de sua vigilância, para atacar as mulheres brancas? Histórias de estupros circularam em Madagascar no início da revolta. Não era possível verificar todas; dadas as circunstâncias, é provável que algumas sejam lamentavelmente verdadeiras. Mas as que pude verificar eram todas falsas.

A necessidade de encontrar nos símios antropoides, em Caliban, nos negros e até mesmo nos judeus, a figura mitológica dos sátiros toca em uma profundidade da alma humana em que o pensamento é confuso e a excitação sexual é estranhamente ligada à agressividade e à violência, que são impulsos muito potentes. Eu afirmei que o fenômeno se explica, sobretudo, pelas tendências recalcadas, tendências sádicas, tendências ao estupro ou tendência ao incesto. Projetamos sobre o outro a imagem da falta que nos assusta e fascina. Esses tipos de histórias são utilizados frequentemente por profissionais para excitar alguns clientes; parece ocorrer por meio da remoção de obstáculos no inconsciente; e tais obstáculos são, talvez, os sentimentos de culpa. Todo esse conjunto que, apesar da análise, não é completamente elucidado, toda essa massa carregada de sexualidade bastante selvagem sustenta um lugar importante, ainda que escondido, na constituição do racismo de cor[1].

Por outro lado, a oposição entre raças não é um fenômeno primário ou espontâneo. O racismo se constitui progressivamente por uma evolução. Entre pessoas de raças diferentes, ele se esboça de início pela curiosidade, simpatia e frequentemente uma atração sexual espontânea. As crianças manifestam sua simpatia com toda ingenuidade. O romantismo utilizou a atração sexual das diferenças raciais como se estas se juntassem, para reforçá-las, às diferenças sexuais. Quanto mais os seres são distantes, mais parecem capazes de se ornar com nossas projeções – o que constitui precisamente uma cristalização do tipo stendhaliano. Ao contrário do que se pode acreditar antes da análise, é a si mesmo que se vai procurar à distância; bem perto de si, encontram-se os outros. Esse é o papel psicológico das princesas longínquas. Quem Trelawny poderia amar, se não essa árabe cativa libertada em uma batalha? Se não, por que ele teria ido tão longe? Psicologicamente, ele encontra Pigmaleão: ele só pode amar seu *anima*. Mesmo em obras sem nenhum exotismo, por exemplo em dois dos maiores romances franceses do século XIX, *O Vermelho e o Negro* e *O Lírio do Vale*, ao lado da imagem materna, a quem é atribuída a melhor parte, a *anima* se delineia na distância, já que lady Dudley é inglesa, e Mathilde é de outro século. É necessário reconhecer aqui o que poderíamos denominar de tendência moderna à exogamia – uma consequência do complexo de Édipo. As jovens românticas devem morrer, como Ofélia ou Virgínia ("Ai de mim! O que vi..."), a menos que as procuremos suficientemente diferentes, bastante longe, para que elas não corram o risco de interferir com a *imago* da mãe.

Assim, uma parte de nossas tendências nos impulsionaria em direção aos tipos mais "alheios". Não é apenas uma miragem literária. Não era literatura, e a miragem era sem dúvida tênue, quando os soldados de Gallieni escolhiam para si mesmos companheiras mais ou menos temporárias entre as jovens *ramatoa*. De fato, esses primeiros contatos não apresentavam nenhuma dificuldade. Isso se devia em parte ao que era a vida sexual dos malgaxes, saudável e quase sem manifestações complexas. Mas isso é uma prova também de que os conflitos raciais se elaboram pouco a pouco e não nascem espontaneamente.

O que explica a natureza, em suma, razoavelmente fácil, da vida sexual malgaxe é ainda a existência do complexo de dependência, ou seja, do meio social no qual esse complexo se forma e se mantém. Se considerarmos o jovem europeu, vemos que ele deve resolver simultaneamente, no momento do seu casamento, dois problemas difíceis: em primeiro lugar, aceitar sua situação independente, deixar a proteção familiar; em seguida, e isso não é exatamente a mesma coisa, encontrar uma companheira que não suscite um conflito entre sua *anima* e sua *imago* materna, *imago* cuja carga afetiva se encontra acrescida do fato de que ele sofre e se sente culpado por ter deixado sua família. A importância desses conflitos é bem visível nas relações dos esposos com as sogras, a tal ponto que esse tema se tornou um lugar-comum nas anedotas populares. O jovem malgaxe não depara tão nitidamente com as mesmas dificuldades, pois ele não se sente obrigado a romper os vínculos de dependência familiar. Graças à sobrevivência da dependência, ele evita uma mudança; e parece que nunca é incomodado pela imagem materna; ela permanece sempre protetora, sem ambiguidade; e sua sexualidade o impulsiona, inequivocamente, em direção a uma *socia* na qual ele projeta a *anima*[2]. Para a jovem, cuja situação na Europa é, *mutatis mutandis*, a do rapaz, não ocorre o mesmo em Madagascar. Ela deixa sua família, mas a nova dependência que a vincula a seu marido substitui a antiga sem dificuldade.

Os costumes sexuais malgaxes tiveram alguma evolução, mas as grandes linhas permaneceram as mesmas. Os jovens se cortejavam em segredo e livremente. Se sua união provisória se revelava fecunda, eles se casavam. Em caso contrário, separavam-se. O objetivo do casamento é ter filhos. A mulher estéril é desonrada e passa sua vida em peregrinações e em operações mágicas. Uma certa liberdade de costumes não exclui uma grande decência. Os esposos ficam livres caso se encontrem suficientemente distantes pelo fato de um deles viajar. A mulher é muito reservada na expressão de seus sentimentos; é submissa e obediente – mas capaz de impor sua vontade de forma inabalável, pela paciência e perseverança. A liberdade nunca chega à devassidão ou à libertinagem. Os casos de adultério originam conflitos graves, mas sem nenhum desenvolvimento neurótico. O divórcio é um último recurso. O crime passional, assim como o suicídio pelo amor, não existe no território merina. As canções e poesias celebram o desejo, a fidelidade, choram o abandono, condenam a traição, lamentam as uniões incompatíveis – como no resto do mundo, mas sem angústia ou desespero. Uma união é sempre algo sério, mas sem valorização excessiva; nunca é uma diversão, muito menos um protesto neurótico contra uma ordem moral opressora.

Nessas condições, os primeiros europeus puderam encontrar ao lado das mulheres malgaxes um certo conforto sentimental o qual não era absolutamente sem valor, tampouco sem perigo. Encontramos aqui o efeito do complexo de dependência: para uma personalidade construída conforme o modelo europeu, a presença de uma parceira sexual obediente e inferior acaba por ser degradante. No limite, o fato de um homem ter uma companheira bastante livre, relativamente igual a ele, só pode libertá-lo; e sabemos que é nesse sentido que, frequentemente, as coisas evoluem em uniões bem-sucedidas. A transformação do europeu casado ou ligado com uma malgaxe acaba por se tornar visível, até mesmo para os observadores mais obtusos, tanto que se criou uma lenda segundo a qual a esposa malgaxe usaria poções e venenos para conservar seu domínio sobre o *vazaha*; o efeito dessas poções ou venenos seria, a longo prazo, enfraquecer a vontade e a inteligência. Esse enfraquecimento explicaria a frequência e a duração de tais ligações que, de outra forma, seriam incompreensíveis.

Evidentemente, as coisas não acontecem assim. Não são as poções nem mesmo a sensualidade física que fazem as uniões durarem. O fato é que a mulher malgaxe corresponde razoavelmente bem a um arquétipo do inconsciente coletivo, da mesma maneira que Sexta-Feira ou Ariel. A civilização exige que construamos em torno desse arquétipo todo um sistema complexo, muitas vezes um pouco bissexual, no qual entram uma *persona*, um aspecto físico estético ou social, um aspecto físico erótico, uma vontade simultaneamente livre e obediente, uma inteligência e ainda muitas outras coisas... Porém, a personalidade da mulher malgaxe é tão pouco exteriorizada que ela se torna algo como um espelho que reflete no europeu suas próprias projeções. Retornamos à tese que acredito ser essencial para compreender o fato colonial: vivendo no meio de suas próprias projeções, sem encontrar verdadeiramente a existência livre e a vontade do outro, perde-se a própria vontade e a própria liberdade em benefício da hipertrofia de um eu que se incha, esvaziando-se. Esse tipo de relações mistas tende a se tornar mais raro – ou, pelo menos, assume um aspecto transitório e de mínima importância porque, de um lado, os europeus, instruídos pela experiência, aprenderam a desprezar aqueles entre os seus que eles consideram como "degenerados", e porque, acima de tudo, por outro lado, existe agora em Madagascar uma população europeia feminina cuja presença modificou completamente os dados do problema.

Desde os primeiros contatos, não se viu desenvolver espontaneamente, nos homens malgaxes, o ciúme coletivo em relação ao europeu, tampouco o desprezo individual pelas jovens que se prestassem a essas relações. Ao contrário, durante muito tempo, as famílias malgaxes ficavam orgulhosas quando, por esse meio, elas se uniam – por mais frágil que fosse o vínculo – com um *vahaza*. Esse fato deve ser atribuído à ausência do complexo de inferioridade. É verdade que aqui a experiência, mais uma vez, modificava pouco a pouco as posições. O nascimento de crianças mestiças foi, de início, visto com bons olhos de ambos os lados – imaginava-se, ingenuamente, atuar para a aproximação das duas "raças" ao mesclá-las; parece que Gallieni teria favorecido essa "política". Mas logo se desiludiu, pois os mestiços, por razões sobre as quais direi algumas palavras mais adiante, revelaram-se, finalmente, um fracasso. E sobretudo as europeias, à medida que se tornaram mais numerosas, mostraram que tinham algo a dizer.

Seria preciso desenhar o correspondente feminino de Próspero e fazer o retrato da colona. O contorno seria o mesmo, mas chama a atenção o fato de que o racismo em Madagascar é ainda mais acentuado na mulher europeia do que no homem. Este atinge, algumas vezes, proporções delirantes: em uma missa pela alma de algumas vítimas europeias da rebelião, mulheres da boa sociedade "cristã" protestaram com indignação porque a missa foi servida por coroinhas malgaxes. Certamente, nenhum homem, por mais racista e pouco cristão que possamos supor, teria chegado a esse ponto. Foram feitas observações semelhantes em outros países onde o racismo existe.

Não é muito fácil afirmar com certeza qual é a natureza desse racismo feminino. Apenas psicanálises individuais poderiam revelá-la. Pode-se observar que as relações sexuais entre europeias e homens malgaxes são praticamente excluídas, salvo raras exceções, até porque os malgaxes não encontrariam na europeia o ideal psicológico que têm da mulher, já que a mulher branca se colocaria em uma situação social completamente insustentável. As uniões em que um malgaxe é casado com uma europeia foram contraídas na Europa; são bastante raras e preocupam simultaneamente malgaxes e europeus. Surgem dificuldades no interior das famílias malgaxes em que a esposa branca aparece como intrusa, pois ela entra de mal jeito nessa rede de dependências; e ela se vê afastada do meio europeu, o qual não pode deixar de considerar, conscientemente ou não, como seu. Um europeu que desposa uma malgaxe não entra também completamente na família e, se for necessário, ele pode deixar sua esposa negra em casa, para frequentar seus pares, como no passado; a longo prazo, cessará de fazê-lo e se deixará envolver, de bom grado, pelo meio malgaxe. Em contrapartida, a esposa branca deve fazer parte da família e dificilmente pode deixá-la para viver em um mundo branco. Algum dia, talvez, teremos a sorte de que uma dessas esposas brancas seja dotada de intuição e sutileza psicológica para compartilhar conosco uma experiência certamente muito preciosa. Quanto ao meio franco-malgaxe que poderia ser criado dessa maneira, e que se tentou criar artificialmente em função de uma preocupação política *a priori*, absolutamente não existe, a não ser nas reuniões oficiais. Nas tentativas de aproximação que se multiplicaram, por imposição, parecíamos rever essas cenas de constrangimento, nas quais as pessoas da sociedade oferecem caridosamente chá aos pobres. E os mais constrangidos, talvez, eram os malgaxes mais evoluídos – ainda que fossem os que mais bem disfarçassem tal sentimento. Nas reuniões cerimoniais, em que tudo, inclusive o traje, é regulamentado por protocolo, e cada um tem seu lugar, esse incômodo não existe; e, sem dúvida, é por essa razão que esse tipo de reunião é muito apreciado pelos malgaxes. Infelizmente para os esforços de aproximação, os europeus não o apreciam e veem ali apenas obrigações.

Os esforços de aproximação, oficiais ou não, incluindo os das missões, nunca conseguiram preencher a "lacuna"; ao contrário, serviram mais para reconhecê-la – no sentido militar do termo: para situar sua posição com mais precisão. Ela se aprofunda a cada dia um pouco mais, como podemos observar em certos indícios: antigamente os europeus se esforçavam em aprender a língua malgaxe e alguns conseguiam dominá-la fluentemente. Hoje em dia, o governo geral teve que emitir uma ordem para tornar o estudo da língua obrigatório, e essa ordem provoca protestos de alguns funcionários. Antes, os europeus sentiam-se "na casa" dos malgaxes. Agora, sentem-se "em casa", a ponto de começarem a julgar que os malgaxes os incomodam. Os malgaxes percebem perfeitamente esses sentimentos, e deduzem as consequências que podemos presumir. Produziu-se uma grande mudança psicológica em uma geração. Em parte, pode-se atribuir essa mudança à influência racista das mulheres europeias.

Aliás, essa é a opinião dos malgaxes, que pensaram sobre a questão. Ainda que tal ponto de vista deva ser acolhido com cautela: um mal-entendido entre homens malgaxes e europeias pode ter muitas outras camadas...

Esse racismo feminino abrange, pelo menos como elemento, a supercompensação de um complexo de inferioridade que é da mesma natureza da que se produz nos "novos ricos" e que marca na Europa, tão nitidamente, as relações com aqueles em condição social inferior e os domésticos. Essa compensação tem, evidentemente, matizes de sexualidade. De forma alguma, uma mulher malgaxe poder ser comparada a uma branca, e trata-se de, continuamente, transmiti-lo ao inconsciente masculino. Quanto ao homem malgaxe, comandá-lo com um poder tirânico certamente responde, por parte da europeia, a uma necessidade inconsciente de dominar uma imagem masculina. Essa necessidade, não encontrando nenhum obstáculo sério – exceto o temor de se encontrar algum dia sem cozinheiro –, só pode resultar em deformações de caráter.

No entanto, o que acabo de expor descreve apenas um racismo latente. Esse racismo só se torna manifesto nas circunstâncias em que o malgaxe parece se emancipar de sua dependência. O que é ruim em Caliban não é seu aspecto físico, sua "estupidez", nem mesmo seus instintos "maus". Orgulha-se de ter consigo grandes primatas ou feras perigosas domadas. Não é suportável o fato de que Caliban se apresente pessoalmente e, de tempos em tempos, dê provas de uma vontade própria. Em outras palavras, é perfeito, desde que os fantasmas de nosso inconsciente não se projetem para o exterior. Em contrapartida, descobrir que não são puras projeções, mas seres reais que pretendem negociar sua liberdade, por mais modestas que sejam suas pretensões, é o que provoca indignação. Pouco importam as pretensões, é de fato o desejo de libertação que causa revolta. O racismo propriamente dito é apenas uma medíocre racionalização destinada a explicar e a justificar o sentimento de indignação. De início, indigna-se, por razões psicológicas profundas, que têm sua fonte no inconsciente, conforme indiquei antes, ainda que não as tenha elucidado completamente. Após ter-se enfurecido, procura-se explicar, descobrindo (ou repetindo) a teoria da inferioridade racial. Essa teoria permanece sempre pobre e rudimentar de fato.

Os mais convictos são justamente aqueles que seriam os mais incapazes de expô-la. Isso não é importante, porque, por um fenômeno irracional, mas carregado de grande energia afetiva, é a força da indignação vivenciada que lhe serve de evidência; e isso é o suficiente.

Seria necessário especificar que o fato de pertencer a certa raça desempenha um papel unicamente pela consciência que temos dela? Essa consciência não é direta: é uma consciência que se adquire. É adquirida, sem dúvida e com muito mais rapidez, quanto mais experiências se tem com personalidades de uma estrutura oposta à sua própria. Tentamos então classificar as personalidades; e a própria ideia de raça apresenta-se, aliás, com uma espécie de evidência confusa, a qual sinaliza que tais fenômenos psicológicos são muito ricos em cargas afetivas.

Como seria de se esperar, ao racismo europeu veio como resposta um racismo malgaxe induzido pelo primeiro. É evidente que não pode ser da mesma natureza, pois a personalidade malgaxe não tem a mesma estrutura.

Em primeiro lugar, o malgaxe não considera que o europeu pertença a uma raça inferior. Ele afirma simplesmente que os europeus de Madagascar não são iguais aos da metrópole, sem explicar os motivos. Não faltam defeitos atribuídos aos europeus – seu cheiro, alguns traços físicos, sua "ausência de alma", sua impaciência, sua necessidade de se exibir – mas ele não utiliza essas características para depreciação. Não se trata de uma avaliação. Sob a influência europeia, ele toma consciência de sua raça e dos deveres em relação a ela, consciência que não existia, como vimos, e que a colonização criou. Seu racismo se parece muito mais com o "cada qual no seu lugar" de alguém que procura uma nova forma de segurança, do que a supercompensação de uma inferioridade complexa, a qual permanece ainda excepcional e não típica nos malgaxes. A racionalização que ele constrói para explicar seu desejo de segregação racial é de uma natureza diferente da racionalização europeia. Enfim, os elementos primários que existiam na sua psique e sobre os quais ele pôde construir são diferentes também.

Esses elementos preexistentes – e que no início da colonização pareciam, no entanto, ter pouca importância – é o que poderíamos chamar de medo da contaminação do grupo, o medo do casamento misto, pode-se dizer assim. Isso dá à sua atitude o aspecto sexual que, mais ou menos escondido, sempre existe no racismo.

A oposição ao casamento misto já existia entre castas nos *andriana*[3] e nos *hova*, as duas principais classes merina. Bastou utilizar essa oposição, dando-lhe apenas um novo sentido.

Por outro lado, a oposição ao casamento misto é justificada por uma racionalização que se resume em um julgamento sobre a descendência. Os malgaxes são agora persuadidos de que as misturas são ruins; eles acreditam que a experiência prova que os mestiços nascidos de malgaxes e europeus herdam sobretudo os defeitos das duas raças. Na ocasião da revolta de março de 1947, eles mostraram tanta hostilidade em relação aos mestiços quanto aos europeus.

Ao que parece, o exame dos casos de mestiçagem pareceria dar razão aos malgaxes, mas por motivos distintos dos que eles imaginavam. A situação social que é criada para os mestiços é tal que eles não podem escapar de um complexo de inferioridade; por essa razão, sua psicologia é completamente diferente daquela do malgaxe puro. Pouco numerosos, deslocados tanto em um meio como no outro, apresentam em relação aos dois meios esse conjunto de diferenças e semelhanças que é o fator gerador, por excelência, da inferioridade. Além disso, educados entre uma mãe malgaxe e um pai europeu, sem ancestrais, recebem uma primeira educação malgaxe sem cair na mesma dependência, mas tampouco têm uma formação europeia. O destino dos meninos é, aliás, muito diferente do das meninas, pois estas últimas podem, com um pouco de graça – são frequentemente belas e inteligentes – reencontrar um lugar em um meio europeu, no qual facilmente obtêm êxito de ordem sexual ou sentimental. Sem dúvida, o lugar que elas ocupam nesse meio é, muitas vezes, moralmente inferior e não pode lhes proporcionar uma compensação completa. Elas podem buscar essa compensação, sem nunca a alcançar totalmente, multiplicando seus "êxitos". Não são todas que seguem esse caminho; algumas lançam-se na devoção ou mesmo entram na religião, o que também é uma solução para suas dificuldades... Os homens, por sua vez, são mais infelizes e fornecem elementos bastante duvidosos para o mercado negro ou, em geral, para atividades econômicas mais ou menos parasitárias. É neles que encontramos, de forma mais nítida, o famoso complexo de inferioridade racial e as extraordinárias compensações pela vaidade.

Como é de se esperar, os mestiços cujo pai é malgaxe (com ancestrais) e a mãe europeia têm uma personalidade diferente, relativamente identificável, já que a influência parental não é a mesma. Malgaxes e europeus, desconhecendo essas questões, atribuem todos esses fatos, equivocadamente, à hereditariedade. Essa atribuição reforça as crenças racistas e, por meio de um círculo vicioso que nada tem de surpreendente, as crenças racistas reforçam a fé na hereditariedade.

É necessário examinar mais de perto a natureza dos sentimentos racistas para efetivamente compreender sua influência nefasta sobre as duas coletividades em contato.

Admite-se que, geralmente, o racismo leva ao ódio, à injustiça e à violência. Mas isso talvez não seja o ponto essencial da questão, pois poder-se-ia também dizer que o ódio e a injustiça são a causa do racismo. O racismo, dos dois lados, malgaxe e europeu, é uma construção mais ou menos racional ou pseudorracional para justificar sentimentos cuja causa profunda está escondida no inconsciente. Esses sentimentos já podem, por si só, gerar ódio, injustiça e violência, à parte qualquer construção para justificar. Mas essa construção, por sua vez, quando é constituída, reage sobre os sentimentos originais, lhes dá um novo aspecto, mais deplorável ainda, o qual é preciso elucidar.

Em primeiro lugar, se o racismo pressupõe o conceito global de raça mais do que ajuda a constituí-lo, pelo menos, ele dá a esse conceito um conteúdo afetivo potente; sabe-se que, para o senso comum, tal conteúdo assume valor de prova e evidência. O racista sente as diferenças raciais afetivamente; ele entende pertencer a uma raça e vê no outro a raça antes de ver o indivíduo. Sob essa forma afetivamente reforçada, a raça engolfa a pessoa; permanece, intelectualmente, uma vaga ideia, o que permite moldá-la conforme todas as necessidades afetivas. No europeu, ela cumpre todas as necessidades dos procedimentos de compensação.

Um grupo contaminado pelo racismo atribui a si uma superioridade barata que personalidades muito desenvolvidas podem tentar ignorar, mas sobre a qual as personalidades se lançam avidamente. Como essa mentalidade coletiva tem, apesar de tudo, um poder opressivo mais ou menos visível sobre o grupo todo, resulta disso uma inversão dos valores e poderes de influência no interior do grupo, em benefício das pessoas medíocres, pois é entre elas que a convicção é mais forte. Não é falta de inteligência, é que elas a necessitam mais do que as outras pessoas; beneficiam-se mais, supercompensam mais avidamente. Assim, sem nem mesmo falar dos efeitos que essa atitude pode ter fora do grupo que ela reúne, já podemos perceber sua influência deteriorante atuar sobre a estrutura interna do grupo. Resulta disso um rebaixamento de nível, acompanhado de estreitamento de certos vínculos coletivos, de modo que o conforto (de natureza moralmente duvidosa) que se ganha com esse estreitamento compensa a perda, grave do ponto de vista humano, que resulta do rebaixamento do nível.

Afirmar-se por seu pertencimento a uma raça "superior" é uma atitude psicologicamente perigosa, que poderia ser utilizada se esse posicionamento envolvesse a tomada de consciência de deveres muito exigentes. Mas o racismo colonial dificilmente inclui, de fato, esse uso. Limita-se a exaltar um sentimento de superioridade, e infelizmente o exalta ainda mais à medida que aquele que o vivencia é na realidade mais inferior, no sentido que os analistas dão a essa palavra.

No malgaxe, poderíamos, obviamente, encontrar fatos comparáveis. São menos destacados e evidentes, pelo fato de que a inferioridade é muito mais rara. São encontrados onde, é evidente, não se deveria encontrar, mas onde, psicologicamente, estão bem no seu lugar: entre os mestiços. Sem dúvida, os mestiços podem escolher entre os dois racismos; eles se colocam, em geral, de forma instintiva, do lado mais vantajoso, o dos europeus – os quais, aliás, não os acolhem de bom grado em suas posições – e desprezam a raça malgaxe, que é a deles em cinquenta centésimos, sem examinar sua própria situação. Com certeza, nem todos os mestiços são racistas, mas são raros os que escapam à tentação. Eles não podem exercer o racismo antieuropeu sem experimentar sentimentos de ódio muito violentos[4], enquanto o racismo antimalgaxe se satisfaz, na melhor das hipóteses, com desprezo e condescendência.

O racismo malgaxe seria muito mais difícil de elucidar. Ele parece ser, simultaneamente, menos racional e menos passional.

A ideia que o malgaxe tem de sua própria raça, que inclui os ancestrais mortos, é muito mais carregada de sentimentos comunitários, muito menos abstrata, muito mais próxima de seus pensamentos e preocupações cotidianas, de seus sentimentos familiares, de suas relações com seus vizinhos. No fundo, sua raça é uma família, uma sociedade, um conjunto de crenças e costumes que ele vê ao seu redor, muito mais do que essa vontade de viver violenta e cega, voltada para as gerações futuras, impessoal e biológica que é a raça para o europeu. Em parte, é por essa razão que o racismo do malgaxe é menos agressivo, menos defensivo; ele busca uma proteção; ele gostaria de eliminar os riscos de intrusão, muito mais do que, pela afirmação de sua raça, tenderia a desafiar as outras raças como rivais.

Não se ganha nada em constituir grandes entidades vagas como as raças. Os conflitos entre indivíduos, entre famílias, entre tribos, mesmo entre povos, podem ser resolvidos, arbitrados, dar origem a transações ou arranjos mais ou menos felizes, mas que fazem reinar a paz. Quando se tratar de conflitos raciais entre povos que acreditam em suas raças, não haverá solução, ainda que um dos povos mantenha o outro sob seu jugo. Ele continua a odiá-lo. A única solução seria o abandono puro e simples da noção, muito vaga, de raça. Mas todos aqueles que compensam sua inferioridade individual por uma superioridade racial não estão prontos para abandonar essa noção; pelas satisfações psicológicas que ela oferece, tornou-se indispensável a eles. A tal ponto que é relativamente fácil, se agirmos a tempo, impedir um sujeito de se tornar racista. Mas caso ele se torne racista, não há muito que fazer; a única coisa que podemos obter dele é que esconda suas convicções...

DEPENDÊNCIA PSICOLÓGICA
E
INDEPENDÊNCIA POLÍTICA

1. A Sucessão das Gerações e a Personalidade

Existe uma hereditariedade psicológica que assegura a transmissão, de geração em geração, de certos traços de caráter. Por exemplo, pais que sofrem de um complexo tendem, em função de seu comportamento, a suscitar esse mesmo complexo em seus filhos. Essa hereditariedade deve ser particularmente persistente, se é verdade, como se pretende, que o caráter de diversos povos europeus é ainda reconhecível desde as descrições da Antiguidade, ainda que as "raças" que os compõem tenham sido amalgamadas e reamalgamadas pela história, a tal ponto que é relativamente difícil fazer dessa constância um traço de hereditariedade psicológica. No entanto, esta não funciona pela transmissão pura e simples das qualidades e dos defeitos. Nem sempre ela dá origem a descendentes parecidos – ela pode até mesmo atuar por contraste; e, tomando um exemplo muito superficial, se um filho pode ter, em alguns casos, "muita força de vontade" porque seu pai também tinha amplamente esta característica, pode ocorrer, em outros casos, que ele não a apresente de forma nenhuma, pelo fato de que seu pai a tivesse excessivamente.

Estamos atualmente há mais de cinquenta anos da ocasião em que ocorreu o fato da colonização de Madagascar. Isso significa que aqueles que assistiram a esse fato quando tinham idade para compreendê-lo em toda sua importância teriam hoje aproximadamente oitenta anos, e que aqueles que hoje têm a maioridade conheceram esse acontecimento apenas através dos homens da geração anterior. Essa localização no tempo deve ser levada em consideração se quisermos compreender o momento presente.

Os homens, que fizeram as pazes há meio século em Madagascar e que hoje estão mortos ou na velhice, não foram distorcidos ou influenciados pela existência de uma situação colonial. São, portanto, personalidades que, por um lado, atendem ao modelo francês metropolitano; e, por outro, ao modelo malgaxe não contaminado, que estabeleceram os primeiros contatos franco-malgaxes. Na medida em que a distância nos permite julgar, parece-nos que esses contatos foram bastante satisfatórios, se deixarmos de lado as perturbações inevitáveis do início. Os descendentes desses antepassados, de um lado, assim como do outro, após um período de vida em comum durante o qual as dificuldades pareciam sempre ser resolvidas por um arranjo e um melhor acordo, acabaram por se ver seriamente em oposição. A causa é, basicamente, a experiência colonial que transformou uns aos outros. Se julgarmos uma experiência por seus resultados considerados de um ponto de vista puramente humano e psicológico, a experiência colônia se revelaria bastante decepcionante. Se, de fato, franceses não coloniais e malgaxes não afrancesados estiveram em posição mais favorável para se entender do que os colonos e os malgaxes, os quais tivemos muito tempo para tentar modelar à nossa vontade, existe aí um fato grave a considerar e que derruba a tese otimista – oficialmente objeto de reconhecimento implícito durante muito tempo – segundo a qual quanto mais longo o tempo que se vive em comum, mais se aproxima e melhor se entende.

Apenas uma análise detalhada e difícil poderia nos mostrar o que aconteceu. No entanto, podemos formular algumas suposições as quais, se não forem completamente corretas, podem provocar investigações e reflexões que permitem promover um conhecimento mais adequado.

Pode-se considerar, como princípio, que uma personalidade, independentemente do modelo em que é constituída, contanto que seja bem delineada e que tenha concluído seu desenvolvimento, não pode ser muito profundamente modificada pelos eventos subsequentes. Se, sob a influência dos acontecimentos, ela fica abalada, ou se degrada, deve-se ao fato de que continha em si mesma, desde a infância, o gérmen de sua transformação ou de sua degradação sob forma de conflitos latentes.

Infelizmente, tal princípio é difícil de ser aplicado, pois desconhecemos, antes da experiência, quais gérmens infantis podem permanecer latentes em uma personalidade.

É preciso distinguir entre os europeus que nasceram e que foram educados na colônia – são ainda uma minoria, pelo menos entre os adultos – e aqueles que nasceram e foram educados na Europa.

Estes últimos diferem notavelmente dos colonizadores de cinquenta anos atrás. E isso ocorre por várias razões. Em primeiro lugar, os que se deslocam para uma colônia para tirar proveito de uma situação colonial constituída não são recrutados entre os mesmos tipos humanos daqueles que vão à conquista de um novo país. Depois, a vida colonial que eles vivenciam se diferencia daquela que seus avôs conheceram.

Por fim, é possível que o tipo do europeu tenha evoluído, na própria Europa, de forma significativa. Teríamos fundamentos para acreditar nisso, considerando a maneira pela qual evoluíram, de acordo com as queixas universais, as relações entre os jovens e as gerações mais antigas. É possível que a crise enfrentada pela juventude europeia não deixe de ter alguma relação com a crise colonial se, como podemos supor, tem sua causa nas modificações da autoridade paterna entre os europeus.

Os europeus nascidos na colônia não se parecem com seus pais. Em geral, eles não sofrem de uma supercompensação do complexo de inferioridade de seus pais. Esse complexo parental tenderia, sem dúvida, a colocá-los constantemente em estado psicológico de inferioridade se as coisas ocorressem, assim como na Europa, em uma sociedade homogênea. Mas, no meio colonial, o fato de pertencer à raça privilegiada é suficiente para compensar facilmente a inferioridade, ou pelo menos atenua muito os efeitos desta. Isso pressupõe, por parte das crianças, crenças racistas muito seguras e não neuróticas, que fazem parte tanto de sua *persona* quanto de seu inconsciente. Essas crenças, evidentemente, têm sua origem na experiência infantil, quando veem seu pai dominar toda a raça malgaxe com uma autoridade absolutamente impossível de ser criticada pelos filhos[1]. Porém, mais tarde, por uma inversão que é preciso considerar, eles se veem como superiores aos europeus metropolitanos, porque os metropolitanos não estão tão bem posicionados como eles para eliminar ou disfarçar a inferioridade original. Dito de outra forma, os europeus nascidos na colônia – não se pode empregar facilmente o termo "créoles", que assumiu sentidos diversos – sentem-se superiores aos europeus da metrópole, porque eles têm certeza, sem nenhuma dificuldade neurótica, de sua superioridade em relação aos indígenas, enquanto os metropolitanos não têm a mesma segurança a esse respeito; quando se tornam racistas, isso ocorre por uma supercompensação mais ou menos mal ajustada, como todas as supercompensações.

Esse fenômeno é talvez mais importante do que se pensa, e permite antever com bastante segurança, em um tempo mais ou menos próximo, a manifestação de sentimentos antimetropolitanos por parte dos europeus que se estabeleceram em Madagascar. É uma probabilidade razoavelmente grande, creio eu, para que a levemos em conta, desde já, nos planos e projetos políticos. É provável, sempre de um ponto de vista psicológico, que esses europeus se entendam melhor com os malgaxes do que os metropolitanos, pois o complexo de dependência dos malgaxes acomodaria melhor esse tipo de sentimento de superioridade, por mais vazio que seja no final[2], do que as supercompensações de inferioridade, muito menos estáveis do que demonstram os metropolitanos. Sem contar que os europeus nascidos além-mar têm um entendimento muito mais consolidado da psicologia malgaxe e sabem respeitar melhor e manter ou utilizar a tendência à dependência.

É evidente que o fato de evitar a um custo tão baixo o complexo de inferioridade beneficiando-se de toda uma população dependente é em si mesmo, psicologicamente, uma perda. Se a compensação de tal complexo envolve grandes riscos, é pelo menos, sob esse aspecto – o da liquidação viril da inferioridade – que se encontram todas as possibilidades de progresso humano; a inferioridade, desde que seja eliminada em tempo hábil, é a grande força motriz e talvez a única que dá sua energia à alma ocidental, o que a distingue da alma de outras populações do mundo. Em particular, está presente na origem de quase todas as biografias de grandes homens. Não seria uma visão tão audaciosa prever, em um futuro distante, o desenvolvimento de um novo tipo de humanidade branca ou quase branca na maior parte do hemisfério Sul do velho mundo, diferente da do Norte, psicologicamente, mais do que as populações que podem ser encontradas no hemisfério Norte seguindo os paralelos. Se a constância das psicologias nacionais é exatamente o que parece ser, poderíamos desde já traçar as principais características: ausência do espírito criador e de originalidade, gosto acentuado por organizações de tipo feudal, desejo de se isolar do contágio dos complexos do hemisfério Norte. Profecias a longo prazo desse tipo devem ser evidentemente consideradas, sobretudo por aquilo que são, ou seja, mais como um meio de especificar a intuição que se pode ter de uma situação presente do que como a pretensão de delinear antecipadamente um futuro que todos desconhecem. No entanto, novas populações brancas ou quase brancas – suficientemente brancas, contudo, para que não sejam inferiorizadas no hemisfério Sul – constituirão no conjunto provavelmente um novo tipo de menor valor que o tipo europeu, pelo menos até que novas dificuldades o façam adquirir outras qualidades além de um orgulho de raça relacionado ao nascimento.

Como se deve representar a evolução das gerações malgaxes?

Os malgaxes que constituíram os primeiros arranjos com seus hóspedes europeus – os quais estão mortos ou muito velhos para exercer alguma influência – ficaram bastante satisfeitos, em geral, com a relação de dependência que tinham conseguido estabelecer. Eles sempre viveram em um sistema de vínculos, e os novos elos não eram mais árduos, pelo contrário, que os antigos. Consideraram nossa presença como boa; acreditaram que lhes traríamos uma possibilidade de progresso. Eles concebiam esse progresso como um incremento de conhecimentos e aquisições diversas; consideravam que poderiam se instruir, se desenvolver, acrescentar ao que já possuíam, em todas as áreas, sem pensar em alterar a natureza dos vínculos de dependência que os uniam a nós.

Mas as gerações seguintes não apresentavam as mesmas condições de formação. Creio que se deve compreender essa questão desta forma: os sentimentos de dependência que os malgaxes do início transferiram para nós tinham se constituído em condições tradicionais, no centro da organização familiar e tribal. Eles formavam um bloco, e a mudança de objeto que a transferência lhes impunha não modificava sua estrutura, enquanto seus filhos foram formados sob a influência de pais que já tinham realizado essa transferência. Não é fácil analisar a natureza desta nova influência, mas é evidente que a formação recebida não pode mais ser a mesma. O que está em questão não é tanto o objeto de seus sentimentos, mas a própria estrutura desses sentimentos. O progresso esperado foi realizado a contento, mas não se realizou nos contextos sentimentais originais: esses contextos evoluíram, surgiram outras necessidades, e os resultados obtidos perderam com isso quase todo seu valor afetivo.

Sem dúvida, temos razão em pensar que a educação, a higiene, o conforto são bens em si; que o que foi realizado em Madagascar é apenas uma etapa, e que é necessário continuar. Mas um povo que não teria nada a desejar nessas áreas pode tornar-se, no entanto, muito infeliz quando sua personalidade comporta rupturas ou contradições que ele é incapaz de superar[3]. Não há dúvida, também, de que essas contradições são o motor de qualquer progresso real e evolução. Bem, mas não sem crises, que são às vezes muito dolorosas, pois a evolução coloca o malgaxe diante de dificuldades que ele entende apenas de maneira nebulosa; e a solução dessas perplexidades nem sempre está ao seu alcance.

Será preciso que ele rompa com as tradições? Isso significa que renunciará aos vínculos de dependência, portanto, a quase toda organização familiar e social: se abandonasse o culto dos mortos, se sentiria como uma planta cuja raiz foi podada... Ele teria que realizar o doloroso aprendizado do individualismo. Uma vez todas as relações rompidas, teríamos então uma multidão em vez de um povo. Sem dúvida, as coisas não podem ocorrer dessa forma: a transformação não será universal nem instantânea. E existem vínculos que não se deixam romper. Indivíduos cairão de suas células sociais um após o outro... Sabemos então a quem irão se assemelhar: agentes de negócios, traficantes, agitadores políticos, recrutadores de mão de obra etc. representam relativamente bem esse tipo novo de "desenraizado" malgaxe. É um tipo mais próximo de nós, psicologicamente falando, do que o malgaxe tradicional. Ele rompeu, pelo menos em parte, com os vínculos de dependência; como nós, descobriu a inferioridade e a culpa. Ele experimenta a angústia e a agitação. Representaria o tipo malgaxe do futuro? Não se tem certeza disso; tende mais a representar o elemento catalisador que irá impulsionar a evolução.

No seu caso, existe algo de paradoxal: ele efetivamente não se dá conta do papel que desempenha. Enquanto de fato, e como à sua revelia, trabalha para destruir o que subsiste da ordem tradicional, tem, no entanto, aspirações reacionárias que recomendam um retorno aos velhos costumes. Esse fato é provavelmente explicado desta maneira: ele abandonou os costumes antigos e, inconscientemente, sofre com esse abandono. Daí decorre seu desejo de mudança que o transforma em um elemento de agitação capaz de acelerar a evolução entre aqueles que mantiveram apegos às tradições; e decorre daí também, ao mesmo tempo, seu arrependimento pelos velhos tempos, de maneira que destrói, de fato, o que ainda permanece em pé daquilo que ele ainda sonha em manter. Essas observações, aliás, parecem válidas para a psicologia de muitos reacionários de todas as raças. Deve-se reconhecer que essa atitude contraditória e perigosa extrai dos complexos do inconsciente malgaxe recursos de energia ambígua, dos quais as convicções democráticas de alguns malgaxes evoluídos não se beneficiam. A atitude mais racional destes últimos parece estar contida por inteiro na parte consciente de sua mente. Isso significa, ainda bem, que tais convicções não acabarão por triunfar, mas elas devem contar com algo que não seja a energia psicológica profunda.

Esse novo tipo de malgaxe que venceu a tradição exerce sobre o malgaxe tradicional um certo fascínio. É preciso muito pouco para que ele o siga, muito pouco para que se afaste dele com pavor e se volte para um passado mais reconfortante. Até esses últimos dez anos, os modelos que vigoravam eram os antigos, aqueles que fizeram um acordo com os franceses, os que buscaram o título de cidadão, que mantiveram sua personalidade malgaxe, adaptando-a à nossa influência. Agora, simplesmente desapareceram ou se apagaram. Os modelos atuais são homens cuja personalidade já está comprometida. Todo o problema do futuro está aí, e é, aliás, inescrutável.

As crises que esse futuro traz em si seriam menos preocupantes se víssemos claramente em que tipo de arranjo, ainda que provisório, a *personalidade* europeia e a *personalidade* malgaxe em curso de evolução poderiam se acomodar. Não podemos mais acreditar que as coisas se arranjarão por si mesmas, graças a um plano providencial; e os malgaxes duvidam agora que a proteção dos mortos e o respeito pelas *fomba* sejam suficientes para garantir sua segurança. As coisas se acomodarão da maneira pela qual nós as arranjaremos: essa responsabilidade recai, atualmente, sobre o homem, branco ou negro. Não se trata de esperar que o homem negro (e o homem branco está na mesma situação) já seja capaz de assumir um fardo tão pesado: ele não tem mais alternativa. Talvez já fosse muito se soubéssemos um meio de evitar as reações neuróticas que essas dificuldades provocam. Provavelmente, são causadas por um sentimento de impotência diante de tarefas que permanecem muito obscuras.

2. A Independência Nacional

A história, acostumada a explicar os grandes eventos com causas abstratas relativamente simples, não tem nenhuma dificuldade para tratar a questão dos nacionalismos coloniais. Mas, para o psicólogo, esses problemas são, pelo contrário, extremamente árduos, pois obrigam, seja a determinar o lugar exato que os "sentimentos nacionais" ocupam na personalidade, seja a explicar quais sentimentos correspondem, na psique individual, a um nacionalismo coletivo e que são o esteio desse nacionalismo.

É difícil admitir uma consciência coletiva; o substantivo e o adjetivo declaram-se assim comprometidos. Talvez a contradição pareceria menos chocante se nos contentássemos em dizer, mais genericamente, uma "psique coletiva". Porém, se não quisermos ser enganados por uma metáfora, é necessário admitir que essa psique só pode ser apreendida nos indivíduos: ela pode ser, quando muito, apenas a vertente coletiva da psique individual. Quando um escritor como Keyserling afirma que existe na alma alemã um complexo de inferioridade que se constituiu na época da guerra dos Trinta Anos, acreditamos prontamente, mas com uma condição: que não seja impossível, teoricamente, compreender como esse complexo foi transmitido de geração em geração; como se formou na alma das crianças, ou como foi enxertado, na alma adulta, em um complexo de inferioridade pré-existente e de origem infantil; qual a razão de ter se enxertado nele, ou seja, por que o indivíduo preferiria esse "complexo nacional" ao seu complexo individual, o que ele poderia ganhar com isso em termos de satisfação. Podemos nos perguntar se a inferioridade criada pela guerra dos Trinta Anos alcançou diretamente um elemento nacional nas psiques individuais, ou se ela deu origem a condições sociais inferiorizantes, sem, no início, colocar psicologicamente em jogo os elementos propriamente nacionais etc. É evidente que não precisamos entrar em todos esses detalhes, e podemos, para resumir, falar de um complexo de inferioridade nacional cuja origem remonta à guerra dos Trinta Anos sem maiores explicações. Mas é preciso admitir o fato de que se *poderia* entrar nos detalhes, que essa exploração é permitida, caso contrário, poderia se suspeitar do valor desse tipo de explicação...

Gostaria, então, de assim examinar o que representa psicologicamente a necessidade de independência nacional dos malgaxes. Sem dúvida, eu não poderia ir muito longe: os nacionalistas não chegaram a se submeter a uma análise! Mas algumas observações úteis podem ser propostas.

Em primeiro lugar, não estamos diante de um desejo primário de independência. Tal desejo levaria a procurar diretamente mais independência individual. Pelo contrário, os partidários da independência vincularam-se através de compromissos, e escolheram para isso as palavras mágicas de caráter mais coercitivo que conheciam. Sem dúvida, não se deve ver aí uma contradição. Não é de hoje que se constata desacordo e oposição entre o desejo primário de um certo bem e o ideal coletivo que pode se constituir em torno da ideia desse bem: é assim que somos presos por defender a liberdade, que morremos por uma vida melhor, que nos unimos para defender o individualismo..., mas a banalidade da dificuldade não impede de analisá-la.

O homem que vai preso por defender a liberdade sacrifica assim o desejo primário – a liberdade concreta, presente e individual – por um ideal secundário distante e coletivo. Podemos ter uma ideia clara da relação que existe entre o que é sacrificado e o que é almejado? Referimo-nos à relação psicológica, evidentemente, pois, quanto ao terreno filosófico, moral, político, já há muito tempo foram dadas respostas. Ou então, podemos estar na presença de um simples homônimo entre esses dois tipos de liberdade?

Um homem de extrema-direita é partidário da ordem e sua atividade o leva a introduzir desordem em tudo. O psicólogo indagará então se é um protesto e contra qual aspecto de sua situação pessoal. Pode ser uma compensação da parte de um ser associal, o qual confessa em palavras um ideal social, suprindo através de sua doutrina o que faltou em sua educação familiar. Se conseguirmos responder a essas perguntas, estaremos no caminho correto para desenhar razões concretas e individuais que acabarão por explicar alguns aspectos de uma "mente coletiva" política, contanto, é evidente, que nosso sujeito possa ser considerado como o tipo de um grupo.

É nesse sentido que se deveria tentar explicar a "mente coletiva" malgaxe em matéria de reinvindicações políticas.

Percebemos, inicialmente, que a independência é apenas um meio; o nacionalismo é o fim: os malgaxes não querem absolutamente proporcionar a si mesmos um governo nacional para garantir sua independência... Querem obter independência suficiente para ter um governo nacional (um governo nacional sem independência, evidentemente, não seria um verdadeiro governo). Eles não esperam obter desse governo vantagens específicas, materiais ou políticas. Não esperam, em particular, ser pessoalmente mais livres. Quando os europeus afirmam que a independência lhes trará somente desvantagens nesse domínio, eles não são convincentes: os malgaxes já sabem[1]. Com um governo malgaxe, haveria muito mais arbitrariedade, venalidade, trabalho obrigatório, impostos etc. A opressão política seria mais grave, as sanções mais cruéis. Isso não os detêm.

Os sentimentos que os impulsionam são menos individualistas e muito mais poderosos, se o poder for medido pelos efeitos. Esses efeitos foram uma rebelião a qual indicava uma grande quantidade de energia. Considerando-se que houve, na origem dessa rebelião, muitas intrigas obscuras, influências secretas, mercados interessados, provocações, nada altera o fato de que essas intrigas ou provocações mobilizaram uma energia psíquica disponível que se revelaria considerável. Para um psicólogo, como explicar o fato de que milhares de homens enfrentaram a morte em condições de luta incrivelmente desfavoráveis? Inventaram, para se manter, mentiras que não seriam críveis em circunstâncias normais. Eles empreenderam sem esperanças e perseveraram sem êxito. Contudo, no entendimento de todos, os povos geralmente pacíficos são vistos como pouco corajosos... A energia psíquica colocada em ação era enorme; quais seriam suas fontes?

Essas fontes formam um conjunto bastante complicado no qual é preciso acomodar o sentimento de abandono que já encontramos. Esse sentimento de abandono causou uma grande confusão, tocou em complexos de culpa – os quais, entre os malgaxes, parecem sempre estar relacionados ao abandono. Ao mesmo tempo, em seus esforços para escapar aos horrores do abandono, os malgaxes tentam reconstituir *sistemas de dependência típicos* e adequados às suas necessidades profundas. Enfim, seria necessário dar conta de fenômenos de identificação bastante difíceis de ser explorados, mas que desempenham um papel fundamental nesses tipos de questões.

Mostrarei, mais adiante, como atua a identificação do sujeito com o líder. Mas parece que houve, em certo sentido, identificação do sujeito com o grupo. A consciência que temos dessa identificação é, entre nós, europeus, combatida por um desejo de individualismo igualmente consciente. No entanto, homens – por menos que sejam chauvinistas, nacionalistas, marcados pela inferioridade – não podem evitar certa identificação com o grupo do qual fazem parte. Com ele, constituem uma pessoa. Vamos até supor que eles o critiquem, que o depreciem; estão, *em parte*, criticando e depreciando a si mesmos. Esses processos de identificação são, sem dúvida, necessários à formação do espírito nacional; e é extremamente provável que sejam às primeiras manifestações de um processo desse tipo – aparentemente, outrora ignorado pela maioria dos malgaxes – que acabamos de assistir em Madagascar. Eles supõem, obviamente, uma crise no funcionamento das defesas da segurança fundadas na dependência psicológica, um esforço para restabelecer essa dependência e um recuo neurótico diante da individualização que se confunde, é evidente que com a consciência infeliz (veremos mais adiante citações de Dama Ntsoha reveladoras a esse respeito).

De onde vem essa crise? Como pode nascer um sentimento de insegurança em um momento em que, de um ponto de vista essencialmente objetivo, a segurança real não parecia nem um pouco ameaçada? A ordem que os malgaxes deliberadamente romperam[2] ao se rebelarem lhes assegurava uma vida material muito medíocre, mas bastante tranquila. Havia dificuldades, sem dúvida – o reabastecimento nem sempre era conveniente, faltavam tecidos –, mas eram suportáveis em relação aos riscos enfrentados na desordem e às catástrofes que a ela se seguiram. A nova política acabava de lhes oferecer liberdades e garantias. Não podiam mais ser forçados a trabalhar[3]; estavam protegidos das sanções arbitrárias. Um jornal socialista de Paris pôde escrever a respeito: "É inimaginável que os malgaxes tenham se revoltado contra a supressão do trabalho forçado e do indigenato!" É absurdo, logicamente. Do ponto de vista psicológico é certamente muito mais complicado.

Entre os malgaxes, apesar da segurança objetiva que ela lhes assegurava, a situação não era suportável porque, subjetivamente, ela despertava um sentimento de abandono e culpa.

Sentiram-se abandonados porque não reconheciam mais a autoridade: os europeus[4] discordavam entre si. Diz-se que as divisões de uma nação se enfraquecem diante de uma ameaça estrangeira. A situação colonial transforma de maneira marcante esse ponto de vista. Os europeus não ficam realmente enfraquecidos por suas divergências; é o indígena que sofre. Em especial, porque os europeus discordavam *a respeito dele*. Alguns afirmavam que ele estava livre e o felicitavam por isso. Outros, que essa liberdade era uma ilusão e que só teria consequências ruins. A metade dos europeus encorajava os malgaxes a fazer o que quisessem, como homens livres. A outra metade lhes mostrava uma hostilidade acrescida, complemento psicológico, como vimos, da atitude paternalista. É preciso considerar o devido valor da importância afetiva dos vínculos de dependência malgaxes para compreender a gravidade do sentimento de abandono que os autóctones experimentavam vendo esses elos se romperem de todos os lados. Tal sentimento reativa a culpa de primeira infância, já que a culpa e o medo do abandono parental estão, nessa fase, estreitamente relacionados.

É notável que esses sentimentos tenham se manifestado, no início, por fantasias verdadeiramente alucinatórias. Esse fato pode ajudar a compreender as descrições da Antiguidade em que observamos como os períodos de insegurança são acompanhados de manifestações sobrenaturais, de presságios que anunciam as grandes desgraças coletivas. O medo se concretiza em imagens assustadoras. Seres sobrenaturais vagavam, foram vistos por muitas pessoas. Em Vatomandry[5], um centauro havia semeado terror, as pessoas se trancavam em suas casas. Fatos do mesmo tipo foram anunciados em outros lugares, e muitos tiveram que permanecer desconhecidos, pois os europeus não davam a importância que mereciam, ridicularizavam esses sentimentos de pavor e, por consequência, não favoreciam relatos a esse respeito[6].

Outra prova da extrema suscetibilidade da alma malgaxe à culpa – relacionada, evidentemente, ao medo e à insegurança – é a crença em *tody*. Segundo essa crença, o desejo de prejudicar alguém, em virtude de uma lei mágica do talião, volta-se contra o sujeito culpado desse desejo. *Tody* vem de uma raiz que significa o retorno ao ponto de partida[7]. Sem dúvida, existiram em todos os países crenças do mesmo tipo, ou seja, pode-se revidar as "maldições". Admite-se também, prontamente, uma "justiça imanente" que pune "com aquilo que pecamos". Mas a retaliação dos feitiços supõe uma operação mágica, e a justiça imanente é um consolo diante do espetáculo da injustiça, enquanto *tody* – que representa as más intenções como um *boomerang* perigoso para ser lançado, pois retorna inesperadamente – traduz, por assim dizer, ingenuamente o sentimento inconsciente de culpa e constitui provavelmente a forma mais simples e mais primitiva do remorso.

Porém, uma forma de substituição do remorso é o ressentimento acompanhado de agressividade e ódio.

A violência nasce da culpa, e a culpa tem origem no sentimento de abandono[8]. Os rebeldes mais ferozes foram os ex-atiradores que voltaram da Europa. Expliquei, anteriormente, como nossa influência pode agir nesse sentido. É preciso acrescentar que, para a maior parte deles, o exército representou um sistema de vínculos de dependência muito estreitos e numerosos que substituíram as dependências sociais e familiares. De repente desmobilizados, apesar das precauções que, para os europeus, teriam sido suficientes para amenizar o impacto, encontraram-se em uma situação afetiva de abandono.

A conjuntura psicológica era, portanto, suficiente para levar a sentimentos de hostilidade. A questão que permanece a ser elucidada refere-se a saber como esses sentimentos conduziram à hostilidade explícita, e sobretudo por que os rebelados se agruparam em torno das reinvindicações relativas à independência nacional. Essa ideia, para eles, poderia permanecer bastante vaga, mas tinham uma ideia muito precisa do tipo de líder que necessitavam. Eles sabiam quem queriam; eles os representavam pessoalmente; mencionavam seus nomes. As questões de regime ou constituição lhes eram indiferentes. *Eles queriam tais líderes para poder com estes restabelecer vínculos de dependência tradicionais que tinham sido rompidos e que acreditavam não ser mais possível recuperar com os europeus.* Os rebelados também queriam chefes com os quais pudessem se identificar. Enfim, queriam descarregar neles – não mais pelo ódio – seus dolorosos sentimentos de culpa.

Uma vez presos esses líderes, os malgaxes que permaneceram tranquilos, mas que se sentiam mais ou menos inconscientemente culpados por ter desejado o sucesso da política nacionalista, pediam espontaneamente o castigo exemplar desses homens os quais consideravam, até então, como modelos e heróis, antes mesmo de ter alguma opinião sobre sua eventual "culpa". Eles transformavam os deuses em vítimas, seus heróis em bodes expiatórios, seus santos em mártires, seguindo uma abordagem psicológica essencialmente clássica. Se as próprias autoridades francesas tivessem sido suficientemente "primitivas", se tivessem sido capazes de oferecer à multidão malgaxe seus próprios líderes como vítimas expiatórias (lavando as mãos), teríamos presenciado a renovação dos fenômenos afetivos que, em outra colônia, há aproximadamente vinte séculos, ocorreram entre um povo que também queria lavar seus pecados no sangue de seu próprio cordeiro.

Aqueles que combatiam, ao contrário, não pensavam absolutamente em semelhante sacrifício. Buscavam se livrar de sua culpa através do restabelecimento de vínculos de dependência claros e sólidos nos modelos tradicionais.

Aqui entram em jogo fenômenos de identificação com o líder.

Há sempre, muitas vezes inconscientemente, identificação do sujeito a um líder autorizado e reconhecido. Pois o líder só é verdadeiramente reconhecido como tal (em todos os países) se o sujeito tem o sentimento (com frequência ilusório, mas isso não é importante) de que ele o entende, que adivinha o que vai fazer, que agiria da mesma forma em seu lugar. Um governo pode ter algumas qualidades – ser honesto, previdente, capaz –, e satisfaz apenas à fração da população que possui as mesmas qualidades. Ele se tornará popular apenas a partir do dia em que o homem da massa conseguir inconscientemente colocar-se em seu lugar até sentir que o governo age impulsionado por sentimentos idênticos aos seus. Se essa identificação é impossível, ainda que seja relativamente fácil de ser realizada em tempos normais, então o governo torna-se o objeto da projeção de todos os sentimentos ruins, e ele só pode agir – pensa a massa – pela maldade, interesses mesquinhos, traição, imbecilidade... Se as coisas se passam dessa forma na Europa, onde governantes e governados são da mesma nacionalidade, e onde as personalidades têm a mesma estrutura, há razões ainda mais fortes para que assim também tenha ocorrido na situação colonial. É verdade que os indígenas não são muito exigentes quanto às condições de uma identificação possível. Eles puderam tratar, com satisfação, como pai e mãe, governadores e administradores que nem sempre mereciam essa honra. Mas uma população dominada por uma necessidade de dependência não pode se identificar com líderes que suscitam nela (erroneamente, mas isso não tem importância) o sentimento de que a estão abandonando. Ela nada vê de liberal no afrouxamento dos elos de dependência que lhe são propostos, pelo menos nas condições em que estes são oferecidos: após uma guerra que nos fez duvidar de nós mesmos; após graves divergências no cerne da política interna; no meio de um conflito que opõe colonialistas duros, mas *experientes* a homens políticos que, pregando a liberdade, *não assumem nenhum compromisso*, não têm nada a perder ou a ganhar, e permanecem singularmente mais *abstratos* que qualquer mestre de obras, ainda que fosse um bruto.

    Há cinquenta anos os malgaxes não receberam os franceses, como quem aceita uma autoridade ou um novo patrão. Transferiram para eles sentimentos muito mais fortes; e os franceses, respondendo à sua maneira a esses sentimentos, criaram, sem se dar conta disso, uma situação confortável, ainda que ela fosse fundamentada em um mal-entendido. Desde então, as coisas evoluíram. Hoje em dia, o malgaxe busca projetar em nós seus defeitos e suas más intenções; ele gostaria de se identificar com outros líderes. Não se pode mais acreditar na doutrina segundo a qual conduzimos nossos colonizados para um caminho de progresso (lento, mas contínuo) em direção a um objetivo (distante, mas acessível) que incluiria civilização, assimilação, emancipação... Pois esse caminho, os malgaxes sempre pretendem seguir, mas com outros líderes, e contra nós. Não nos criticam mais por impor a eles nossa civilização; nos repreendem, agora, por negá-la a eles, obstruir o caminho que lhes havíamos aberto. É sem dúvida uma reviravolta *política*; no fundo eles querem *nossa* civilização; eles querem fazer *nossa* política. *Mas não conosco.*

Esses sentimentos são o núcleo do "nacionalismo" e "patriotismo" que sustentavam um programa de independência nacional. Os detalhes do programa podiam ser emprestados[9], e a ideologia podia permanecer imprecisa. Nem os programas nem as ideias serviram como bandeiras. Quando os líderes assim desejados pela massa pleiteavam "a independência no quadro da União francesa", os serviços de Assuntos políticos e de Segurança acreditavam-se muito maquiavélicos ao permitir que outro partido se pusesse a reivindicar, impunemente, a independência absoluta e incondicional. Apesar dessa superioridade, apesar dos jornais à sua disposição, esse partido não teve nenhum êxito porque não tinha líderes; os malgaxes interessavam-se muito pouco pelos programas propriamente ditos. Eles não se viam como partidários da independência (trata-se sobretudo dos malgaxes típicos, pois há aqueles que entendem as questões políticas à nossa maneira); eles designavam a si próprios como partidários dos líderes indicando seus nomes. É por essa razão que as manobras políticas que visavam aos programas não surtiam efeito.

Os partidários dos líderes não eram os rebelados; eram os "nacionalistas", e a revolta armada não parece ter feito parte de seus planos. Os insurgentes pertenciam a tribos mais arcaicas. *Mas eles reivindicavam os mesmos líderes*, o que absolutamente não prova que os líderes haviam autorizado a revolta, evidentemente, mas era o suficiente para que a acusação pudesse sustentar esse argumento, evitando entrar em detalhes.

Desde o início das rebeliões, quando ainda não se sabia nada de específico sobre o contexto político, vimos que os colonialistas exigiram de comum acordo, e sem a mínima hesitação, a prisão dos líderes. Depois exigiram sua execução sem julgamento. Houve uma espécie de pequeno complô, que falhou, para entregar o poder nas mãos dos militares: o objetivo era obter essa execução através da lei marcial (esse pequeno complô tinha evidentemente outras intenções, como todos os complôs; mas era o desejo de obter o "castigo" imediato dos líderes que lhe fornecia suficiente energia afetiva para influenciar a opinião pública e transformá--la em um *movimento* dos colonos, em vez de uma conspiração). O fato é que os colonialistas se preocupavam muito pouco com as responsabilidades e culpas reais: sabiam, sentiam que seus rivais, no coração das massas malgaxes, não eram a liberdade, a independência, a pátria, mas a própria pessoa dos líderes, fossem eles responsáveis, ou não, pela eclosão da revolta[10].

Voltarei, mais adiante, a outros aspectos desses fatos psicológicos; lembremos apenas que o nacionalismo das massas era sobretudo uma necessidade de reatar as dependências nos moldes dos tipos antigos. As dependências organizadas em torno dos europeus não haviam resistido à evolução.

3. Regressão, Estagnação, Progressão

Vimos como a crise que a alma malgaxe atravessa atualmente está associada a uma perturbação do sentimento de segurança. Esse sentimento, na personalidade malgaxe, está condicionado, em primeiro lugar, pela situação infantil e a estrutura das relações familiares. Essa perturbação ocorre quando ficam comprometidas as possibilidades de transferência dessas relações em um meio social em evolução.

É óbvio que a satisfação da necessidade de segurança é exclusivamente de ordem subjetiva; a maneira pela qual é alcançada ou fracassa não tem relação lógica com as condições objetivas de segurança, mas apenas com a apercepção, correta ou não, dessas condições; e a apercepção raramente é correta. Esse fato não deve nos surpreender, pois quase sempre é assim. Sem dúvida, uma personalidade construída de acordo com o modelo ocidental e uma personalidade construída a partir do modelo dependente não podem ter a mesma apercepção subjetiva das mesmas condições reais, mas tanto uma como a outra, sem ter nada a invejar a esse respeito, são capazes, quando as necessidades de segurança são sentidas intensamente, de se lançar em aventuras e aceitar altos riscos como preferíveis a uma insegurança imaginária. Se não fosse assim, jamais haveria guerras ou revoluções.

Pode-se dizer, em linguagem vulgar, que as massas humanas sempre conheceram o medo "mau conselheiro" e os pânicos que fazem correr para "a boca do lobo". Porém, tais reações neuróticas não ocorrem nas mesmas circunstâncias, o que explica o fato de os europeus não compreenderem facilmente a necessidade de segurança dos malgaxes, por mais próxima que seja da sua própria, na essência de sua natureza. Eles imaginam que as reações dos malgaxes são o despertar de uma barbárie instintiva, insuficientemente domada; e, ao mesmo tempo, sem se deter na contradição, querem ver nela o resultado de algum cálculo hipócrita e mal-intencionado preparado sem nenhuma pressa, por trás do véu impenetrável de um *rosto* no sentido oriental da palavra. A ideia ingênua de que os "colonizados" são ainda, no fundo, *bárbaros*, e que a barbárie nada mais é que uma certa juventude dos instintos naturais, é aceita sem discussão, sem nos darmos exatamente conta de quais teorias vagas ela tem em sua origem[1]. No que se refere à crença em um cálculo e más intenções veladas, pode ser que essa se justifique quando se trata de alguns indivíduos fortemente contaminados pela psicologia europeia. Mas a massa *que fornece energia psíquica* sem a qual os cálculos nunca seriam mais do que más intenções, como existe em toda parte, é, ela própria, vítima de fenômenos psicológicos mais velados, pois aqueles que são sujeitos desses fenômenos não os compreendem muito melhor do que aqueles que veem neles apenas efeitos. O historiador e o juiz atribuem uma importância essencial às intrigas e aos cálculos, mas o psicólogo conhece sua banalidade e sabe que só se tornam nocivos quando podem mobilizar uma poderosa energia afetiva como aquela liberada por um sentimento de insegurança.

Para entender melhor a natureza do sentimento de segurança e o lugar que ocupa em uma personalidade dependente, é necessário primeiramente analisá-la em nós mesmos. Temos, de fato, uma tendência a recalcar aquilo que pode subsistir da dependência original em nós e, na medida em que não nos aparece em seu lugar em nós mesmos, temos dificuldade em percebê-la nitidamente nos outros. Convém, portanto, primeiramente investigar as relações de dependência e da necessidade de segurança no europeu típico de hoje.

É através de uma regressão afetiva que o europeu recorre à dependência infantil para satisfazer uma necessidade de segurança, em uma situação em que sua segurança esteja seriamente comprometida, isto é, diante de dificuldades que ele não sabe ou não pode manejar. Tais dificuldades despertam em nós um sentimento de impotência paralisante, o qual é um sentimento da infância, como se pode facilmente imaginar. Assistimos, então, a um retorno à magia, à reza, à evocação da imagem tutelar da mãe ou de seus substitutos, processos subjetivos de proteção que não podem deixar de ter alguma relação entre si. Além dessas situações, onde nossa impotência explode, pretendemos ter à nossa disposição meios de proteção radicalmente diferentes, aos quais atribuímos um valor muito maior, até mesmo *todo* o valor, garantindo assim que os outros são fracassos da verdadeira adaptação, por conta de falhas justificáveis ou regressões neuróticas. Além dessas regressões, é com nossa habilidade técnica que podemos contar; depositamos toda nossa confiança nas leis de uma natureza que ignora nossas preocupações e acolhe nossos planos com indiferença. É nesse sentido que nossa atitude difere radicalmente daquela do não civilizado. Para entender essa diferença, é necessário que examinemos os fundamentos psicológicos de nossa confiança em nós mesmos.

Essa confiança não é baseada na constatação dos sucessos de nossa técnica; ou, pelo menos, essa constatação não seria suficiente se não houvesse outra coisa. Todos os povos, por mais atrasados que sejam, conhecem técnicas regularmente bem-sucedidas, e, no entanto, esses êxitos não são capazes por si só de fazê-los seguir os mesmos caminhos que nós. De fato, o efeito de semelhantes êxitos permaneceria muito limitado se não se apoiasse na estrutura de uma personalidade bastante livre da dependência. Todos os planos, todos os cálculos fundados em uma técnica saudável podem sempre, de fato, ser frustrados pelo acaso, um acidente, um imprevisto. O determinismo das leis da natureza, a respeito do qual temos certeza, só é verdadeiramente válido em um ambiente experimental abstratamente recortado em um universo desconhecido; o cientista pode estar seguro quanto ao futuro quando se trata da experiência que desenvolveu em seu laboratório – mas, se baterem à porta, ele ignora o que pode lhe acontecer; e uma vez sujeito à angústia, sua confiança nas leis da natureza, nesse momento, lhe é inútil. Ele necessita uma verdadeira virtude moral, ou seja, coragem, confiança na sorte, confiança em si mesmo. A essa virtude, Descartes – que conhecia e, talvez, até mesmo superestimava o poder do saber científico – deu um nome que não foi mantido; denominava-a "generosidade".

A atenção que Descartes dedicou a essa virtude é reveladora: permite-nos adivinhar a luta que ele deve ter enfrentado com o sentimento de insegurança. E foi essa luta que o tornou um dos mais emblemáticos entre os heróis da mente moderna. Podemos tomá-lo como exemplo a título de inventor, de fundador ou divulgador dessa garantia ocidental que nos interessa nesse momento. O estudo do caso de Bacon, ou de Auguste Comte, ou muitos outros, sem dúvida, seria igualmente instrutivo. Porém, veremos o valor representativo de Descartes, e como ele pode nos ajudar a compreender a questão que nos ocupa.

Sua biografia, ainda que seja uma biografia filosófica, a biografia de um homem que vivia sob uma máscara e não fazia confidências, é, no entanto, suficiente para as necessidades de uma análise sucinta. Não sabemos exatamente quando, nem onde, ele descobriu que a indecisão era o maior dos males: e, no lugar desse segredo, ele nos deu apenas uma teoria heroica da vontade capaz de lhe proporcionar segurança e resolução, mesmo no momento em que ele coloca absolutamente tudo em dúvida. Mas sabemos a razão pela qual ele precisou dessa teoria, e por que teve que criar para si uma imagem do mundo de onde fossem excluídos o vazio, o acaso e o Gênio Maligno, um mundo em que um homem sozinho, desde que estivesse determinado a fazer o seu melhor, seria capaz de não se preocupar com as consequências imprevisíveis de suas ações.

Sabemos que ele teve uma infância adoentada e que os médicos o tinham condenado a morrer jovem. Essa condenação errônea é, sem dúvida, a causa da confiança que ele ousou depositar mais tarde na possibilidade de criar uma nova medicina capaz de prolongar quase infinitamente a vida humana, e é preciso ver aqui a reação de um ser que, tendo deixado de contar com os outros, descobriu a necessidade de contar apenas consigo mesmo. Por causa desse veredicto dos médicos, os pais o colocaram, pouco a pouco, em uma situação de abandono, enviando-o inicialmente ao campo e, posteriormente, à escola. Ele não conheceu sua mãe; e – um fato muito marcante, o qual seus biógrafos assinalaram apenas de passagem – foi persuadido de que ela havia morrido no parto na ocasião de seu nascimento; é o que ele escreve à princesa Elisabeth. Mas isso não é correto. Sua mãe morreu durante o parto de outra criança, que não sobreviveu. Seja como for interpretado esse erro, ele prova como a imagem da mãe é muito perturbadora para ele. Se houver alguma dúvida disso, deve-se considerar suas relações com as mulheres, tão estranhas, pois ele se interessa apenas por serviçais e princesas reais, rejeitando as mulheres de seu mundo, em relação às quais ele declara preferir a filosofia! Nós o vemos, cumprindo um voto, efetuar uma peregrinação a Notre Dame de Lorette. Mas, como se essa peregrinação liquidasse o que podia restar dos laços com uma imagem materna, pouco tempo depois, ele colocará os votos desse tipo entre os *excessos*, a quantidade de promessas pelas quais se inibe algo de sua liberdade. É sem nenhum intermediário (sem nenhuma *intersecção*) que ele se dirige a um Deus simultaneamente geômetra e livre, que sustenta o edifício da ciência e a validade da razão humana, e garante o progresso de um homem sozinho mobilizado por um firme propósito. É assim que Descartes se tranquiliza, ensinando aos outros uma nova forma de segurança, no centro de um mundo de onde ele excluiu, ou quis excluir, qualquer proteção do tipo maternal, um mundo em que é possível dispensar tanto a ajuda como a autoridade de outros.

Essa atitude é de tal forma representativa da mente ocidental que qualquer mente curiosa que aborde outra civilização, como Gobineau, no início de *Religiões e Filosofias na Ásia Central*, esforça-se em imaginar que efeito teria uma tradução do *Discurso do Método* na língua do país, qual seria a influência em uma mentalidade radicalmente diferente da nossa. Fazermo-nos essa pergunta é um excelente exercício[2]. Em tais condições, porém, um texto como esse permanece completamente incompreensível. Seu entendimento consideraria uma transformação total da personalidade. Descartes, de fato, para vencer um sentimento de insegurança, aceitou, como vimos, colocar-se imediatamente, em uma situação de abandono. Para vencer a angústia, ele se posiciona no próprio centro dela, no centro de um mundo que desmorona, mas no qual permanece em pé, confiante em si mesmo, ainda que cercado do erro ou do engano universais. Apesar das aparências, não se chega a tal resultado apenas pela "razão demonstrativa". Necessita-se de outras bases psicológicas.

Em uma personalidade que mantém vivos os laços originais, não é a indecisão que, como em Descartes, é o maior dos males; ao contrário, é o abandono. Para que ela possa seguir Descartes, necessita de subterfúgios: projetar a imagem da mãe sobre a natureza; ou então separar a ciência *isolante* e uma filosofia *comunicante*. Pascal, por exemplo, bem que tentou seguir o caminho de Descartes; apresentava tanta excelência quanto ele, talvez até mais, nas ciências da natureza, no entanto não encontrou ali nenhum remédio para sua insegurança, pois não deixou de se debater com uma situação de abandono.

Ele também teve uma infância adoentada, mas com que energia ele se apegou à sua família! "Ele não suportava, diz Marguerite Perier, ver seu pai e sua mãe próximos um do outro... Ele gritava, debatia-se com uma violência excessiva; tudo isso durara mais de um ano; durante esse período, o mal aumentava; Pascal chegou a tal extremo, que era visto como prestes a morrer..." e isso quando tinha um ano de idade! Como, com um complexo de Édipo tão precoce, teria vivenciado a morte de sua mãe, que ocorreu quando ele tinha três anos? Isso não nos é informado; sabemos como ele transferirá inicialmente o apego para sua irmã. Vemos essa necessidade de comunhão desviá-lo da ciência, em função da "pouca comunicação" com os outros homens que ela proporciona, e também porque é impossível demonstrar tudo pela razão, tanto que ela esclarece apenas um ponto no infinito: todo o resto é somente obscuridade e silêncio assustadores. Procura, em vão, adaptar-se ao mundo, recusa o entretenimento e acaba por se voltar para um Deus que nada tem em comum com o de Descartes, pois permite o apego pessoal e cura o abandono. Enquanto Descartes é o homem do abandono que renunciou à proteção materna, Pascal é a criança perdida na floresta que procura sua mãe por toda parte. Até o final de sua vida, com uma ambivalência complexa, ele nunca deixará de reivindicar e recusar simultaneamente a ternura e os afetos familiares...

Se Descartes nos fornece um modelo da personalidade ocidental, apoiada em um abandono que ela transforma em autonomia, Pascal nos mostra como são temíveis os obstáculos que podem ser levantados no caminho dessa liberação; os dois desenham relativamente bem o que há de essencial na mente moderna, capaz de oscilar da racionalidade mais presunçosa, para a magia mais infantil, pois o ocidental típico está preso entre o desejo (ou a obrigação) de se libertar de seus laços familiares e o desejo de reatá-los. Percebemos essa oscilação todas as vezes que a segurança é colocada seriamente em questão. O soldado na guerra, por exemplo, pode contar com sua expertise para lidar sozinho e escapar do perigo. Nesse sentido, ele se assemelha a Descartes. Porém, pode também levar consigo talismãs e amuletos da sorte. Carrega com ele imagens de seres a quem é apegado. Ele diz que é para enganar a ausência, mas isso não é completamente correto, e não se trata somente de ausência: a essas imagens é atribuído um valor maior em função do perigo que o rodeia. Se for ferido ou feito prisioneiro, ele as expõe. Dizemos que é para tocar ou causar piedade. Mas, evidentemente, é um gesto de proteção. Enfim, é inútil descrever os inúmeros exemplos para mostrar que o ocidental fica dividido entre a segurança do homem sem mãe, como Descartes, e a preocupação daquele que, como Pascal, procura sua mãe por toda a parte.

Mas a sociedade moderna estimula sobretudo a atitude cartesiana. Ela afirma que a ação positiva é a única defesa contra a insegurança. O resto não passa de superstição sem valor, ou com valor apenas em "um outro mundo"... Trata-se aqui de um imperativo social, e não de uma lição da razão e da experiência. Para que se dê conta de quanto tal atitude é extraordinariamente heroica, é preciso se colocar em pensamento no lugar de um "não civilizado", já que essa atitude obriga *a desprezar por decreto todos os perigos diante dos quais, se os considerarmos ingenuamente, teríamos um sentimento de impotência*. Não é nenhum exagero dizer que encontramos esses perigos, tais como são, nos pesadelos, quando nossas defesas relaxam. E, nesse sentido, o "não civilizado" pode viver em um pesadelo contínuo, se não conseguiu escapar ao abandono, se não percebe, em seu entorno, a presença de poderes protetores originais. Nele, está ausente a força que permite ao ocidental "deixar seu pai e sua mãe" e viver por sua conta, passar pelo abandono para alcançar uma autonomia que o não civilizado não imagina, e, caso a concebesse, a rejeitaria com pavor.

Afirma Raoul Allier:

O primeiro [o civilizado] nós o definimos: o ser humano que, mesmo aprisionado pela crença na magia, não é dominado por ela, é capaz de refletir, de deliberar e concluir como se ela não existisse. Definiremos o segundo como o ser humano para o qual a crença na magia determina o essencial da vida interior.[3]

À maneira de Lévy-Bruhl, em sua conferência de Oxford, seria deixar um pequeno terreno comum ao civilizado e ao não civilizado, e procurar enfatizar o desenvolvimento *intelectual* do primeiro. Mas o não civilizado é capaz de raciocinar e concluir como se a magia não existisse, na condição, o que é raro, de que seu sentimento de segurança não esteja em causa! E o civilizado, ao contrário, será dominado pela magia, de uma forma ou de outra, se seu sentimento de insegurança aumentar para além de certos limites. Seria melhor dizer, deixando de enfatizar o desenvolvimento intelectual: o civilizado decreta (e se apega a esse decreto tanto quanto pode) que apenas a ação positiva é eficiente, apesar dos fracassos que possa encontrar; e ele declara insignificantes os perigos que permanecem, apesar dessa ação, pelo menos enquanto não estiverem presentes. Além disso, quando cede à magia, ele tem consciência pesada. O não civilizado ignora o decreto. Ele reconhece a eficácia da ação positiva, quando não suspeita de qualquer perigo, mas nada o protege deste, mesmo imaginário, a não ser o recurso à imagem da segurança tal como ele a conheceu em sua infância, o que o leva à magia. E, agindo assim, não tem nenhuma consciência pesada, pelo contrário, pois se apoia em um saber coletivo, em uma doutrina aprovada pelo grupo. Compreende-se então a razão pela qual o indígena que se busca civilizar pode se revelar sujeito a pânicos aparentemente inexplicáveis. Todos os observadores os notaram e relataram. No que se refere aos merinas, encontraremos exemplos desses pânicos coletados por Cailliet[4]. Mas, em contrapartida, seria necessário observar – porque também é surpreendente – a supressão completa do medo quando estão em jogo as práticas supersticiosas, e mesmo nos indivíduos que poderiam ser considerados suficientemente colonizados ou civilizados.

Na ocasião de um ataque dos "rebeldes" contra Antelomita, em pleno país merina, a trinta quilômetros de Antananarivo, destaca-se entre os mortos um pastor malgaxe que mantinha apertado entre os dentes o pequeno pedaço de madeira atado a um barbante, e que constitui o *ody basy*, o amuleto protetor contra os fuzis. Ele é colocado na boca no momento do perigo. Esse fato, no qual talvez nosso leitor tenha dificuldade em acreditar, foi publicado, na época, nos jornais de Antananarivo, e ninguém em Madagascar mostrou-se surpreso. Um pastor protestante merina, por mais mal treinado, não pode passar por um "primitivo", e em todo caso teve a oportunidade de refletir sobre as crenças mágicas. Qualquer que tenha sido, aparentemente, o resultado dessas reflexões no momento do perigo real, ele regrediu sem dificuldades para o estágio dos menos evoluídos. Da descoberta de fatos desse tipo, os europeus de Madagascar, alheios à suas próprias tendências à superstição, não deixam de extrair argumentos para apoiar convicções puramente racistas.

No entanto, um grande número de colonizados são bastante civilizados para abandonar a magia, pelo menos aparentemente, mas, não a abandonaram sob a pressão das constatações experimentais, ou pelo menos essa pressão não teria sido suficiente. Como, por exemplo, abandonar o encanto contra os jacarés em virtude de uma experiência? Como seria essa experiência? Que um portador de encanto foi capturado? Porém, isso não prova nada, porque sempre se supõe que ele estava em estado pecaminoso, seja qual for a natureza do pecado. Os encantos são colocados de lado porque a preocupação é suprimida. Esse fato ocorre não porque ajudamos diretamente o malgaxe a construir melhor sua personalidade, mas porque lhe damos a impressão de que o perigo objetivo foi afastado. Sua visão do mundo se modificou, tentarei dizer como, e a presença dos europeus teve como efeito tornar esse mundo mais seguro. O pai reconforta seu filho pegando em sua mão, ainda que o perigo não diminua por essa presença – se se tratar, por exemplo, do medo de trovão, a mão paterna, objetivamente, nada pode fazer, mas, a atitude tranquila do pai atua pela sua própria tranquilidade. Da mesma forma, não é diretamente através de experiências de física, por mais convincentes que sejam, que poderíamos obter esses resultados. Discutirei mais adiante o valor pedagógico – em certas condições psicológicas – do pensamento experimental; porém, as experiências isoladas do sistema não teriam mais efeito nos indígenas do que têm em nós a magia dos ilusionistas. Pudemos lutar contra a magia dos "primitivos" indiretamente, pela organização do meio social. Para vender e comprar, para pagar impostos, para registrar os nascimentos e os falecimentos, instituímos uma nova maneira de estar em situação regular e ter a consciência tranquila. Até mesmo a religião importada, que passou a ser, como vimos, uma questão quase unicamente social, tornou-se fácil e tranquilizadora. Se quisermos concretizar as coisas, um homem que tem *um papel* – título de propriedade, recebido pelo cobrador de impostos, termo de confissão – pode colocar um pouco de lado a magia, assim como um hipocondríaco que abandona por um tempo um centavo furado ou uma ferradura como amuletos porque tem uma receita médica. Essa atitude reflete-se naturalmente nas preocupações contra as quais, objetivamente, nenhum papel pode proteger, o medo de jacaré ou de fantasmas. Essa visão que proponho pode parecer ousada, pois nunca foi devidamente considerada. Mas como compreender de outra forma uma série de fatos paradoxais? Por exemplo, há alguns anos, escalei a montanha Ambondrombe. Essa montanha é o lugar onde se reúnem os mortos de toda a ilha, e onde os ouvimos, à noite, tocando o tambor. Os malgaxes a mantêm proibida e nunca a visitam. Caso alguém se aventure a ir, descobre o Lago mágico, e morre. No entanto, os Betsileo-Tanala que me acompanhavam como carregadores não mostravam nenhuma preocupação. Questionados, explicaram que haviam sido recrutados oficialmente, e que levávamos conosco os *taratasy fanjakana*, ou seja, papéis de administração. Não que esses papéis tenham um valor mágico! Eles tranquilizam de outra forma, colocam fora do domínio mágico. De que forma papéis podem proteger pessoas que se aventuram em um deserto povoado apenas por fantasmas? Podem fazê-lo porque, em outros domínios, eles são tranquilizadores.

A situação não permite, portanto, realmente afirmar que houve um progresso mental definitivo. O dia em que se tiver dúvidas quanto à administração e seus papéis, retornaremos à magia. Em 1974, os mesmos Betsileo-Tanala estavam nas primeiras fileiras dos insurgentes e gritavam *rano, rano*, para transformar as balas em água.

Retornarei, mais adiante, aos problemas colocados pela aquisição e o desenvolvimento do pensamento experimental.

Notemos, desde já, o caráter fetichista da atitude de meus carregadores. Antigamente, para ficar tranquilo, era necessário estar na própria casa, entre amigos e familiares. Era preciso ter testemunhas. Hoje, podemos nos contentar com o testemunho que carregamos em nós. Resulta disso, em todos os sentidos, um esboço da libertação do indivíduo[5], que se sente mais livre porque circula com os papéis e ao mesmo tempo é libertado de certas crenças projetadas no solo estrangeiro. Esse efeito liberador e libertador dos novos métodos administrativos é mais importante para a formação da personalidade do que teríamos pensado em uma primeira abordagem.

Talvez o método que empregamos já fosse o melhor; organizando e administrando as coisas e as relações, acabamos por transformar as pessoas. Mas, então, essa transformação é mais lenta e frágil que o esperado. E à medida que a administração em Madagascar, assim como em outros lugares, torna-se cada vez mais mecânica e impessoal, acabamos, em uma espécie de aposta, por tentar modificar as personalidades atuando na periferia, mantendo-nos à distância, evitando contatos verdadeiramente humanos.

4. A Administração e a Psicologia

Vimos o papel que desempenha a regulamentação administrativa à medida que ela é capaz de moldar a vida dos malgaxes. Os funcionários indígenas encontram um lugar tranquilizador, não pela vantagem de dispor de um salário e uma aposentadoria, mas em função de uma rede de dependências complexas que os enquadra em uma ordem sem muita flexibilidade. Quanto aos malgaxes não funcionários, a administração, em certo sentido, pode libertá-los instaurando uma nova espécie de boa consciência, uma nova maneira de estar em situação regular, muito diferente das antigas, as quais, aliás, ela contamina, como pudemos ver. Enfim, fornecendo-lhes um estado civil, carteiras de identidade, papéis diversos, ela proporciona as bases materiais de uma personalidade concebida em um modelo que não se parece com aquele que eles conheciam. Esses regulamentos e papéis são mais individualizantes do que as antigas ligações entre as pessoas do grupo. Assim, a dependência pode ser transferida para um objeto distante, abstrato e quase imaginário, o *Fanjakána* (ou seja, o governo), e essa transferência a atenua. Os quadros podem se alargar e deixar mais espaço ao desenvolvimento da personalidade.

Examinemos, no entanto, mais de perto a atitude do malgaxe frente a frente com a autoridade administrativa para tentar especificar as nuances pelas quais ela se diferencia da nossa.

Admitimos que o objetivo de qualquer regulamento é satisfazer a um ideal de justiça. Se a administração parece, em nossa perspectiva, ter frequentemente perdido de vista esse ideal, somos convencidos de que é por uma degradação, da qual podemos tomar partido, mas não sem lamentá-la. A causa dessa degradação está em uma substituição de motivos: resulta disso um regime que ninguém aprova sem reservas, e que designamos sob o nome de "burocracia". A célebre frase de Goethe em que ele atribui um valor maior à ordem do que à justiça pode tocar nossa personalidade de tal modo que ela nos pareça chocante: ela ameaça em nós, de fato, uma reivindicação imperiosa, uma "sede de justiça" que consideramos de muito valor, e que estaríamos até mesmo dispostos a declarar sagrada.

O malgaxe ignora essa reivindicação. Não que seja incapaz de exigir seu direito e obter justiça, mas não lhe parece que, entre sua aspiração e seu ideal, a regulamentação, o processo e mesmo a legalidade tenham levantado sobretudo obstáculos. A atitude de Alceste – que desperta em nós sentimentos talvez ingênuos, mas certamente sempre vivos – é quase incompreensível para o malgaxe. Podemos adivinhar a razão disso: Alceste não quer levar em conta a "situação" em que um sistema de relações o coloca; ele quer uma justiça absoluta, independente da lei, do processo, dos precedentes. Esse é o efeito de uma reivindicação individualista; e, para formulá-la, é preciso em primeiro lugar ter o sentimento de seu próprio valor em si mesmo, em oposição ao social. O malgaxe nunca avançou por esses caminhos, para os quais só podemos ser impelidos, sem dúvida, por certa medida de inferioridade.

Para ele, a administração é como a que o administrador acaba por imaginar. Este admite implicitamente que o motor da atividade humana é o egoísmo. A regulamentação, na hipótese mais otimista, é um sistema de meios e obstáculos destinado a transformar o egoísmo em benefício do interesse geral. E, na hipótese mais cínica, o administrado egoísta é, no mínimo, retido ou paralisado por um sistema de obstáculos e formalidades difíceis – o que proporciona à própria administração a oportunidade de exercer, em boa consciência, um poder um pouco sádico.

O malgaxe não considera que o fato de fundar a atividade humana no egoísmo seja uma concepção desfavorável da realidade: ele não interiorizou as defesas sociais e dificilmente tem, como a maioria de nós ou Gonzalo, o sonho (anarquizante) de uma sociedade de homens de boa vontade na qual a regulamentação seria inútil. O europeu mais cínico teve primeiro, mais ou menos conscientemente, esse sonho; seu próprio cinismo resulta do fato de que foi obrigado a recalcá-lo. O malgaxe nunca constituiu semelhante ideal. Ele aceita a concepção mais administrativa da organização social sem segundas intenções, com uma boa-fé que pode ser a única explicação do extraordinário desenvolvimento de tudo o que é administrativo em Madagascar.

Não apenas ele aceita a administração dessa maneira, mas a estende a domínios para os quais ela não foi planejada; é encontrada até na vida familiar, em que o pai, influenciado por aquilo que conhece dos nossos métodos, acaba por administrar sua família em função de regulamentos mais ou menos explícitos[1]. Seria um erro acreditar que essa situação privilegiada do espírito administrativo em Madagascar é o resultado de um esforço de expansão de parte da própria administração; ao contrário, esta foi como que sugada pela facilidade com a qual o malgaxe lhe dava espaço; parece que ela preenchia um vazio. Como se deve compreender esse fato?

Para o malgaxe, as leis se posicionam em duas grandes categorias: as maneiras (*fomba*) e os decretos (*didy*). Em uma perspectiva como a do kantismo, com um ponto de fuga metafísico, os decretos da cidade e as leis da natureza acabam por coincidir no reino dos fins. O malgaxe não tem nenhuma ideia, mesmo distante, dessa unidade. As *fomba* são a natureza: a forma das plantas, o instinto dos animais, os hábitos constantes, os costumes, os costumes sociais bem estabelecidos são indistintamente as *fomba*. Os decretos vêm das autoridades: pais, ancestrais, poderes sobrenaturais vagos que constituem o destino. Um decreto pode ser a ordem de mudar os costumes. Se a autoridade inspira confiança, deve-se mudá-los, mas há muitos perigos nisso. Mudar os costumes suscita um sentimento de insegurança e culpa. Normalmente, os decretos só deveriam atuar respeitando as *fomba*, e as *fomba* não poderiam prever tudo. Portanto, é preciso, na medida do possível, navegar "com destreza", para obedecer simultaneamente às *fomba* e aos decretos.

A posição exata do malgaxe não é, portanto, fácil de entender, pois, de um lado, se curva a todas as formas administrativas; de outro, segue as *fomba*, acima de tudo. Na realidade, ele tentou adicionar os dois domínios, justapondo-os, convencido de que um não colocaria em risco o outro. Foi incentivado a isso por causa da atitude dos colonizadores, que estavam decididos a respeitar as *fomba* e a desenhar a rede das regras administrativas de maneira a encontrá-los o menos possível. Compreenderemos melhor o modo como o malgaxe concebe o papel dos decretos e da administração se traçarmos o retrato do líder ideal aos seus olhos – é uma projeção da imagem do pai que reina em nome dos mortos, imagem bastante diferente daquela do pai que reina em virtude do poder paterno. O bom líder, cuja imagem o malgaxe concebe de forma espontânea, não emite decretos desnecessariamente. Ele é um exemplo. Olhamos para ele, e ele inspira confiança. Respeita as *fomba*, e todos os respeitam. Ele tem o coração em paz, e o país desfruta da paz. Ele não precisa de nada, e não falta nada a ninguém. Escuta com benevolência todas as opiniões, não tem nenhuma própria. Ele decide e delibera questões quando nada mais se pode fazer a respeito; então todos obedecem porque não se pode agir de outra forma. Essa imagem do líder, guardião da ordem e da paz através do respeito por todos as *fomba* emanados dos mortos, é interessante a ser considerada, pois permite compreender o comportamento do malgaxe e sua atitude na vida.

Sem dúvida, os malgaxes evoluídos, dessocializados ou inferiorizados têm atitudes completamente diferentes, com uma carga de ressentimentos e reivindicações que faz com que sua imagem do líder se aproxime da nossa. Mas, mesmo entre eles, a imagem tradicional não é tão distante. Desenvolvendo-se segundo suas próprias leis, a administração europeia veio inevitavelmente a transformar o país, ao entrar em conflito com os costumes. Se não se adapta bem, o malgaxe não está preparado a pensar que seja por falha de organização ou erro na montagem dos mecanismos. Por uma ciência profundamente enraizada, ele sabe que o mal vem do fato de os costumes terem sido afetados, e sente-se culpado por tê-los mudado. Se o Office du riz[2] quase causou fome, os malgaxes evoluídos não ignoram o fato de que isso se deu em razão de fraudes, do mercado negro e de diversos erros; de fato não o ignoram na medida em que souberam obter benefícios disso de forma pouco honesta. Mas o malgaxe típico sabe que o arroz falta na marmita quando as *fomba* são atingidos. Não julga necessário ser considerado o mecanismo pelo qual a falta leva à sanção[3], aliás, é bastante difícil compreender, exceto para os economistas, no caso deste exemplo. O europeu tem dificuldade para compreender o fato de que, diante de um decreto, o malgaxe nunca opõe uma recusa; e se ele não pode escapar "com destreza", ele obedece, ainda que violando as *fomba*; mas, como já disse, a partir desse momento, os acidentes serão considerados por eles punições merecidas. Existe, portanto, uma possibilidade para a administração de modificar as *fomba* com a anuência dos próprios malgaxes, mas na condição de que não ocorra nenhum inconveniente, ainda que acidental. Os carregadores que me acompanhavam em Ambondrombe, assegurados pelos *taratasy fanjakana*, teriam me abandonado sem nenhum escrúpulo caso eu tivesse me ferido ou adoecido gravemente: eles teriam visto em tal situação a punição pela imprudente violação das *fomba*.

Quando o malgaxe, ainda pouco evoluído, diz que os líderes brancos são deuses (*Zanahary*), e o malgaxe colonizado os denomina pai e mãe (*Ray aman-dreny*), não se trata de ingenuidade nem de adulação; é uma reação de defesa contra a preocupação. Os brancos comandam, e não se pode escapar à suas ordens. Procuramos acreditar que eles exercem um poder providencial, assim temos menos a que temer. Mas, às vezes, os brancos são incapazes de compreender a importância da transferência da qual, nesse sentido, são objeto; se tivessem essa compreensão, enquanto brancos, sentiriam quão pesado é o fardo da responsabilidade que eles assumem. Até mesmo o padre Vincent Cotte é levado ao engano quando escreve:

Não convém mencionar certas discrepâncias ou exageros de linguagem às quais os malgaxes estão habituados. Eles dizem, por exemplo, a um europeu: você é um deus, *anao Zanahary*, uma adulação, às vezes interesseira, pela qual o menos modesto dos brancos não se deixa enganar. O poeta em nós já disse coisas semelhantes.[4]

Sem dúvida, existem aduladores entre os malgaxes, mas nesse caso particular estes imitam um sentimento real, eles não o inventam. Os povos, e não apenas os povos coloniais, tentam transferir para os ombros de sua administração ou de seus líderes o fardo que outrora a Providência carregava alegremente. Se não esquecemos o fato de que facilmente as transferências podem, de positivas, tornarem-se negativas, aquele que é objeto delas deixa de considerá-las como floreios de retórica...

Essa confiança que o malgaxe deposita em nós nem sempre pode ser justificada pelo acontecimento. Ao abandonar as *fomba*, ele abandona partes de sua personalidade – não pode preencher o vazio com *taratasy fanjakana*, por mais que esses textos oficiais tenham sido, sobretudo no início, objeto de valorização excessiva.

Ao abster-se de reivindicar para a justiça no sentido em que o entendemos, pronto a aceitar todos os regulamentos, mas pronto também, diante do primeiro incidente, a sentir-se culpado de ter abandonado as *fomba* tradicionais, disposto a valorizar a autoridade no mais alto grau, o que permite lutar contra essa culpa, o malgaxe não é absolutamente capaz de resistir explicitamente, enquanto indivíduo, em um sistema abstrato que ameaça invadir sua liberdade legítima. Todas as reclamações e protestos – caricaturais, mas observadas de forma muito precisa por Courteline, menos pitorescas, mas cotidianas em toda a administração da Europa, mesmo o simples mau humor diante dos guichês que é uma satisfação concedida ao individualismo, essas contínuas desobediências a coisas mínimas que também são gestos de protesto de que muitos europeus sentem uma urgente necessidade –, tudo isso é completamente estranho ao nativo. Por exemplo, jamais um indígena pedirá "o registro das reclamações". Ele tentará obter satisfação através de relações pessoais, através do "protetor", através de presentes – que são tradição – e que vão até a corrupção, sem a menor consciência pesada.

Alguns europeus, na Europa, comportam-se aproximadamente como os malgaxes; são pessoas "bem-educadas", que se submetem com obediência, mas que, por meio de suas relações, chegam a privilégios desonestos. O rabugento courtelinesco pertence à classe das pessoas medíocres, pessoas gravemente inferiorizadas. As pessoas "bem-educadas" a quem me refiro acabam por perder o senso da justiça, e a moral corrente os censura. Os outros são censurados em nome das boas maneiras e desprezados porque suas reações são reações de impotência. O malgaxe não se sente objeto de nenhuma censura. Sem inferioridade e sem superioridade, mas profundamente dependente, joga com a administração um jogo que não pode imaginar de outra forma. A administração colonial encontra, nesse sentido, um terreno favorável para seu desenvolvimento, multiplica os regulamentos e "se flexibiliza" de maneira perigosa levando em consideração, de forma não oficial, evidentemente, as situações e as relações pessoais, sobretudo nos mais baixos escalões: os líderes de cantão malgaxes são capazes de, simultaneamente, aplicar regras com o formalismo e o pedantismo mais absolutos e levar em conta as relações pessoais, situações sociais e modestos – mas frequentes – presentes que eles aceitam sem se sentirem prevaricadores.

Mas essa atitude fácil não deve nos enganar: o malgaxe não pode ceder sem transferir para nós sentimentos muito poderosos. A ausência de válvulas de segurança corre o risco de manter pressões veladas e duradouras. Inibidas, retardadas, as reações não são anuladas. Elas constituem um recuo, uma reserva de energia que só vem a explodir em decisões extremas, tão brutais quanto um *amok* coletivo. Aliás, ele mesmo ignora a existência dessas reservas. *Elas o tornam sempre mais submisso e dócil,* até o momento quase imprevisível em que descobre a necessidade – muito condenável aos seus olhos – de desobedecer, ou seja, odiar com um ódio violento a autoridade, com sentimentos que remetem aos de um parricida.

Essa maneira de ver, à qual minha análise conduziu, será facilmente admitida por qualquer um que já esteja familiarizado com esse tipo de investigações psicológicas. Mas, para certos estudiosos das questões coloniais, minhas conclusões correm o risco de parecer surpreendentes, e eles ficarão tentados a vê-las apenas como um produto de minha imaginação. Gostaria também de acrescentar a este capítulo, como uma espécie de apêndice, três notas suplementares para ajudar a considerar a conclusão.

1. A tese que penso ter verificado é a de que o malgaxe em processo de colonização transfere para o colonizador sentimentos de dependência, cujo tipo original deve ser buscado no campo das relações afetivas que unem a criança ao pai. No europeu, esses vínculos normalmente sofrem uma sublimação ou uma eliminação mais ou menos radical, mas no malgaxe eles evoluem sem modificação profunda e se mantêm nas estruturas sociais e no culto dos mortos. Porém, essa proposição não está, de forma alguma, em desacordo com o que puderam constatar observadores que empregam métodos completamente diferentes. É o caso de Émile Cailliet, que, em seu *Ensaio Sobre a Psicologia*

dos Hova, editado em 1924, mostra o malgaxe incessantemente "oscilante" entre o desejo de seguir como guia, ora "o ancestral", ora o "estrangeiro", ou seja, o branco.

Eis em que termos se expressa ele:

> Inicialmente o ancestral reina com um poder absoluto. Ele é o princípio gerador de vida. É um despossuído invejoso. Amamo-lo e o tememos; também o adoramos [...].
>
> Depois [o malgaxe] se encontra de repente na presença de um plano que intercepta o seu bruscamente. Tudo para ele é novidade, encantamento... [ele] lança-se para esse plano novo que exerce sobre ele a misteriosa atração do proibido. No início, é uma euforia, uma hipertrofia da moda. Alguns jovens partem para a Europa sem preparo suficiente; eles se jogam de cabeça em nossa cultura, se embebedam de fórmulas mal digeridas. Ao retornar a seu país, eles se desesperam. Não são compreendidos, mas são sentidos como imbuídos do poder dos brancos. Os *vazaha* que se encontram na região não se deixam enganar por essa meia-ciência. O novo civilizado que tinha festejado o estrangeiro se encontra subitamente decadente. Vendo que não é levado a sério pelos europeus, o indígena se fecha em si mesmo. É nesse momento, então, que o ancestral, que espiava esse movimento, retoma seus direitos. Tu serás o meu profeta e eu me tornarei teu deus.
>
> Daí esses seres com uma psicologia bizarra que se começa a encontrar em Imerina (1924), que agem como ancestrais com modos de estrangeiro a serviço de um costume ultrapassado. Que o estrangeiro se enfureça e veremos surgir uma multidão de heróis nacionais.
>
> *Assim, não há evolução regular, mas oscilação entre dois planos, em uma série de conflitos entre o ancestral e o estrangeiro*, até que uma via praticável tenha sido aberta para conduzir de um para o outro [...].
>
> Alguns movimentos só podem nascer quando há circunstâncias que concorrem de forma propícia. Esses despertares nacionais são apenas episódios de um mesmo conflito profundo, como função *de um meio em que a cristalização opera alternativamente em torno do ancestral e do estrangeiro*. Assim, quando o estrangeiro parece vencer, o ancestral permanece, invisível, no campo de batalha, espiando a hora da vingança...[5]

Não surpreende que esse texto, na época em que foi publicado, não tenha tido toda a atenção que merecia. De fato, nessa época, a situação política não permitia prever claramente uma grave reviravolta da transferência, como aquela que presenciamos desde então. E, por outro lado, se Émile Cailliet demonstrou uma intuição psicológica extraordinária que lhe permitiu descobrir a fonte do comportamento malgaxe sem que ele tivesse à sua disposição os meios para analisá-lo, sua descoberta permaneceu, de fato, muito intuitiva. Ela não foi bem divulgada, e a apresentação não foi convincente. Seus leitores podem tê-la tomado – e provavelmente a consideraram assim – como uma peça retórica. No entanto, o essencial está lá, e ele é o único observador que o notou: a transferência de um conjunto de sentimentos que tinham como objeto, inicialmente, o ancestral e que são dirigidos ao estrangeiro (a cristalização); seu caráter de *oscilação alternativa*; a culpa (a atração *pelo proibido*). Também notou o *abandono*, com o "fechar-se em si mesmo".

Os erros da descrição se justificariam também pelo seu caráter muito intuitivo. Afirmei que compreender o outro significa dispor e arranjar de certa maneira, em si mesmo, seus próprios pensamentos e suas próprias imagens. Todo retrato é também um "retrato do artista". É a análise do espírito *colonial* que destacaria os erros de detalhe, e não a análise da "mentalidade" malgaxe. Por que o malgaxe fica à vontade na Europa, apesar de sua "meia-ciência", e subitamente se vê *decadente* em seu país? A meia-ciência é "festejada" na Europa, mas não pode ser levada a sério em Madagascar. Cailliet não se perguntou por que os colonizadores eram tão exigentes em matéria de ciência, caso contrário, teria visto necessariamente que a ciência e a meia-ciência nada têm a ver com isso. Por outro lado, não é quando o "estrangeiro" *se enfurece* que o malgaxe recorre a seus protetores tradicionais, os ancestrais; é quando se coloca em dúvida sua força e capacidade de proteger; ele se vê, então, em perigo. Enfim, esses mecanismos psicológicos não são válidos apenas para os malgaxes que estiveram na Europa, ou que sofreram uma forte influência europeia.

Não menos importante é o fato de que, em sua intuição *apaixonada*, em que percebemos, aliás, *que ele está perturbado pela imagem do malgaxe que se emancipa*, Cailliet, de repente, foi muito mais longe que todos os observadores imparciais e objetivos, os quais, após terem descrito tudo o que se observa desses costumes, acabam por concluir que o malgaxe é impenetrável.

2. Minha tese não é, portanto, tão original, pode-se perceber, que não pode ser considerada como a formatação de intuições que compartilho com outros observadores que consideravam as mesmas populações usando métodos completamente diferentes.

Como contraprova, trata-se de examinar agora os resultados obtidos pelos mesmos métodos aplicados a um sujeito um pouco diferente. Veremos a que conclusões chegou o inventor desses métodos, Freud, examinando fatos resumidos por Frazer em *O Ramo de Ouro*. Esses fatos se referem à maneira pela qual algumas populações "selvagens" se comportam frente a frente com seus líderes de mesma raça:

Nas monarquias, o senhor vive apenas para seus súditos. Sua vida só tem valor enquanto ele cumpre as obrigações de seu cargo, enquanto regula o curso da natureza para o bem de seu povo. A partir do momento em que ele negligencia ou deixa de cumprir suas obrigações, a atenção, a devoção, a veneração religiosa da qual ele gozava em mais alto grau *transformam-se em ódio e desprezo*. Ele é perseguido vergonhosamente e se considera feliz quando consegue salvar sua vida. Hoje adorado como um deus, amanhã ele pode ser assassinado como um criminoso.[6]

Um etnólogo não precisa se perguntar por que e como a adoração se transforma em ódio. Não é nem mesmo necessário, aliás, sair da Europa, como iremos ver, para descobrir semelhantes reviravoltas afetivas. Aldous Huxley, em uma anedota irônica, propunha a criação de uma nova forma de antropologia, que ele denominava *anthropology at home...* Mas essa ciência existe, é justamente a análise psicológica do inconsciente. Seu fundador, em *Totem e Tabu*, debruçou-se sobre o texto de Frazer que acabo de citar, e mostrou como podemos encontrar na análise da mente neurótica dos "civilizados" um meio de entrar na mente que denominamos "primitiva":

O quadro que o paranoico reproduz em sua mania de perseguição é o das relações entre a criança e o pai. Aquela atribui regularmente uma semelhante onipotência a este, e constatamos que a desconfiança em relação ao pai está diretamente relacionada com o grau de poder que lhe foi atribuído. Quando um paranoico reconheceu seu "perseguidor" em uma pessoa de seu entorno, ele a elevou, por esse fato, ao nível de um pai, ou seja, a colocou em condições que lhe permitirão torná-la responsável de todas as desgraças imaginárias das quais ele é vítima. Essa [...] analogia entre o selvagem e o neurótico nos mostra até que ponto *a atitude do selvagem em relação ao seu rei reflete a atitude infantil do filho em relação ao pai*.[7]

Freud não deveria ser levado a dizer que seu "selvagem" seria um paranoico ou que a mente "primitiva" seria uma mente patológica. Ele quer mostrar nesse texto que o comportamento patológico e o comportamento "primitivo" têm um divisor comum, que é o comportamento infantil, comportamento infantil esse que sobrevive – em condições bem diferentes – no "primitivo" e no psicótico. As condições são diferentes, evidentemente, pois no primeiro essa sobrevivência é estimulada e mantida por todo um sistema social que prolonga de fato e perpetua, confortavelmente, a posição infantil.

Observamos que seria suficiente aproximar o texto de Cailliet daquele de Freud para lançar as bases corretas de uma psicologia dos malgaxes. Cheguei lá por outro caminho, refletindo especialmente, no início de minha investigação, sobre minha própria posição de branco em meio a uma situação colonial. Esse fato me permitiu encontrar com muita dificuldade aquilo que podia ser lido em todas as letras, e em poucas linhas, no fundador da análise. Mas esse esforço não foi em vão, pois é a ele que devo ter conseguido evitar – *talvez*, pois, nesse sentido, é preciso ser cuidadoso – os erros que decorrem justamente dessa situação colonial; por exemplo, os de Cailliet, apontados por mim.

3. Seria necessário, para concluir minha justificativa, o testemunho de um malgaxe. Compreendemos o quanto isso é difícil; um documento desse tipo nunca pode ser interpretado. Poderíamos considerar, constituindo tal testemunho, a exposição das dificuldades com as quais se debateu um malgaxe meio europeizado, Dama Ntsoha, que cito no capítulo seguinte. Porém, Dama Ntsoha não é suficientemente típico. Aqui está a tradução de uma canção *tsimihety*, popular e, por consequência, completamente típica, que descreve a chegada dos brancos a Madagascar[8]. É um *sova*, isto é, um poema descritivo humorístico. Pode ser útil para mostrar como a *imago* paterna facilmente encobriu a imagem dos primeiros colonizadores.

Sova momba ny Vazaha (poema descritivo dos brancos)

Comment les Vazaha ont conquis cette terre:
Ces êtres extraordinaires vênus d'au-delà des mers arrivèrent rapidement.
Ils avaient des souliers de fer, des vêtements de tôle,
Des boutons étaient ranges sur leur bas-ventre.

> Leurs moustaches étaient rouges comme du piment.
> Leurs yeux étaient gris comme ceux des chats.
> Ils baragouinaient dans leurs navires, ils parlaient dans les boutres[9].
> La langue de ces étrangers, nous ne la comprenons pas.
> Je suis très étonné de toutes ces choses.
>
> Un libre fut lancé de Bourbon.
> Un papier fut lancé de Tananarive.
> Libérez les esclaves, disaient les étrangers.
> Menteries, mensonges, dirent les Hova.
> Quand bien même la terre craquerait et le ciel se fendrait
> Nous ne rendrons pas la liberté aux esclaves.
> On envoya cinq cent mille chevaux
> Et deux mille soldats suivirent.
> Ils traversèrent les mers don't ne voyons pas la fin.
> Je m'en irai, dit la reine Ranavalona.
> Où irez-vous, lui dit le premier ministre?
> J'irai au sommet de l'Ikongo, où sont les entourages de cactus,
> Où ne peuvent porter les longs fusils se chargeant par la culasse.
> Lorsqu'on les décharge, les balles se perdent dans les rochers.
> Les rochers sont hérissés de pointes comme les obus.
> Pour rendre les chemins faciles, il faudrait emporter des marteaux.
> Après une semaine de marche, on n'est pas encore au sommet de la colline.
> On ne peut arrêter les Vazaha venus d'au-delà des mers.
> Les soldats débarquent à Majunga.
> Ils allèrent directement à Tananarive,
> Conduits par un *Koranely*.
> Les femmes et les enfants tremblaient.
> La reine Ranavalona tremblait aussi.
> Les Hova ne purent même pas prendre leurs vêtements.
> Le pays que les Vazaha ont conquis est pacifié.
> Il n'y a plus de brigands, les esclaves sont libérés.
> Les étrangers aux yeux bleus sont vraiment puissants.[10]

O caráter bem-humorado desse texto ingênuo não impede que ele ofereça à análise ensinamentos úteis. Notemos, inicialmente, a necessidade de insistir, aumentando-os, em todos os traços que fazem dos europeus seres quase sobrenaturais. Podemos captar ali, talvez, o nascimento de um certo tom *épico*. Trata-se de criar fantasmas passíveis de receber a transferência de sentimentos muito poderosos, sem que permaneça nenhuma aderência equívoca às antigas imagens tradicionais da autoridade. Outro traço digno de destacar: as novas autoridades são poderosas e terríveis, mas essa constatação é motivo de exaltação e alegria, e o autor não faz nenhuma referência ao medo. O poder dos novos senhores é tranquilizador: como foram violados antigos costumes, é necessário que os novos senhores sejam verdadeiramente senhores; sem isso, a culpa seria muito pesada. Vemos também como é despertado e liquidado o complexo de Édipo: a mãe (aqui a rainha) e seus filhos (o povo) e até mesmo o tio materno, o rival natural do pai (aqui o primeiro-ministro), submetem-se à nova imagem paterna cujo poder é simbolizado pelos fuzis longos. (Na realidade, os lebels eram menos longos que aqueles utilizados pelos malgaxes[11].) O *koranely* é, por um lado, uma deformação da palavra "coronel", conhecida em sua versão inglesa, mas é também uma palavra malgaxe que designa um ser sobrenatural. Por outro lado, os bandidos e os rebeldes em relação à autoridade são designados por uma mesma palavra; alegramo-nos por não haver rebeldes: não nos sentimos ameaçados, porque não nos sentimos culpados. Libertamos os escravos, ou seja, derrubamos a antiga ordem. Seria um contrassenso psicológico acreditar que o autor da música pode julgar essa libertação em si mesma, enquanto reforma liberal, o que somos tentados a fazer, emprestando-lhe nossos próprios sentimentos. Para que ele vivencie as coisas dessa maneira, seria preciso que, em seu inconsciente, ele se identificasse com um escravo... Ainda que fosse um antigo escravo, um malgaxe não ousaria se mostrar feliz com essa liberdade, nem mesmo sentir uma alegria velada a ponto de experimentar reconhecimento por seus libertadores. Se estes últimos derrubaram o costume, melhor ou tanto faz para os escravos, mas não se trata do *interesse* destes no sentido em que nós entenderíamos... *Agora que assumiu essa responsabilidade frente aos malgaxes*, o novo senhor se comprometeu; torna-se alguém com quem se pode contar, com possibilidades de exigências das quais dificilmente temos uma noção exata, porque ele substitui os pais[12] e deve proteger contra tudo. Ele estaria em uma posição completamente falsa se acreditasse que pode se limitar a simplesmente esperar reconhecimento pelo *bem* que fez, pois não fez o bem! Ele instaurou uma *mudança*, carrega a terrível responsabilidade em seus ombros e alegramo-nos simplesmente pela impressão de que tem ombros tão firmes...

5. O Que Fazer?

Não se trata de extrair dessas análises psicológicas um método de administração, tampouco conclusões políticas. É evidente que uma análise desse tipo não autoriza verdadeiramente tais conclusões. Ela é como a planta de um terreno na qual são indicadas servidões, implantações de antigas moradias, canteiros de obras mais ou menos prósperos – tal planta determina muito pouco os projetos que poderão ser elaborados por um arquiteto, o qual se adaptará ao que já existe, ou o eliminará (pagando o preço por isso), conforme queira fazer uma prisão modelo ou um parque para as crianças. As informações da planta são válidas, em ambos os casos...

A pergunta "O que fazer?" coloca-se, evidentemente, por si mesma, mas ela não se resolve pelo fato de ser apresentada. O leitor que esperaria aqui um roteiro não encontrará nada disso; ele poderá entender melhor, talvez, como a pergunta se coloca – e ainda, de um ponto de vista unilateral, o da psicologia. A política – concebida como o projeto de atuar, utilizando forças de Estado, sobre a evolução das coletividades humanas – tem seu ponto de partida absoluto em uma *escolha*, em uma *decisão*, a qual não é metapsicologicamente livre, nem psicologicamente determinável. Sabemos que os problemas são os mesmos na condição individual, e um verdadeiro psicólogo *nunca aconselha nada*.

Questionado, certa vez, sobre a melhor maneira de educar as crianças levando em conta os ensinamentos da psicanálise, Freud respondeu: "O que quer que façamos, faremos mal." Um tal julgamento pode surpreender hoje, após os progressos inesperados da psicopedagogia, mas esse pessimismo não pareceria excessivo na época, da parte de alguém cuja profissão era dedicada a ver todas as dificuldades e pesar os riscos que assume ao intervir; e ainda mais, quando se limita a aconselhar. Atualmente, se nos perguntarmos quais as aplicações práticas que poderíamos fazer da psicologia, em matéria de política e de administração coloniais, ficaremos tentados a retomar a resposta de Freud sobre a educação de crianças. Podemos apenas esperar (do mesmo modo que o desestímulo do fundador da psicanálise não se mostrou mais justificável aos olhos de seus sucessores após o sucesso de suas experiências) que progressos posteriores foram capazes de nos elucidar melhor.

Enquanto isso, ainda que não saibamos nitidamente a extensão do mal involuntário que podemos provocar com boas intenções, podemos ter certeza de que não evitaremos completamente essa responsabilidade nem os riscos, optando por nos abster. No domínio da pedagogia, alguns educadores influenciados pela opinião de Freud quiseram reduzir ao mínimo suas intervenções; nem por isso evitaram danos. A criança tratada assim cai em um sentimento de abandono, cujas consequências funestas os psicanalistas sabem avaliar melhor do que ninguém.

Existe, certamente, algo de arbitrário em aproximar os problemas de colonização a problemas pedagógicos. Os povos coloniais são povos adultos; e podemos acusar aqueles que os consideram como compostos por "crianças grandes" de terem segundas intenções paternalistas ou, pelo menos, uma atitude paternalista inconsciente. Tal acusação não é sem fundamento. Mas, sem dúvida, é muito tarde para discutir a respeito. Somos obrigados a partir de uma situação de fato, e essa situação envolve um aspecto de paternalismo. Há muito tempo que falamos dos povos coloniais como se estivessem sob tutela; e as dificuldades atuais são, em grande parte, disputas de emancipação. Isso ocorre devido a razões profundamente enraizadas na natureza das relações humanas, tal como podem ser instituídas em uma situação colonial. Os europeus não trouxeram o paternalismo como importaram o álcool ou a varíola; mas o paternalismo nasceu lá mesmo, da situação interpsicológica que se desenvolveu e das relações que puderam se estabelecer entre dois tipos de personalidade. Imaginar, enquanto permanece essa situação, que poderíamos engajar uma luta direta contra o comportamento paternalista dos europeus coloniais seria adotar uma atitude moralista, recusar ver as realidades e cair em um idealismo impotente. Seja lá o que façamos, será preciso partir da situação presente. Por outro lado, nossas relações com os povos coloniais se inscrevem em *uma história* e não resultam da aplicação de um regulamento ou de um contrato. É fácil modificar um contrato, mas é quase impossível adivinhar como essa modificação influirá na evolução histórica.

Pode ocorrer que um pai muito severo tome consciência das consequências nefastas de sua severidade excessiva; ele pode então tentar se tornar mais indulgente, e até mesmo, não intervir mais de jeito nenhum. Mas, se toma tal decisão, mais do que nunca agirá no sentido oposto, pois sua nova atitude vai desencadear na criança reações que ele não tinha previsto. É nesse sentido que se deve procurar a explicação do paradoxo de que o ódio contra as autoridades se manifesta sobretudo quando estas parecem cheias de boa vontade! Uma transferência não é liquidada pelo simples fato de ser recusada por aquele que é seu objeto.

A situação de abandono que resultaria da emancipação brusca e total dos países coloniais pode muito bem ser considerada o ponto de partida de uma crise que, com o tempo, poderia resultar em um progresso real. Podemos defender essa tese; mas é preciso observar o que ela implica. De fato, estamos comprometidos com as populações coloniais em relações que se tornaram muito desagradáveis, e quanto mais delicados somos, mais desagradáveis elas são... Podemos romper essas relações; mas isso não pode ocorrer sobretudo pela satisfação de nossa consciência e nossa delicadeza. Sem dúvida, é muito difícil avaliar se, dessa forma, realmente melhoramos a situação daqueles que abandonamos, e que até mesmo traímos, pelo menos no sentido que Künkel dá a essa palavra...

Existe aí um problema, evidentemente, que ultrapassa a compreensão da psicologia propriamente dita. Só podemos, aqui, assinalar e tentar colocá-lo de forma clara: uma atitude, que podemos designar pelo nome de "colonialismo", consiste em fundar a autoridade do europeu em uma superioridade que é sentida como um direito ou afirmada como um fato, conforme a associamos à raça ou a explicamos por um nível de civilização mais elevado. Essa atitude tem graves inconvenientes. Mas a atitude inversa, ou seja, o abandono puro e simples, independentemente de como seja justificada (por egoísmo, deixando nesse sentido uma dificuldade que nos pede um enorme esforço, ou pelo liberalismo, dizendo que os homens são livres por natureza), não é necessária e completamente boa, pelo simples fato de ser o inverso de uma má atitude! É possível, acontece com frequência, que uma terceira atitude, menos nitidamente observável, seja a melhor.

Apenas, essa terceira atitude pode ser antecipadamente definida, em termos de intenção... *Estamos no mundo da história*; entramos nele de costas; é preciso uma certa ingenuidade para acreditar que poderíamos traçar de antemão o plano que uma história deveria respeitar. A esse respeito, o constrangimento atual dos teóricos políticos diante da situação colonial deveria ser considerado, socraticamente, como um grande progresso. As doutrinas desmoronaram, embora permaneçam vestígios psicológicos que demorarão muito tempo para serem apagados. Um reboco doutrinário é, felizmente, muito difícil nos dias de hoje. Podemos também esperar que seja possível, agora, tratar as dificuldades reais, que começamos a perceber nas fissuras da ideologia.

Ao contrário do que poderíamos acreditar, a psicologia não permite desenhar melhor um projeto de política colonial, não mais, se quisermos, do que, a partir do estudo de uma doença, se pode desenhar um projeto de um hospital ou as regras de sua administração. O leitor ficará, sem dúvida, às vezes, tentado a tirar conclusões morais ou políticas de minhas análises; por exemplo, encontrará bons argumentos para condenar em bloco toda a colonização[1]; encontraria nela também argumentos contra uma atitude liberal! Porém, essas conclusões não são legítimas. Elas se assemelham àquelas que poderíamos tirar do estudo das neuroses, se buscássemos ali argumentos para condenar a civilização atual, seja com a intenção de reformá-la, ou de fazê-la retroceder. A única conclusão legítima que podemos tirar de minhas análises no domínio das *atitudes globais e gerais* é que muitas coisas vão bastante mal em uma situação colonial, e isso por razões mais complexas do que as que imaginamos normalmente; além disso, muitas soluções propostas não foram suficientemente estudadas,

das quais não se tem certeza de que algum dia resulte um ativo considerável. Mas esse tipo de conclusão nada tem de original. Chegaríamos ao mesmo resultado analisando vários outros tipos de situações (o casamento, a família, as relações econômicas etc.).

Só resta, portanto, àquele que age, uma alternativa, a de assumir suas responsabilidades em nome de suas ideias morais e políticas – e não tentar se esquivar delas, alegando ter vínculos com a situação de fato. Isso é evidente, como é evidente que a situação de fato existe, e que, para agir, é preciso "levá-la em conta". Sentir-se paralisado pela situação de fato e fazer projetos utópicos e irrealizáveis é, aliás, a mesma coisa; e a psicologia nos mostra que essas duas manias vão juntas. Isso é verdade em política como em qualquer outro lugar.

É apenas sobre a existência de uma situação de fato psicológica a qual se deve "levar em conta" que tenho algo a dizer. É verdade que o problema da compreensão dessa situação pode dar lugar a observações práticas.

Por exemplo, seria possível fazer alguma coisa para uma melhor *compreensão* inter-racial? (O que não é a mesma coisa que um bom *acordo*, aliás, pois pode-se entrar em entendimento, frequentemente, por um projeto limitado, ou mesmo, na condição de "não se justificar...").

Quanto ao problema colocado pela educação das crianças, problema esse que me serviu de exemplo, admitiremos sem dificuldade que a primeira coisa a fazer, qualquer que seja a pedagogia que preferimos, é o de poupar as crianças das reações neuróticas do entorno.

Vimos como a situação colonial tende a favorecer esse tipo de reação. No caso da pedagogia, o problema não é fácil, e a dificuldade é apenas deslocada, já que, frequentemente, para ajudar uma criança, seria preciso reeducar dois adultos. Na situação colonial, no entanto, é mais fácil atuar em alguns milhares de europeus do que em alguns milhões de nativos, sobretudo quando só se pode atuar nos últimos através dos primeiros. Além disso, a população europeia é ainda relativamente pouco fixa; ela se renova periodicamente em grande parte, o que torna possível um plano psicológico, desde que mantenha pretensões bastante modestas e aceite ser a longo prazo.

A vocação colonial que assegura o recrutamento dos funcionários e dos colonos está longe de ser, como mostrei anteriormente, uma garantia de aptidão psicológica. Um mínimo de orientação é tão desejável nesse domínio que certamente será instaurado nos anos vindouros – e isso, talvez, para satisfazer a algumas demandas dos próprios colonizados! Não se tem certeza, contudo, que ele seja, desde o início, concebido como deve ser, e que dediquemos à psicologia afetiva a parte que ela merece. Já existem meios de explorar a afetividade de um sujeito; e a utilização deles não exige muito mais tempo do que as diversas vacinações hoje obrigatórias; porém, não podem ser empregados antes que as dificuldades psicológicas que se revelam em uma situação colonial tenham sido sistematicamente estudadas. Tal estudo supõe que os diferentes elementos de uma população colonial, brancos e negros, teriam sido acompanhados em seu desenvolvimento psicológico. A administração colonial pode ter, evidentemente, o sentimento de que não tem o que fazer com um documento psicológico desse tipo; contudo, é desse mesmo modo que os aviadores acreditaram, no início, que eles podiam dispensar as informações de uma meteorologia que não lhes inspirava confiança. Tivemos muita dificuldade em fazer com que a administração colonial levasse a meteorologia a sério. Todos, hoje, têm noção da quantidade de vidas humanas que teriam sido perdidas sem ela; no entanto, teríamos perdido menos do que o custo dos erros psicológicos tão grosseiros, que, algum dia, ainda nos surpreenderemos com o fato de que puderam ser cometidos; mas, por enquanto, nada nos pode garantir contra o retorno periódico dos mesmos erros.

No entanto, podemos temer, no dia em que seria reconhecida a importância das investigações psicológicas, que esses estudos sejam, em virtude de sua própria importância, seguidamente distorcidos pela preocupação em aplicá-los com segundas intenções. De modo que, talvez, seja melhor que os administradores os ignorem e que permaneçam um tema de investigação desinteressada.

Seria, em todo caso, uma certa ingenuidade querer passar de um estudo genérico como o que realizei para aplicações imediatas! Ainda não existe, para tais aplicações, bases suficientes ou mesmo ambiente que as tornasse possíveis. Particularmente, encontraríamos nos territórios coloniais poucas pessoas capazes de uma compreensão, ainda que superficial, dos verdadeiros problemas psicológicos.

Nas escolas onde jovens se preparam para uma carreira colonial, deveríamos incorporar aos programas um curso relativamente aprofundado da verdadeira psicologia moderna. O fato de um administrador começar sua carreira com lacunas em economia política ou em história resulta dos inconvenientes que não parecerão muito graves em vista daqueles que têm origem em uma atitude psicologicamente corrompida. A ideia que ele terá a respeito do que representam seu prestígio e autoridade aos olhos das populações nativas pode levar, se for errônea, a outras graves consequências! As belas análises de Lévy-Bruhl ou de Frazer, as teorias gerais, até mesmo as mais modernas, não terão, nesse sentido, nenhuma utilidade[2]. Por outro lado, um administrador tende a considerar os estudos psicológicos como tendo a função de lhe revelar, magicamente, a mecânica mental de seus administrados, a fim de facilitar sua tarefa. Uma vez adotada tal posição, nada de válido se pode fazer. A psicologia *útil* é aquela que permite ao administrador ter uma melhor compreensão de si mesmo diante do indígena; é também a mais difícil, e é quase improvável que possa ser aprendida em contexto escolar...

A Europa ofereceu, outrora e sem dificuldades, um tipo de colonial que se viu apto a dirigir as populações nativas. Não há dúvida de que é a existência desse tipo que tornou possível a colonização. Era o *vazaha* da canção *tsimihety* que citei acima, o suboficial de bigodes grandes, que não estava preocupado com pequenos detalhes e cuja autoridade se impunha por qualidades de coragem, de franqueza, de justiça ingênua e bondade rude. Esse tipo sobrevive, em Madagascar, apenas em algumas amostras que se tornam caricaturais com o tempo... São vestígios de outra época, e não se pode mais esperar dela nada de útil.

A causa do desaparecimento desse tipo heroico e pitoresco não é o acaso. Esse desaparecimento é, ao contrário, um sinal de evolução que ocorreu imperceptivelmente, mas de forma implacável, desde há meio século. Já dei a entender que é preciso relacioná-la à maneira pela qual se transformou a autoridade paterna no interior das sociedades ocidentais.

Os tipos coloniais de hoje não se beneficiam mais dessas cores das figuras d'Épinal[3] nem desse prestígio... São formas de degradação ou de transição, os Próspero ou os Crusoé que começam a duvidar de si mesmos... *Sentem-se em inferioridade diante das imagens paternas dos heróis da colonização*, cujas lembranças eles invocam incessantemente, em vão, aliás, como discípulos, ao mesmo tempo, assegurados e paralisados pela memória dos grandes ancestrais. De uma perspectiva puramente psicológica, parece desejável livrá-los dessa lembrança esmagadora, que se tornou inutilizável; pior que isso, obstrui o caminho. Seriam necessárias, para liberá-la, entre os recursos da psique ocidental, as qualidades que podem permitir a inserção bem-sucedida em uma situação inter-racial. É ilusório tentar traçar antecipadamente o que poderá ser o homem branco digno de representar nossa civilização junto às populações que ainda hoje denominamos coloniais. As relações entre os brancos e essas populações evoluirão em seu conjunto; a ideia que temos da colonização não tem mais, evidentemente, um futuro muito longo em sua forma atual.

Pode ser ainda mais útil tomar consciência das possibilidades de evolução. Elas são mais indefinidas do que se pode acreditar, e nada é completamente fatal. Os verdadeiros obstáculos são, ainda hoje, os mesmos encontrados por Shakespeare na alma de Caliban e na alma de Próspero. É bem possível que eles façam tão parte da natureza humana, tal como a conhecemos, que estudá-los seja de pouca utilidade, e que não deva nunca existir outra psicoterapia verdadeiramente coletiva que não aquela que denominamos política[4].

Mas, mesmo nesse caso, os indivíduos isolados que aprendem, através da análise, a conhecer a si mesmos diante de uma situação colonial, podem ser um fator de evolução que não devemos absolutamente negligenciar. Não imaginamos uma catarse coletiva; mas um novo tipo de personalidade não teria, talvez, a necessidade de representar uma porcentagem marcada em uma coletividade para modificá-la em seu conjunto; resta apenas muita indeterminação a respeito da natureza possível dessa modificação.

O "SELF-GOVERNMENT"

Não podemos, já tenho afirmado, partindo de constatações psicológicas, deduzir uma doutrina de política colonial, mesmo que a psicologia fizesse aparecer todos os inconvenientes inerentes a essa política. Se a condenamos, é preciso que seja em nome de princípios de outra natureza. Para retomar um exemplo já dado, quem melhor que um psicanalista pode conhecer os inconvenientes do casamento? Contudo, quando criticamos o casamento enquanto instituição, não pode ser em nome da psicanálise! É necessário apresentar outros argumentos. No entanto, qualquer um que se propusesse a modificar o regime matrimonial por causa de seus inconvenientes faria bem de, antes de fazê-lo, informar-se junto aos psicanalistas; é provável que após essa consulta identifique melhor onde estão as dificuldades.

Da mesma maneira, toda doutrina colonial baseia-se, explicitamente ou não, em um estado de fato constatado e pretende fornecer um remédio para males que primeiro devem ser descritos, com os meios disponíveis para essa descrição. Portanto, é razoável esperar que se observe uma nova descrição reagir às concepções doutrinárias. Existe, nesse sentido, um campo um pouco nebuloso e confuso que, até certo ponto, permanece aberto ao psicólogo.

O psicólogo que considera dessa maneira a situação atual não se sente tentado em colocar muita esperança nas reformas inspiradas na tradição política, não que tais reformas não possam ter um valor em si mesmas, tampouco trazer grandes vantagens, mas elas não são um remédio para os males essenciais da situação. Por exemplo, é justo (de um ponto de vista humano, moral ou político) conceder um direito de sufrágio a todos os nativos adultos. Mas os efeitos dessa reforma serão muito diferentes em condições psicológicas diferentes. Pudemos constatar, por exemplo, que em Madagascar uma reforma desse tipo foi feita em um certo momento e em circunstâncias tão mal escolhidas que resultou disso uma regressão psicológica, uma inversão da transferência, uma explosão de hostilidade baseada em culpa – e nem falarei sobre os efeitos não menos desastrosos que ela teve sobre a psicologia de grande parte dos europeus coloniais. O papel da psicologia é compreender a razão desses efeitos, e não atribuir um julgamento sobre a reforma que, em outras condições, poderia ter um efeito satisfatório. Se admitimos que as mesmas medidas podem ter efeitos positivos ou negativos segundo as condições psicológicas, seremos levados a admitir que essas condições psicológicas podem ser um importante tema de estudos.

Desse modo, podemos ter a impressão de que reformas de inspiração política modificam a situação não por um efeito direto, mas sempre por efeitos indiretos, que parecem *acidentais*, porque são produzidos por mecanismos que o reformador nunca leva em consideração e que escapam às suas preocupações. Além disso, ocorre que o psicólogo pode ser obrigado a considerar as reformas que um homem político europeu pode conceber, em matéria de administração colonial, *como meios de se acomodar com as exigências de sua própria consciência,* mais do que como uma forma de ajudar as populações coloniais em suas dificuldades. Essa necessidade de reformas honra aquele que a sente fortemente; e uma vez que a situação colonial constitui uma situação interpsicológica, seu aperfeiçoamento supõe que todas as necessidades psicológicas sejam satisfeitas da melhor maneira, incluindo as dos europeus, ainda que estas tenham sua origem em um sentimento de culpa, sentimento esse que teria efeitos bem mais nocivos se não se acalmassem por uma vontade de reformas concebidas como generosas. Enfim, essa generosidade se expressaria ainda melhor se os esforços dos reformadores fossem concebidos de tal forma que resultariam em uma melhoria efetiva, e não simplesmente em um *choque*, cujos efeitos imediatos são aleatórios e os efeitos distantes, perfeitamente imprevisíveis.

Podemos admitir não apenas como uma extrapolação legítima das tendências atuais, mas também como um objetivo sob muitos aspectos bastante desejável, que uma parte cada vez maior das responsabilidades administrativas acabará por recair sobre os próprios autóctones. Porém, esse fato não pode facilitar o problema de nossas próprias responsabilidades, pois continuaremos a ocupar um lugar importante no pensamento do autóctone; ele nos observará, nos imitará, nos amará ou nos odiará, mesmo quando for, legal e objetivamente, o dono de sua própria sorte, do mesmo modo, podemos dizer, que um jovem emancipado continue a manter uma imagem do pai ou da mãe, com a qual nem sempre é fácil acomodar a dos pais reais que lhe entregaram sua liberdade! Mas a comparação é bem fraca. A importância do europeu será bem maior de fato, e sua influência real permanecerá, mesmo em uma "colônia" que se tornou autônoma, na qual ele residirá apenas como hóspede. Aliás, se considerarmos a situação psicológica de hoje, podemos compreender muito bem o fato de que uma reforma política conduzida até a autonomia completa não seria uma solução para as dificuldades psicológicas, pois nem o colonizador nem o colonizado conseguiria se adaptar a ela: seria como pedir a Caliban e a Próspero que se entendessem em condição de igualdade, a Próspero de ser o hóspede de Caliban, a Caliban tratá-lo como tal. É suficiente dizer que essa mudança de *status* não iria, por si só, no sentido de um avanço nas relações humanas. Ou, se preferirmos, essa mudança de *status*, se pudermos realizá-la, constituirá a prova de um avanço decisivo de suas relações; é o objetivo a que devemos visar; mas não é um meio suficiente para chegar a esse objetivo. Por si mesmo, ele provocaria, ao contrário, reações psicológicas bastante ruins, como podemos ver.

É sob essa perspectiva que poderemos procurar ver a questão do *self-goverment* das populações "dependentes".

Uma lei sociológica que não sofre exceção permite-nos afirmar que qualquer povo é capaz de governar e administrar por si mesmo, ainda que seja o mais ignorante e atrasado que se possa imaginar, contanto que, evidentemente, o deixemos livre para escolher seus próprios métodos. Apenas, se a maior parte dos "civilizados" é partidária, por razões morais de grande valor, do *self-goverment* para as populações de além-mar, ela subentende mais ou menos explicitamente, e isso por outras razões morais não menos válidas, que esse *self-goverment* obedeceria a certas regras; se devêssemos assistir a uma regressão em direção a formas políticas que nos chocam, nos sentiríamos desagradavelmente responsáveis por ter deixado essa regressão ocorrer. É pouco provável que o mundo "civilizado" conseguiria se desinteressar completamente desse aspecto da questão; e, por outro lado, é certo que as populações "libertadas" teriam uma consciência contínua dessa espécie de tutela moral que o Ocidente não deixaria de exercer sobre elas, de tal forma que as relações entre os países civilizados e os outros assumiriam um novo aspecto. Não seriam suprimidas nem controladas de uma vez por todas!

Dizer a alguém: "Você é livre, mas desde que se comporte como eu achar melhor" talvez não seja lhe prestar um grande favor. Vimos, no entanto, que os "civilizados" não estão prontos para eliminar qualquer condição. Tendo em conta, por um lado, a ilusão de que se pode esperar que esses problemas sejam resolvidos de imediato e em nome de princípios abstratos, e considerando, por outro lado, o que nos ensina a análise psicológica, podemos tentar especificar as condições para uma solução.

A solução é muito pouco determinada pelo enunciado, mas podemos reduzir essa indeterminação postulando que um *self--goverment* nos pareceria aceitável se ele se fundamentasse em bases ideológicas e psicológicas que denominamos *democráticas*.

Se tivéssemos aqui um postulado arbitrário, ditado por preferências políticas, eu não poderia avançá-lo sem sair dos limites deste estudo. Mas espero mostrar que a questão é exatamente uma questão de psicologia. A aquisição de uma mentalidade mais democrática confunde-se com a libertação da dependência psicológica e a conquista da autonomia pessoal. Essa aquisição, evidentemente, pode ser favorecida pelas trocas de *status* e reformas eleitorais, mas ela não deriva destes fatos *automaticamente*; mal aplicadas, essas reformas contribuem mais para desacreditar o ideal democrático que evocam. Elas são aliás, às vezes, mal aplicadas *com esse propósito* nos escalões de execução...

Em uma organização democrática, as pessoas são consideradas capazes de decidir por elas mesmas, assumindo a responsabilidade de suas decisões. O malgaxe típico não decide por si mesmo; não tem um verdadeiro senso de suas responsabilidades. Em uma democracia, a minoria se submete à maioria; esta não tiraniza; ela tolera uma opinião de oposição; ela pode ignorá-la, não pode oprimi-la. A oposição permanece aberta; a luta política, mesmo aguda, é possível sem resultar em violência. O malgaxe é incapaz desse tipo de oposição; não suporta uma situação de minoria: ele reúne de imediato a maioria, aparentemente, à maneira de um adulador que adota a opinião do patrão. Se continua a lutar, o faz de forma dissimulada, com meios escusos, como se uma oposição só pudesse ser clandestina; se ela vier à tona, será o conflito, com secessão e revolta. Por outro lado, o malgaxe está preso em vários laços de dependência; o servo não ousa contrariar o patrão, o pobre não ousa ter uma opinião que difira daquela do rico; se ocorresse de outra forma, o opositor se veria em uma situação de revolta, com sentimento de culpa e um terror íntimo que o impulsionariam para o terreno da violência.

Aqui está a situação da qual partimos; seria perigoso recusar-se a enfrentá-la. Podemos tirar a conclusão de que uma mentalidade democrática não será instaurada por si mesma; mas também que, ao se esforçar em instaurá-la, não se trabalha somente para libertar os malgaxes politicamente; são libertados psicologicamente. Proponho que essa libertação é possível. Se assim não o fosse, nossa posição de colonizadores ficaria difícil de ser defendida. Já é bastante contraditório ter se colocado em uma situação em que se quer *impor* a liberdade.

Atualmente, quando damos uma cédula de votação aos malgaxes, eles são impulsionados pela dependência inconsciente a homenagear seu suserano – ou seja, o governo. Mas isso afirma de modo oficial que eles têm perfeitamente o direito de votar contra ele. Os malgaxes já libertados representam a oposição aberta ao governo. O eleitor encontra-se em um dilema, o qual dificilmente podemos imaginar. Este só pode ser compreendido quando sabemos o quanto o lugar de uma imagem de autoridade é diferente, nas estruturas de sua personalidade, do que é em nossas próprias estruturas. Os fatos, no entanto, estão presentes: o malgaxe é capaz de entrar em rebelião no dia em que a autoridade que ele reconhece o incentiva a ter uma opinião ou uma atividade independente! Sem dúvida, a reforma era possível sem perturbações de qualquer ordem; ela caiu mal; foi mal apresentada; muitos europeus encarregados de aplicá-la visivelmente não podiam assimilá-la, e os malgaxes o sentiam. Mas isso simplesmente revela as precauções que é preciso tomar para evitar algumas reações muito diferentes das nossas. Os malgaxes sentiam-se *abandonados*. Eles desconfiavam que estavam lhes armando uma armadilha. Sentiam-se – o que parece absurdo *para nós* – em grande perigo.

Não podemos extrair do exame dessa situação a muito cômoda conclusão de que deveríamos manter em nossas mãos um poder bastante autoritário para o conforto do malgaxe típico! Aliás, os malgaxes mais evoluídos nitidamente já ultrapassaram esse estágio típico. Esse fato complica a situação, pois, se não são apartados de seu povo através de uma europeização bem completa, servem como guias e modelos, *e o povo coloca-se como dependente deles, de modo que o benefício psicológico é quase nulo*. Deve-se tomar o problema pela base e não pelo topo. É o povo que deve progredir e não a elite. E ele deve progredir por si mesmo e não seguindo os guias, ou seja, sem perpetuar uma situação de dependência psicológica. Assim especificadas, as coordenadas parecem constituir um problema bem difícil de ser resolvido. No entanto, ele não é insolúvel; existe um lado pelo qual parece acessível, contanto que não se espere soluções imediatas milagrosas. O que vou examinar agora é a retomada em vigor dos antigos costumes dos *fokon'olona*, ou seja, dos conselhos de aldeia. Não se trata simplesmente de recuar, mas sim de retomar instituições tradicionais, fáceis de aceitar e compreender, para fazer delas, pela própria força das coisas, o ponto de partida de uma nova evolução. Esse retorno à tradição, de fato, não tem nenhum valor, a meu ver, em si mesmo; ele extrai todo seu interesse apenas das possibilidades que ele abre, se algumas condições forem preenchidas.

OS "FOKON'OLONA"

Essa instituição tradicional de Madagascar denominada *fokon'olona* não tem, à primeira vista, nada de muito surpreendente; trata-se de *conselhos de aldeia* ou, nas cidades, conselhos de bairro. Se nos limitarmos a descrevê-los como organizações sociais e políticas, em sociologia, diremos rapidamente tudo que podemos dizer. Mas, nesse caso, seria apenas descrever as aparências; a partir do momento que procuramos ver o que elas escondem, percebemos que existe ali um vasto tema de sociopsicologia malgaxe bem mais rico do que poderia parecer.

Darei apenas um esboço, para mostrar como essa instituição do *fokon'olona* pode formar uma base sólida para tudo que se espera construir, e qual é sua natureza real quando é considerada como um quadro afetivo para a pessoa.

Antes da chegada dos europeus, os *fokon'olona* existiam por toda parte em Imerina, e nunca desapareceram por inteiro; tinham simplesmente perdido qualquer importância. Nada seria mais fácil do que deixá-los reviver, e poderíamos, também sem grande dificuldade, implantá-los mesmo fora de Imerina, com as modificações necessárias.

Agrupada em *fokon'olona*, a população da aldeia decide, ela mesma, seus próprios negócios. Se ela não o faz atualmente é porque a administração o faz em seu lugar. Basta que essa última se esvaneça, para que os conselhos retomem sua forma tradicional e suas antigas atribuições. Com certeza, não se deveria imaginar que eles teriam de imediato um aspecto democrático que nunca tiveram. Assemelhar-se-iam mais a uma espécie de família. Veríamos rapidamente o surgimento de notáveis capazes de receber a projeção da imagem paterna. Uma verdadeira oposição não poderia se manifestar, ali, explicitamente. Os fracos seriam explorados pelos mais fortes. Não se queixariam espontaneamente dessa situação, em virtude do conforto psicológico que resulta, aos seus olhos, da estabilidade e da solidez dos laços de dependência assim assegurados.

Assim, as assembleias, semelhantes aos conselhos de família, nos quais os jovens e os pais pobres dificilmente têm voz, seriam restauradas como uma verdadeira regressão. No entanto, essa regressão é desejável por diversas razões. Sobretudo, porque apenas ela pode fornecer a base real da qual se pode partir. Se pretendêssemos pular essa primeira etapa, sob o pretexto de que ela se assemelha muito mais a um recuo do que a um progresso, seríamos levados a construir no vazio e de forma artificial, portanto, é necessário atravessá-la.

É preciso fazê-lo, pois a reforma deve ocorrer sem a intervenção de nossa parte. Não podemos reconstituir os *fokon'olona* (nossa influência, ainda que seja discreta ou camuflada, logo orientaria para nosso lado, como no tempo da administração, os sentimentos dos malgaxes, com uma ambivalência fácil de adivinhar). Mas podemos, muito confortavelmente, deixá-los se restabelecer. Uma vez feita essa reconstituição, que esperança podemos ter de que um começo seja possível a partir dessa base tradicional? Quais são os fatores que podem colocar em marcha uma evolução psicossociológica favorável?

Creio que esses fatores existem, e tentarei ressaltá-los sob uma perspectiva otimista, ou seja, deixando de lado, por enquanto, as profundas dificuldades de natureza afetiva que examinarei mais adiante. Nessa perspectiva, podemos esperar que a aldeia tenha, por força das circunstâncias, o sentimento de que ela gerencie seus próprios negócios e que assuma a responsabilidade disso. Consideremos que ela os gerencie de fato, que cobre seus impostos, que disponha de orçamento proporcional às suas necessidades, que tenha sua própria polícia, que faça justiça entre seus membros. É ela que negocia a contratação de sua mão de obra com os particulares ou com o governo. Existe aqui, evidentemente, um conjunto de atividades que tem um valor educativo em si mesmo. É verdade que as responsabilidades serão mal distribuídas; elas serão, muito frequentemente, delegadas aos notáveis. Mas, quanto mais as responsabilidades confiadas aos *fokon'olona* forem estendidas, mais os notáveis terão que contar com o comum (*ny ambany vohitra*), por mais reservado que este último seja. E as questões econômicas terão uma eficácia particular nesse tipo de educação. O gosto pelo lucro é, psicologicamente, dos menos ambíguos; a igualdade da distribuição, a divisão das partes e dos lucros são mensuráveis e fáceis de observar. Os cálculos interessados representam um progresso psicológico em relação a certas aspirações afetivas, as quais podem ser substituídas por eles. É também nos negócios, mesmo entre pessoas sagazes, que a regra do jogo é mais bem enunciada e reconhecida: cada *fokon'olona* pode muito bem se tornar uma cooperativa de produção e consumo, encarregando-se da distribuição dos produtos comestíveis e da execução dos planos de produção à escala da aldeia. Haverá muitas injustiças nas atividades diversas dos *fokon'olona*, e não poderemos solucionar isso, como já vimos, a não ser pelo desvio da instrução e da educação, que permanecem abertos para nós, e cujo efeito, ainda que lento e fraco, está longe de ser inútil. De todo modo, é infactível que possamos *impor* a justiça. Podemos suportar essa situação, já que não nos devemos sentir responsáveis pelas injustiças possíveis, mas, podemos constituir, acima dos *fokon'olona*, instâncias mais elevadas, tribunais franco-malgaxes, por exemplo, aos quais poderiam apelar os habitantes das aldeias, em alguns casos. Em todo caso, não se deve perder de vista o fato de que nossa autoridade não pode invadir a do *fokon'olona* sem que esta seja aniquilada. O avanço da reforma tem esse custo.

É assim que a situação pode aparecer na perspectiva mais otimista; podemos perceber o quanto nossos modos de ação, na realidade, são reduzidos; e, no entanto, não acredito que exista um meio melhor para contribuir com o início de uma evolução favorável, a menos que se tenha ilusões. O primeiro progresso realizado dessa maneira é a transferência dos sentimentos de dependência do indivíduo para o conjunto do grupo, o que é um passo necessário no caminho da libertação. Ainda não estou certo de que a transferência não será feita em imagens paternas, o que impediria qualquer progresso. Mas, mesmo nesse caso, a atividade econômica deve desempenhar um papel útil: atualmente o malgaxe típico não pode trabalhar regularmente em troca de um salário; não pode, tampouco, fazê-lo para um empregador despreparado para acolher e manter a transferência da qual é objeto, mas pode trabalhar sob as ordens e supervisão do *fokon'olona*, e receber sua parte dos benefícios deste. Sem dúvida, a questão está longe de ser simples: ainda que as dificuldades que podem ocorrer entre trabalhadores autóctones e empregadores não sejam discutidas diretamente com estes últimos, mas indiretamente no conselho do *fokon'olona*, os representantes do *fokon'olona*, os notáveis, serão forçados a entrar em negociações diretas. Mas é evidente que sua posição não será a mesma da de um trabalhador ou de um mestre de obras pago pelo empregador, e isso pode ser suficiente para transformar a situação.

Agora, tentaremos vislumbrar quais seriam as bases psicológicas da evolução social e política, a respeito da qual acabo de indicar como poderia ser alavancada. Dispomos, sobre tal tema, de pouquíssimas informações: isso é compreensível, já que tentamos examinar um futuro que, ainda que pareça próximo, não escapa da contingência por tão pouco. Os dois documentos que vou citar têm o defeito e a vantagem de provir do mesmo autor malgaxe; é um inconveniente, porque esse autor não pode ser considerado completamente típico; é verdade que, de um malgaxe típico, não poderíamos obter nada nessa questão. É uma vantagem porque foram escritos com três anos de intervalo, e, durante esses três anos, o autor evoluiu de maneira extremamente significativa. Essa evolução desenha de modo bastante claro os graves obstáculos psicológicos que ela teve que superar. As soluções às quais o autor chega pertencem somente a ele, mas, se são soluções imaginárias, podemos, sem dúvida, considerá-las como adaptadas a problemas interiores que são, eles mesmos, bem reais. Esses mesmos problemas, os malgaxes típicos os encontrarão com menos nitidez e consciência, o que não quer dizer que eles os superarão mais facilmente.

O autor é um "intelectual" malgaxe que assina Dama Ntsoha. Com certeza, é um pseudônimo. Ele escreve para seus compatriotas e para os europeus: suas publicações são bilíngues.

No final da guerra, percebeu-se, pelas mais diversas razões, que seria interessante adotar um sistema de administração indireta, ou seja, permitir que as próprias coletividades se administrem de fato (cobrar os impostos, distribuir as tarefas, administrar a justiça etc.). Essa conversão administrativa, decidida em princípio, não deve ser fácil, pois se realiza apenas com uma extrema lentidão; provavelmente, ela ainda sequer começou, mas isso não importa. Deve-se ter em mente que nosso autor, Dama Ntsoha, foi levado a redigir sua primeira publicação, em 1945, pelo efeito que produziram, então, os projetos e as promessas oficiais[5].

Esse livreto, ainda que se intitule *Os Tempos Novos*, veremos que é tão somente um retorno puro e simples dos antigos hábitos; o autor não se esconde: "É preciso", ele diz desde a primeira página, "colher o fruto do passado e pesar seu valor." Ele exclama: "Oh milagre, o mundo branco ocidental troca de alma hoje, e aqui está a grande novidade dos novos tempos. Proclama-se que todos os homens são irmãos..." Assim, "os malgaxes veem se abrir uma perspectiva feliz para continuar normalmente sua evolução interrompida por cinquenta anos de desespero sem saída". Ele expõe, então, aquilo que denomina de "o princípio fundamental da vida social malgaxe", o *fokon'olona*.

"O *fokon'olona*", diz ele, representado pela reunião dos notáveis, "é um governo de *ray aman-dreny* sábios e justos." A palavra *ray aman-dreny* quer dizer exatamente "pai e mãe", mas, designa um poder nitidamente de forma paternalista. A autoridade não é delegada pelo conjunto dos membros; ela pertence aos notáveis (os *ray aman-dreny*). Dama Ntsoha declara: "O governo tem como modelo o da família"; e, para que não seja mal compreendido, ele anuncia que os habitantes serão classificados por categorias de fortuna, que no conjunto do país será reabilitada uma hierarquia do tipo feudal, mas uma hierarquia na qual, em todos os níveis, a autoridade será mantida por grupos de notáveis, não por particulares.

Conclui ele de maneira significativa: "Será restabelecida a festa do banho, o *fandroana*, a fim de exaltar a união dos corações comendo ao mesmo tempo o alimento sacrificial do *jaka*, promessa do amor verdadeiro."

Para todo malgaxe, a festa do banho só pode ser a festa do banho da rainha; e a palavra *jaka* deve ser entendida como um jogo de palavras: aparentemente, trata-se do fruto da jaqueira, a jaca, mas em língua malgaxe *jaka* é a raiz do verbo que significa "reinar", e o *mpanjaka* designa o rei ou a rainha.

Vemos portanto como, em 1945, Dama Ntsoha, sem nenhum constrangimento, interpretava os novos tempos, anunciando que todos os homens são irmãos: tratava-se apenas de retornar às instituições de tipo feudal das quais, se não se preservou a memória, pelo menos adquiriu-se a tradição.

Mas, após 1945, Dama Ntsoha deve ter se dado conta de que havia seguido na direção errada. Oficialmente, os *fokon'olona*, ainda que um projeto bastante vago, deveriam ser decididamente democráticos, com líderes eleitos, e sem "categorias de fortuna".

Dama Ntsoha se viu, então, em uma grande confusão. Não que tenha se sentido ameaçado em seus interesses ou em sua autoridade: ele parece mais um clérigo, sem interesses materiais. A causa desse constrangimento é evidente para o leitor: os líderes brancos abandonavam uma parte de sua autoridade, mas eles não deixavam para os malgaxes a possibilidade de tão logo se refugiar sob a proteção psicológica das imagens tradicionais de seus líderes. Eles queriam, portanto, jogá-los em um abandono em que cada um carregaria sozinho o peso de sua própria pessoa, de suas próprias opiniões, de suas próprias decisões. Não se pode nem imaginar esse fato sem angústia. É assim que Dama Ntsoha escreveu um segundo livreto três anos depois, e por isso o intitulou *A Democracia Malgaxe*[6]. Seu constrangimento é visível já no estilo; enquanto a primeira publicação era mais alerta, clara e bastante bem escrita, a segunda apresenta bizarrices que fariam crer que o autor não sabe mais também manejar o francês[7]...

O que ele nos apresenta agora é uma concepção mística da vida comunitária, com fusão das individualidades umas com as outras. Do ponto de vista psicológico, essa nova regressão é repleta de sentido. Ela significa, de fato, que o autor, não podendo contar com as imagens de autoridade concebidas no modelo paterno, se fecha em um mundo imaginário mais arcaico, em que podemos quase reconhecer o esboço psicológico de um matriarcado. Aliás, ele leva esse esboço até mesmo ao extremo, já que vai até ao ponto de evocar o fantasma de um retorno ao seio materno, buscando na morte a satisfação definitiva dessa enorme necessidade de comunicação.

Nesse novo texto, não se trata mais, de fato, de notáveis nem de *ray aman-dreny*; quanto mais se divide a sociedade em categorias de fortuna, menos se tem réplica da família paternalista tal qual ela existe atualmente em Madagascar. Não se faz mais nenhuma alusão às festas da antiga realeza. Tudo isso caminhava junto, evidentemente, e tudo isso vai embora junto. Mas as necessidades afetivas da vida comunitária permanecem profundamente, e devemos entender esse novo texto como a expressão, como o grito angustiado dessas necessidades. Percebemos que esse novo texto não pode, tão tipicamente como aquele de 1945, traduzir de modo fiel as ideias comuns dos malgaxes, com simples variações, originais no detalhe. Agora, o autor se defende como pode diante de sua própria confusão; ele inventa como se inventa um delírio, mas sua invenção, seu delírio são fatos para responder às necessidades que são bem típicas do malgaxe médio, no qual somente são encobertos pelo fato de que esse malgaxe médio ainda não percebeu claramente o perigo afetivo que o ameaça. A construção ideológica que nos propõe Dama Ntsoha é, portanto, como um curativo que nos interessa, na medida em que ele desenha uma ferida *imaginária* – quero dizer, um conflito nas bases afetivas de sua pessoa.

Nesse novo texto, os *fokon'olona* se tornam a própria coletividade; todos os membros estão no mesmo plano; o autor adota, pelo menos pensa assim, o ideal democrático oficial, declarando que todos são livres, ninguém tem que dar ordens. Ele vê nisso um extraordinário desenvolvimento do "sentimento de solidariedade"; "o que nós mesmos somos", diz ele em uma fórmula que poderia parecer à primeira vista muito banal, mas o que vem em seguida esclarece, "o que nós mesmos somos é uma natureza que compartilhamos com todos; somos, portanto, um com todos, e só podemos ser nós mesmos nos perdendo em todos".

O que vem em seguida nos permite ver do que se trata: esse elo de amor não se limita ao quadro dos vivos; *ele é ainda mais forte* com os membros transferidos para o além. É assim, então, que a união atingirá sua mais alta perfeição: todos serão um na indissolúvel unidade do *tsy misara'mianakavy* (ou seja, do indiviso comunitário que o autor denomina "a Unidade Primordial"[8]). Essa unidade, diz ele, "serve de apoio à vida terrena bastante efêmera comparativamente à união inefável que será [aquela] da verdadeira existência na Última Realidade".

Passo para as referências à religião budista nas quais o autor se apoia, pretendendo – de maneira fantasiosa, evidentemente – que ela teria sido a religião dos antigos malgaxes. Recorre a ela para encontrar em uma tradição antiga, ainda que imaginária, o meio de abandonar uma tradição real, concebida como mais recente.

Essa necessidade extraordinária de fusão não corresponde exatamente ao Nirvana, está ainda muito próxima do culto dos ancestrais mortos, e é mais uma reação de alguém que não se sente capaz de viver como indivíduo porque teve que renunciar, nele próprio, à imagem do pai, e às estruturas patriarcais, ou, pelo menos, às estruturas de estilo paternalista, que essa imagem ilustra em sua imaginação profunda. Ele se refugia em um mundo pré-natal, em um retorno ao seio materno que acaba por se confundir com o mundo dos mortos.

Podemos perceber que, em Dama Ntsoha, a imagem do pai erguia-se como uma proteção entre ele mesmo e a morte. Da mesma forma, as encarnações do pai, as autoridades paternalistas, os *ray aman-dreny* colocavam-se simbolicamente *entre* a aldeia e as tumbas. Podemos trazer, se não a prova disso, pelo menos *o sinal*. Nesse mesmo livreto[9], Dama Ntsoha nos descreve o culto dos mortos tal como ele imagina que existia nos antigos malgaxes. Enquanto, atualmente, esse culto é exercido pelo pai que representa os ancestrais, eis a descrição que faz Dama Ntsoha: "A cada momento, se deveria viver com o sentimento do além eterno, de estar em comunicação com os ancestrais, cuja morada, a tumba, está ali, estabelecida no pátio interno na frente da casa." E todas as distorções extraordinárias que ele submete à história malgaxe estão presentes apenas para chegar a esta conclusão:

O sistema de democracia malgaxe tinha atingido em seus primórdios, e durante muito tempo, sem nenhuma dúvida, esse grau de perfeição de uma vida rica de todas as virtudes, e chegou até mesmo um pouco mais longe, em função da perspectiva que unia a vida terrestre com a do além. Os malgaxes de antigamente não viviam em terra, mas tinham fixado suas aspirações na obsessão pela Existência Eterna, na qual seremos um de maneira indescritível e impensável.

Esse *além* não está muito longe: ao invés disso, está *ali*, no pátio da casa, é a tumba; assim, ele pode se proteger do sentimento do abandono. Esse sentimento do abandono aparece, aliás, quando Dama Ntsoha tenta descrever o individualismo. Ele imagina que os malgaxes se tornaram "individualistas insensatos". (É inútil dizer como, ao contrário, o individualismo lhes é estranho.) "Eles", diz ele, "sofreram um esfacelamento dos mais deploráveis, em que cada um carrega sozinho o fardo da preocupação pela sua própria pessoa." Contra esse pretenso individualismo insensato, contra esse esfacelamento, nosso autor preconiza medidas práticas, que ele empresta de nós, por exemplo o desenvolvimento das cooperativas e até mesmo, como ele não tem uma ideia muito nítida disso, as nacionalizações. Porém, ele acrescenta que esses recursos só podem ser exitosos caso se preserve o culto da unidade mística no mundo dos mortos, o que denomina "a Eterna Existência".

Sabe-se que outra visão pode substituir a da vida eterna, é a de um Chanaan em que escorrem o leite e o mel, ou a de um paraíso perdido, que nunca foi impedido pela imagem do pai. É o país de Cocanha. Dama Ntsoha não vê de outra forma a organização dessas comunidades fundadas na fusão das individualidades: "Nem autoridade, nem polícia, nem imposto, nem traço do mínimo funcionalismo. Tudo é regulado e organizado da maneira mais fácil do mundo pela sabedoria supra-humana do amor." (Para apreciar o caminho percorrido, é necessário se reportar ao livreto de 1945, que trata de impostos, prisões, construção de estradas, "relatos claros e precisos referentes ao comércio de importação e exportação", da organização do Banco de Madagascar etc.). As variações aparentemente palinódicas de nosso autor permitem-nos compreender melhor essa alternativa entre o poder paternalista, o poder organizador, o direito de retribuição que pertence a essa forma de autoridade (finalmente, *autor* quer dizer "pai" em latim) e essa abundância da natureza, que transborda e oferece a todos, sem esforço, como a mãe da primeira infância. Compreendemos nessa ocasião por quais caminhos inconscientes Shakespeare foi levado a colocar, em *A Tempestade*, ao lado de Próspero, o paternalista, Gonzalo, o utopista, que sonha com o país de Cocanha.

Assim, Dama Ntsoha nos permite assistir a uma verdadeira experiência de psicologia afetiva, aplicada ao problema da vida comunitária e suas estruturas. Vimos com que heroísmo ele tentou, fazendo o seu melhor, vislumbrar uma situação de abandono. Mas ele apenas pôde fazê-lo, ainda que na imaginação e no papel, às custas de uma regressão que o leva para aquém do desmame e até o mundo pré-natal. E talvez, não seja apenas uma regressão em sua história individual, se os sociólogos têm razão de vislumbrar a existência de um matriarcado por trás das formas atuais da civilização malgaxe.

Podemos tirar dessa experiência vivida por Dama Ntsoha vários tipos de ensinamentos. Em primeiro lugar, na prática, nenhuma administração colonial dá conta disso de forma útil por mais aberta que possamos supô-la a esse tipo de questões. Repreendê-lo por isso não seria julgar a administração colonial, mas levantar um protesto contra qualquer administração, em nome da pessoa humana, ou seja, mais ou menos, aqui, em nome de anarquia. Os fatos mudam inevitavelmente de natureza ao mudar de dimensões; as necessidades da personalidade profunda se expressam bem em reivindicações políticas, mas transformando-se, sem que essa transformação seja uma degradação. Pode ser que os malgaxes não saibam ainda expressar politicamente suas necessidades reais em nossa linguagem; nesse caso, é certo que acabarão por aprender, quer os ajudemos ou não.

Entretanto, a questão tem um outro aspecto. Nem a administração, nem os europeus em geral, avaliam sempre, no sentido que têm, a sinceridade dolorosa e o heroísmo moral com os quais os malgaxes tais como Dama Ntsoha procuram fazer frente às suas dificuldades. Os europeus, à maneira de Émile Cailliet, no texto que citei, têm tendência a ver esses malgaxes apenas como semievoluídos, que aproveitaram mal nosso ensinamento, que o digeriram mal; falsos intelectuais, cujas elocubrações são sem interesse. Uma tal atitude não é somente pouco caridosa; ela é inaceitável. Um malgaxe como Dama Ntsoha representa de forma bem autêntica o produto de nossa ação e influência. Não podemos deixar de confessar esse fato, sob o pretexto de que não nos reconhecemos suficientemente nele. Por certo, ele poderia ter sido perfeitamente europeizado, e falar nem mais nem menos como um administrador das colônias; então o contabilizaríamos como um sucesso nosso. Porém, não nos contentamos em mergulhá-lo em um constrangimento do qual não tínhamos uma ideia clara; agora, ele tenta sozinho uma saída através de soluções que parecem absurdas, porque elas são soluções para uma afirmação cujos termos queremos ignorar. Foi assim, *reagindo* à nossa presença, que ele se tornou o que é. A administração e os europeus desconhecem a natureza dessa evolução reativa. Eles ainda estão em processo de assimilação, ainda que considerem ter abandonado essa ideia... Assim, teremos cada vez mais que nos haver com personalidades originais desse tipo, já que somos nós que as suscitamos. Lembramo-nos das palavras de Cailliet[10] sobre "esses seres de uma psicologia bizarra que se começa a encontrar em Imerina, os quais agem como antepassados com modos de estrangeiros a serviço de um costume ultrapassado"; e, ele acrescentava, sem nenhuma lógica aparente, que sairia dali "uma multidão de heróis nacionais". Mas a inferência é perfeitamente lógica; as intuições de Cailliet eram muito corretas.

Nesse sentido, pode não ser bom o fato de que os estudiosos das coisas malgaxes se desinteressem pelos "semievoluídos", tampouco que eles acreditem fazer muito ao elucidar os discursos de Andrianampoinimerina, com mais de um século de existência, pelo fato de não encontrarem neles essa impressão *desagradável* de macaquice europeia. Precisamos compreender também as "elucubrações" de nossos colonizados em constrangimento; elas têm muito mais importância. Os psiquiatras de antigamente, na presença de um delírio, tentam reduzi-lo com argumentos de bom senso; depois se irritam com tanta besteira e, para terminar, recorrem à camisa de força. Tenhamos cuidado para que nossa atitude colonial não pareça um dia tão sumária.

As palavras de Dama Ntsoha têm muito sentido; vamos da "bizarrice", diz Cailliet, ao "herói nacional"... *Até o momento*, os malgaxes progrediram contando conosco, servindo-se da imagem que tinham de nós, para lutar contra o medo e o sentimento de abandono. Gostaríamos agora que eles começassem a tomar em suas mãos seu próprio destino sem se voltar para as imagens tutelares do passado. Eles podem fazê-lo, sem dúvida, mas não podemos avaliar de forma justa seus esforços se ignorarmos as dificuldades que eles não deixarão de encontrar.

6. O Espírito Experimental

Existe uma relação entre o espírito democrático e o espírito experimental tal como o conhecemos; um e outro apoiam-se nas mesmas estruturas, em uma personalidade "civilizada". É por um mesmo movimento (libertando-nos de Aristóteles e de outras autoridades) que caminhamos em direção a um e ao outro.

Os sociólogos notaram que, desprovido do sentido da experiência, o qual parece, à primeira vista, tão fácil de ser adquirido, o não civilizado se nega a levar em conta ensinamentos que se expressam, sob o olhar de todos, no que denominamos curso dos eventos naturais. É em função do espanto que nos causa, a princípio, essa impermeabilidade, que os sociólogos, no início de suas pesquisas, quiseram atribuir aos grupos atrasados uma mentalidade *pré-lógica*, inassimilável à nossa. Eles chegaram ao ponto de supor que essa mentalidade era caracterizada pelo desprezo do princípio da não contradição, que os filósofos colocam na base de todo pensamento lógico.

Sabe-se hoje – e os sociólogos o reconheceram – que essa era uma interpretação incorreta. Para retomar um exemplo célebre, quando os indígenas bororos insistiam que eram papagaios – *araras* –, eles afirmavam algo que nos recusávamos a admitir, mas não é a *forma* de sua alegação, a estrutura lógica de seu pensamento, que teria que ser condenada. Dizemos, da mesma forma: o gelo é água; ou então: a água é hidrogênio e oxigênio; e isso, *na forma*, é tanto, ou tão pouco, contraditório quanto a afirmação dos bororos. A diferença entre a atitude dos bororos e a nossa se refere não à existência de lógicas diferentes, mas ao fato de que esses indígenas não adotavam, diante da experiência, a mesma atitude que nós. De fato, fundamentamos nossa afirmação sobre certo tipo de experiência que se pode denominar positiva ou técnica, enquanto o bororo se fundamenta sobre a experiência dos sonhos ou das danças totêmicas, sempre confiando cegamente na tradição.

Sabe-se que a heterogeneidade dos tipos de pensamento conceitual havia sido, inicialmente, colocada por Lévy-Bruhl como uma hipótese de trabalho. Entre 1910 e 1922, ele o fez sem dúvida e, em todo caso, deu a impressão de que essa hipótese era confirmada pelos fatos que os viajantes reportavam em suas descrições. Mas, após 1922, ele chegou a avaliações mais matizadas, e finalmente admitiu que seria necessário procurar características específicas do pensamento "primitivo" no âmbito da experiência e não no das estruturas lógicas. Como se pode observar, particularmente, na conferência sobre a *Mentalidade Primitiva*, a qual já citei e proferida em Oxford em 1931, ele propôs a ideia de uma *experiência mística* própria dos grupos "atrasados", experiência que, por esse caráter místico, se distinguiria radicalmente da nossa[1].

Porém, para quem acompanha os fatos de perto, não parece que essa noção de uma experiência mística tenha uma grande força explicativa. Quando um malgaxe vê em um sonho um ancestral defunto, ele tem uma "experiência" que pode acontecer a nós mesmos, sem uma diferença notável. Essa experiência é mais ou menos emocionante, para nós também, segundo nossa situação afetiva quando somos submetidos a ela. Mas, qualquer que seja esse caráter emocionante, o europeu típico é bem-sucedido, geralmente, *em não acreditar*, enquanto o malgaxe típico acredita sempre. É necessário, portanto, acentuar a diferença menos na natureza das experiências do que nas condições daquilo que a psicologia clássica denomina crenças. As condições permanecem, é verdade, extremamente obscuras para aquele que dispõe somente dos meios de análise dessa psicologia clássica, pois esta quis conhecer somente o processo de explicação de associar as diversas crenças, seja ao conhecimento, seja ao livre-arbítrio. É por ter admitido tacitamente esses postulados da psicologia clássica, que Lévy-Bruhl devia ser levado a procurar a explicação das crenças desses "primitivos" sucessivamente nos dois elementos de um conhecimento: a estrutura lógica (pré-lógica) e a experiência (mística). Ele não acreditou ser necessário, aliás, com razão, examinar a terceira hipótese (segundo essa psicologia) buscando o papel de uma vontade. Mas, se abandonamos esses postulados, podemos encontrar um modo de analisar a atitude do primitivo diante da experiência, sem ser obrigado a supor nem pré-logismo nem misticismo.

Os filósofos acabaram por exagerar a importância da *pressão* que a experiência cotidiana pode exercer sobre o espírito, esquecendo como a filosofia pré-científica havia, ao contrário, insistido no caráter ambíguo e enganoso dessa experiência. A ciência moderna não se constituiu graças à modificação das características dessa experiência, mas por uma mudança de atitude no observador. Antes dessa mudança (e é uma mudança no conjunto das estruturas da pessoa), o homem soube encontrar o meio de não escutar, ou de escutar o mínimo possível, as lições cotidianas do mundo da percepção sensorial; e essas lições não tinham, por si mesmas, o poder de se impor à sua atenção. Portanto, não surpreende que – nas populações que são, no entanto, muito distantes de merecer, mesmo em um sentido vago, o nome de "primitivas", que não podemos classificar entre os povos atrasados, e a respeito das quais pode-se dizer apenas que só recentemente foram tocadas pela expansão das civilizações evolutivas do Ocidente – reencontramos essa impermeabilidade à experiência, até mesmo entre os indivíduos que acreditamos suficientemente "europeizados". Ocorre que, por exemplo, entre os médicos merinas, formados segundo nossos métodos, permanece a crença na magia. (Isso não é impensável, sem dúvida, mesmo em um médico europeu, mas ele se distancia consideravelmente do tipo, enquanto o malgaxe, que se encontra nesse caso, permanece fiel a suas características típicas.) *O fato é que o aprendizado experimental que nós lhes trazemos pode muito bem se agregar às crenças antigas sem contradizê-las.* A quem já fundamentou suas crenças no relato de fatos imaginários, as verdades experimentais vêm naturalmente se acrescentar a esse folclore;

elas as enriquecem e até mesmo, pode-se dizer, elas o *confirmam*, até certo ponto, em vez de demonizá-lo, como temos uma forte tendência a imaginá-lo[2]. Nesse sentido, o sucesso das demonstrações experimentais – como aquelas das quais M. Leenhardt, em *Do Kamo*, apresenta exemplos muito marcantes – mostra sobretudo que as populações que se abrem à civilização não se negam a aceitar *também* nossas verdades, mesmo abandonando alguns de seus equívocos (mas não em pontos essenciais). Elas, aliás, se mostram tanto mais dóceis na medida em que não veem ali nenhuma razão para renunciar ao conjunto de sua atitude, por mais "contrária à experiência" que essa atitude pareça *aos nossos olhos*.

Decerto, existe na psique humana (e não de maneira acidental) um obstáculo que se opõe ao desenvolvimento do espírito experimental. Ele não se opõe à admissão de novas verdades, por mais que sejam fundamentadas de fato na experiência, contanto que elas possam se juntar ao conjunto das antigas crenças. *Ele se opõe à adoção de uma atitude que consistiria em criticar qualquer crença em nome da experiência.* Aliás, é uma atitude que muitos europeus, uma imensa maioria, não são capazes de adotar completamente; e pode-se até mesmo questionar se essa atitude continua verdadeiramente um ideal. Sem dúvida, é um ideal para muitos, na parte mais consciente do campo dos nossos conhecimentos. Quando nosso avanço em direção a esse ideal se choca com o obstáculo inconsciente a que me refiro, temos a tendência a ignorar esse obstáculo e a dizer que se trata simplesmente de preguiça, pouca inteligência, de rotina (uma *falta*), cuja força da lógica, a pressão da experiência e até mesmo a obrigação moral de aprender são capazes de triunfar. Mas o psicólogo tem curiosidade de saber por que existe rotina, preguiça ou pouca inteligência, ou mesmo, de onde vêm essas obrigações...

Na história dos conhecimentos ocidentais, constata-se que a elegância e a profundidade, as qualidades *aristocráticas* do pensamento, estão do lado dos racionalistas, o que de início coloca em uma posição privilegiada os matemáticos e os astrônomos; os empiristas aparecem como opositores, céticos, heréticos. Procura-se de todas as formas desacreditar a curiosidade experimental: apegar-se àquilo que se ensina *em palavras*, não tocar *nas coisas*, é adotar uma atitude piedosa. Olhar e apalpar com atenção é associado à falta de respeito, à falta de docilidade. É uma atitude impiedosa.

Esse fato, sem dúvida, levará o leitor a evocar suas interdições sexuais, já que ver, tocar, saber, são para as crianças o objeto de desejos com alvos muito bem definidos. Porém, a coisa não é fácil de elucidar, já que os obstáculos que detêm o desenvolvimento dos conhecimentos sexuais, certamente, não são maiores entre os não civilizados do que entre os civilizados, pelo contrário. É justamente o fortalecimento dessas interdições, próprio das sociedades modernas, que provocou a eclosão da curiosidade experimental, enquanto atitude de reinvindicação e de protesto; desconfia-se da tradição, como de pais mentirosos; acredita-se apenas naquilo que se pode ver por si mesmo. Esse fato está de acordo com o que já afirmei a respeito do papel da aceitação do abandono no progresso da pessoa. Mas não trato dessa questão em si mesma. Considero suficiente o fato de que essas observações mostram como as populações atrasadas, a quem não falta lógica, tampouco inteligência, no meio de uma natureza que lhes fornece tantos ensinamentos, mais do que em qualquer outro lugar, são incapazes de progredir, pois sua personalidade ainda não está livre de um obstáculo que conseguimos superar. Para superá-lo, tivemos que passar por transformações religiosas e sociais, das quais nossa personalidade saiu com uma estrutura nova. A lei dos três estados de Auguste Comte não é aceitável tal e qual, já que Comte, acreditando que a afetividade não estava diretamente em jogo, buscava a evolução das estruturas apenas através dos diferentes sistemas de convergência conceitual. Na realidade, os *estados* sociológicos da humanidade se constituem essencialmente na evolução da estrutura da personalidade tomada como um todo; não podemos descrever esses estados comparando simplesmente os dogmas ou construções ideológicas (ainda que fossem "positivas") às quais a inteligência humana pode chegar em diversas épocas.

O espírito experimental supõe certa atitude diante da realidade. Um realista diria que, diante de um tal espírito, a realidade é despojada de tudo o que a valoriza para ser tocada em sua pureza. Não sabemos, porém, o que é a realidade em si mesma, e é preciso dizer que se trata mais do fato de que somos nós que nos despojamos e que nos purificamos. Por esse meio, nós nos representamos uma realidade que é o que é e apenas isso; ela basta a si mesma, é constante em suas condutas, pode-se contar com ela na medida em que se leve em conta suas leis – não na medida em que é temida, adulada, exorcizada, ameaçada ou adorada. Existe uma relação entre essa noção da realidade e a estrutura da personalidade que pode formá-la. O homem experimental criou de si mesmo uma imagem em que se vê autônomo, autossuficiente, obedecendo às leis da razão e não aos sentimentos irracionais. Essa imagem, poder-se-ia dizer, não é uma pintura fiel de sua personalidade real, é um ideal. No entanto, é também verdade que, na experiência, a natureza é fragmentada em partes que se bastam, e cada uma delas, isolada, revela as leis universais, do mesmo modo que o experimentador imagina o grupo como fragmentado, ele mesmo como autossuficiente em seu isolamento, e participando das leis universais sem que para isso seja necessário passar por Deus ou seus ancestrais, e nem, mais genericamente, aceitar qualquer dependência frente a frente com a sociedade, a família ou uma autoridade qualquer. Resulta disso uma igualdade de valor de todas as pessoas, um princípio de liberdade inerente em cada um, uma Razão Universal, cuja distância infinita mostra que ela é apenas o paralelismo das razões individuais, e não o centro do qual elas dependeriam.

Além disso, qualquer que seja o obstáculo que torna impossível a experiência, ele se confunde com aquele que a personalidade encontra quando ela tende a escapar da dependência. Um estudo da história do método experimental feita desse ponto de vista poderia nos mostrar, sem dúvida, como esse obstáculo foi, pouco a pouco, eliminado entre os ocidentais.

Essa maneira de ver não contradiz de nenhum modo as teses segundo as quais a estrutura social das civilizações passadas impedia o desenvolvimento das técnicas e pesquisas experimentais, seja pelo fato de que essas culturas fossem dominadas pela escravidão, espírito de conquista ou espírito mercantil, seja porque as artes "mecânicas" fossem consideradas como muito pouco honoráveis. Ao invés disso, minha análise poderia levar a compreender melhor a razão pela qual as estruturas sociais obstruem o espírito da experiência. A estrutura social não impede, por si mesma, um alquimista, um curioso, um pesquisador isolado de interrogar a natureza se lhe for dada a oportunidade – mas é a marca dessa estrutura na personalidade que impede o pesquisador isolado de alcançar o conhecimento positivo. Os inícios da ciência positiva teriam sido ainda muito mais difíceis se as matemáticas, ciências da razão, ciências socializadas, não tivessem contribuído indiretamente. Desde a Antiguidade, Arquimedes contrabandeou a experiência para a cidade matemática... Os obstáculos eram tantos que não se desenvolveu ali por quase dois mil anos.

Não há, hoje em dia, que eu tenha conhecimento, outro meio de explicar simultaneamente as dificuldades que o espírito experimental encontrava em um passado recente na Europa e as que ele ainda encontra nos países atrasados. A título de exemplo, eis aqui a explicação proposta por D. Westermann:

A ideia de um evento se produzindo pela necessidade interna ou lei natural é completamente estrangeira ao negro, pois sua imaginação e suas ideias dependem, em primeiro lugar, das impressões dos sentidos. Por trás de qualquer evento, existe para o negro "esse que está em causa". Se uma árvore ou uma pessoa morre, é alguém, espírito ou homem, que causou esse fato. Uma vontade pessoal é substituída pela necessidade interior ou por causas naturais.[3]

Essa passagem descreve os fatos – e a descrição refuta a explicação proposta: não pode ser pelo fato de que o pensamento do negro é muito marcado pelas impressões dos sentidos, que ele coloca uma causa pessoal invisível por trás dos fenômenos mais facilmente perceptíveis. Para Westermann, a origem de tal explicação está em uma necessidade inconsciente de pejoração que visa ao exercício da sensibilidade, conforme uma tradição platônica, e que vai justamente de encontro à experiência. Essa explicação é de natureza moral. Não podemos nos arriscar a analisar a psicologia do negro africano, a qual não conhecemos. Mas, se ele personaliza a causa, a razão deveria ser procurada em alguma relação a pessoas, relação essa, podemos cogitar, que desempenha um papel análogo ao complexo de dependência, os quais já descrevi. Exemplos desse tipo permitem avaliar o interesse dos métodos da psicanálise, desde que queiramos ultrapassar a descrição pura e simples. Apontei para esse fato mais acima; quando esses métodos apenas pudessem poupar o pesquisador do risco de tomar seus próprios complexos como princípios de explicação objetivos, eles já seriam indispensáveis...

Mostrei como a pressão da experiência era insuficiente para transformar uma personalidade. No entanto, uma pressão é exercida, e o homem mais "primitivo" nunca pode ser completamente insensível a uma experiência real. Ele não está disposto a deduzir as consequências que deduzimos dessa experiência, mas esta exerce uma ação que não deixa de ter algum efeito. Os rebeldes persuadidos de que os *ody basy* os protegiam contra os fuzis pertenciam a populações pouco colonizadas; no início, atribuíram suas decepções à má qualidade dos *ody*. Eles responsabilizaram seus magos[4]. Mas a repetição de seus fracassos – que, absolutamente, não deveria ser considerada regular, pois o acaso fornece sempre aparências de sucesso – acaba por abalá-los. Existem relatos, sem que eu pudesse verificar o fato, de que os magos seguros de seus *ody* desafiaram abertamente os tiros dos fuzis e foram mortos. Essa seria uma prova decisiva para as testemunhas: a prova de que as balas são mais fortes que os *ody*. Mas tal prova não é suficiente para modificar a base de sua mentalidade, enquanto a estrutura da personalidade permanecer. Como pode imaginar um europeu, não é uma experiência crucial que decidirá entre a magia em seu conjunto e o método experimental! É uma *prova de força* entre o *ody* e o fuzil. O respeito pelo fuzil será aumentado, sem que possamos ainda falar de um progresso mental. Portanto, como é provável, a pressão da experiência acaba por transformar a pessoa, o que ocorre após um espaço de tempo extremamente longo, e, sem dúvida, desde que a personalidade seja, por outro lado, entalhada e levada a um estado de evolução. É o caso das populações já muito "colonizadas". Entre elas, é possível utilizar o espírito experimental como um coadjuvante poderoso e rápido da evolução. No entanto, é preciso ser prudente nesse tipo de avaliação; há muito pouco tempo, nenhum europeu em Madagascar teria acreditado que tribos, ainda que *atrasadas*, eram capazes de caminhar no fogo com uma confiança cega nos *ody*: nessas tribos, havia um certo número de indivíduos, domésticos dos europeus, antigos militares, emissários etc., que tinham experiência com fuzis e que, em tempos normais, não confiavam nos *ody*. A facilidade com a qual se submeteram a essa regressão foi uma completa surpresa.

Nas sociedades ocidentais, subsistem personalidades do tipo arcaico: são geralmente as que são atraídas pelo exercício do poder político[5]: é uma das causas do mal-estar da civilização presente. Essas personalidades arcaicas, infantis, buscam influenciar a opinião pública, afastar a confiança, forjar acordo nos mal-entendidos, dividir a oposição etc. Elas jogam com uma psicologia social afetiva e nunca se interessam pelos meios técnicos de atingir soluções reais; ou, pelo menos, elas só se interessam se a opinião pública as obriga a isso. Porém, as personalidades mais evoluídas, menos aptas a esses jogos políticos, veem a sociedade como modelo das coisas que experimentamos: os homens, ligados por certas leis bem definidas, são, ali, livres e independentes fora dessas leis. Por exemplo, um contrato vincula o trabalhador a seu patrão, mas, fora das circunstâncias previstas nesse contrato, patrão e trabalhador se ignoram, em uma independência e igualdade absolutas. Poderíamos, enumerando as características da realidade experimental, mostrar que também são as de uma sociedade democrática e as de uma personalidade evoluída, e procurar o aspecto dos fenômenos de introjeção, projeção e identificação para explicar esse paralelismo.

Em contrapartida, é também fácil mostrar que, para quem não atingiu esse estágio de desenvolvimento pessoal, tanto os objetos como as pessoas são submetidos à dependência. "Tudo depende de tudo" poderia ser uma definição da magia.

Da mesma forma, o trabalhador malgaxe não pode ser vinculado a seu patrão pelas regras definidas e independente do resto. Sua dependência é tão global quanto aquela que liga uma criança a seus pais. (Devem-lhe tudo e ele deve tudo – e, no entanto, ele não é responsável por nada. Sabe-se que até a lei se detém no limiar desse domínio familiar. Antigamente, ela ficava inteiramente nas mãos de um pai onipotente. Hoje, só pode ser invocada em caso de escândalo. De resto, limita-se, ou quase, a verificações de contas de tutela...). O patrão que compreende essa situação a explora. Aquele que não a compreende, por mais benevolente e generoso que seja, vê seus trabalhadores deixá-lo "sem explicação". Mais ainda, estes experimentam um ressentimento por ele...

A relação que vincula um homem a um outro termo pode ser tal que esse termo seja desvalorizado, que não seja nem para ser temido, nem para ser amado; nem para implorar, nem para ameaçar; que se possa exercer sobre ele um poder, mas condicional;

que ele exerça um poder como retorno, mas igualmente condicional. *O fato de poder entrar em uma tal relação com as coisas e com os homens liquida o complexo de dependência e permite constituir simultaneamente uma sociedade democrática, uma realidade experimental e uma personalidade liberta.*

Supondo que esse seja o objetivo, em que domínio podemos trabalhar melhor para alcançá-lo? No exercício de uma atividade econômica, no jogo político da defesa dos interesses, na prática de uma técnica fundada nos ensinamentos da experiência? Não seria mais o caso, talvez, de desenvolver todas essas atividades simultaneamente, já que todas representam, por assim dizer, avanços em uma única frente?

O trabalhador europeu é formado por duas escolas; uma, a do aprendizado, faz dele um homem independente do mundo das coisas e lhe permite escapar à servidão pela consciência que ele tem de suas capacidades técnicas. A outra, a da família, o coloca em um sistema de dependências pessoais e o ensina a se livrar dele. A sociedade colonial não deixa nada mais, ao ser dependente, do que sua dependência. Diante da realidade, não experimenta nenhum sentimento de libertação: não sente, com suas ferramentas e seu saber técnico, a prova de seu domínio; suas ferramentas são o prolongamento das ordens do líder; sua técnica é um regramento imposto. Suas mãos permanecem mãos de escravo.

Sem dúvida, mesmo no Ocidente, o trabalho em série e a especialização excessiva podem criar uma situação análoga e tendem a subjugar o homem. Mas uma diferença capital permaneceria: o ocidental carrega nele o apelo à liberdade, a sede de justiça. Essa reivindicação, psicologicamente, está ligada ao sentimento de inferioridade. A inferioridade é a consequência de uma aspiração, de uma ambição, de uma vontade de poder que o ser ainda dependente não pode vislumbrar. Este último, desprovido de um apelo que transcende a vida cotidiana, instalado em um verdadeiro conforto afetivo, ilustra uma fase homogênea, coerente, estável da evolução humana. Assim pode parecer, pelo menos, visto de Sirius... Ou assim poderia parecer há alguns anos. Porém, lançamos nesse mundo tranquilo todos os gérmens de nossa inquietação. Ao mesmo tempo, é verdade, traríamos soluções. O espírito democrático e o espírito experimental fazem parte disso. Contudo, o europeu colonial, mais influenciado do que tem influência, perde facilmente, em sua nova situação, as qualidades que tinha adquirido – tende a abandonar sua atitude democrática pelo paternalismo, sua crença na experiência pela magia de Próspero. Essa reversão é um efeito da dificuldade da tarefa assumida; é uma reação de fracasso diante de um tipo de relação inter-humana muito difícil de ser instaurado.

7. A Unidade Humana

Em *O Eu e o Inconsciente*, C.G. Jung se expressa assim: "Visto de certa distância, por exemplo da África central e do Tibete, parece que essa parte da humanidade [a Europa] projetou seu próprio desarranjo mental nos povos com instintos ainda sãos." Essa frase nos dá a essência do que se passa; e, genericamente, a imagem que fazemos desses povos é exatamente um reflexo de nossas próprias dificuldades interiores. As "dificuldades coloniais" têm sua fonte nos conflitos internos da civilização europeia; e, da mesma forma, as reações racistas no branco em presença do negro são feitas do que continha, mais ou menos claramente, a alma do branco.

É preciso cuidar, no entanto, que essa concepção topológica, com suas distinções entre um interior e um exterior, não tenha como fonte a necessidade de imputar as falhas dando-lhes um substrato moral e "situando" as responsabilidades. A noção de uma situação inter-humana deveria poder ser manejada de tal forma que ela não se desvirtuasse assim quando é analisada, em consequência de uma atitude moralizante muito familiar ao civilizado. Uma tal atitude, adotada sem desconfiança, acabaria por convidar a nos fecharmos em nós mesmos, para tentar vencer mais a nós mesmos do que a fortuna, e a mudar nossos desejos mais do que a ordem do mundo. Não é certo que tal atitude tenha um valor catártico; ela nos inclina, mais do que necessário, a recusar as situações inter-humanas, a nos fecharmos em um aquecedor ou nos derretermos na multidão da Holanda. Deve ser possível dominar os perigos e as ameaças que essas situações suscitam, sem se recusar a entrar nelas ou sem fugir delas.

Parece, no entanto, que o projeto de analisar essas situações em termos *psicológicos* implica a aceitação de uma topologia metafórica, pois queremos saber "de onde vêm" os diferentes traços de comportamento que desejamos compreender. Tal projeto, porém, levanta tantas dificuldades teóricas – o problema da *causalidade*, por exemplo, com a obrigação de purificar essa noção confusa de todas suas aderências com outra noção mais confusa ainda, se é possível, a da *responsabilidade* – que seria um empreendimento de, desesperadamente, levar a bom termo.

O problema é colocado de outra forma. Não se trata de encontrar uma explicação psicológica aos fatos de colonização. Trata-se de saber por que os vemos por uma certa perspectiva que nos engana. Apesar de tudo, a psicologia não tem nada de muito útil a nos dizer sobre a percepção verdadeira, mas apenas ela pode nos explicar as ilusões dos sentidos (não existiria "psicologia da forma" se não tivéssemos começado por estudar o *relevo* das imagens planas); ela não nos ensina quase nada sobre um raciocínio correto, mas só ela é capaz de dar um sentido a um delírio. Do mesmo modo, apenas a psicologia pode nos explicar como e por que uma situação colonial se apresenta tão facilmente como uma situação de ilusão e erro. Vemos, assim, quais são exatamente o lugar e o papel da análise psicológica no estudo de tal situação.

Desse ponto de vista, podemos considerar os erros como a projeção no objeto de qualquer defeito que deve ser atribuído ao sujeito, assim como faz Jung. Porém, essa projeção não corresponde exatamente ao que ele descreveu na frase que citei.

Ele concebe os povos não civilizados como tendo "instintos ainda sãos". É admitir uma certa forma de primitivismo. Essa crença no primitivismo, sabemos, assume duas formas opostas; e essa juventude dos instintos é para uns, como para Jung, saúde e normalidade, enquanto para outros é barbárie e brutalidade. Trata-se, *grosso modo*, das duas atitudes (não objetivamente fundamentadas) que o homem adota de modo espontâneo diante da *Natureza*. E cada uma delas é a atitude que o sujeito adota diante de sua própria natureza, ou seja, diante da representação confusa e imaginária que tem de seus próprios instintos, de seu próprio *Id*. A de Jung consiste em buscar a inocência perdida, o contato feliz com a mãe da primeira infância – e essa atitude distorce a imagem do homem "selvagem", tanto quanto pode fazê-lo a atitude oposta. Ela conduz, igualmente, a fracassos; as relações de Próspero com Ariel são tão *falsas* quanto as que ele tem com Caliban.

O que projetamos no indígena não é exatamente nosso "próprio transtorno mental", são nossos desejos e nossos temores mais elementares e mais ocultos. É o Bem e o Mal originais, não como são vistos por um filósofo, mas como uma criança pode vê-los em sonho, e como Shakespeare e Defoe os veem.

Qualquer figura humana se apresenta a nós de maneira ambivalente – como poderemos ver ao analisar as regras de boas maneiras em qualquer país – e como o vemos sobretudo na atitude da criancinha que, em uma idade bem definida, diante de um rosto humano inexpressivo, após certa hesitação inquieta, decide sorrir ou começa a chorar. Ainda que não possamos dizer o que se passa com ela nesse momento, é provável que o rosto visto se torne então expressivo *para ela*, e que *se torne* assegurador ou ameaçador, por assim dizer, do interior.

Aqui, sem dúvida, é a ilusão primordial que afeta os encontros inter-humanos. Ela foi descrita em quatro linhas por um escritor que foi tocado por essas questões, pois inventou a figura dupla de Jekyll e Hyde. Em um idílio, *O Pavilhão Sobre as Dunas*, o herói conta como ele percebe pela primeira vez a mulher que, mais tarde, iria desposar. É noite; o herói está em uma emboscada, a jovem aparece carregando uma lanterna: "Ela estava extremamente pálida, mas, à luz da lanterna, seu rosto estava marcado por sombras poderosas e flutuantes, a ponto de que ela poderia ser tanto feia como o pecado (*ugly as sin*), quanto bela, como, mais tarde, eu descobriria que ela era."

A figura do "selvagem" e do "homem negro" desperta, inicialmente, por si própria essa hesitação que nos perturba; ela nos obriga a nos questionar. Não queremos que seja dito que, como crianças, nos assustamos com um rosto que nós mesmos rabiscamos; e preferimos dizer que essa coisa má que desperta em nós deve estar situada em algum lugar no interior desse homem negro ou em algum ponto abstrato de sua raça ou tribo.

Sem dúvida, diante de uma imagem completamente outra, quando se instaura essa situação que nos faz questionar, muitas evoluções diferentes são possíveis. Em certos casos, diante desse espelho poderosamente revelador, o branco acaba por reconhecer a si mesmo em uma luz catártica; é o que ocorreu com Stevenson, e, talvez, com Rimbaud.

Talvez essa seja, também, a essência da história de Lord Jim. Mas poucos homens são capazes, diante dessa perturbadora imagem do outro, de se reconhecer *como não se conheciam*, sem deflagrar o medo, o ódio ou o rigor que eles tinham em relação a esse aspecto de si mesmos que justamente queriam ignorar. Então, conforme combatemos esse perigo interior com uma vontade inflexível, pelo desprezo, cegueira ou batismo, estamos comprometidos com um estilo de vida colonial que vai da evangelização à brutalidade.

Prestes a se aproximar de uma ilha do Pacífico, uma passageira perguntou a Stevenson como os indígenas estavam vestidos. Ele se limitou a responder que eles não usavam calças. Essa anedota era mais cruel do que se pensava, pois os sentimentos que ela despertava – e cuja pergunta trairia, talvez, já a existência – eram, nessa época, para aqueles que tinham sofrido uma espécie de condicionamento moral, dolorosamente intoleráveis. Pode-se dizer, e isso resume meu ponto de vista, que qualquer *selvageria* da Oceania deve ser, antes, situada nesse tipo de sentimentos do que nos nativos das ilhas. Hoje, essa ilusão assumiu outras formas. Porém, ela subsiste intacta naquilo que ela tem de essencial.

Essa ilusão não é especificamente colonial e é encontrada em toda parte. Ela é apenas muito humana. Por exemplo, sabemos sobre patologia mental, encontramos até mesmo na vida cotidiana, casos de mulheres que colocam seus vícios (imaginários) na conta de sua cadela[1], tanto que esse animal acaba por encarnar todas as impurezas; elas o enviam ao veterinário para tomar uma injeção, na ilusão de recuperar sua própria inocência. Esse mecanismo psicológico já era o mesmo dos sacrifícios humanos.

A situação colonial, ao mesmo tempo que nos propõe, sem ônus, vítimas expiatórias, desperta esses mecanismos e os coloca em ação, pelo menos nos períodos de desordem emocional. Ela pode fazê-lo pela ambiguidade das figuras que nos apresenta, pela preocupação que os costumes desconhecidos suscitam, pela insegurança que provém da expatriação – e, enfim, pelo jogo das forças inconscientes que estão poderosamente em ação, de qualquer natureza que sejam, como prova o fato de que o colonial é alguém que teve que partir.

É estudando uma folha de papel em branco que se explora a própria retina; ao examinar um homem negro, corre-se o risco de perceber seu próprio inconsciente. Não que a imagem que um branco forma do "selvagem" nos diga sobre o que ele próprio é em segredo; ela indica o aspecto de si mesmo que não soube aceitar; no entanto, ela revela o homem secreto não tal como ele é, o que aliás não quer dizer nada; ela o revela tal como ele teme ser. O negro, então, é o medo que o branco tem de si mesmo. Esse medo pode ser muito bem disfarçado; ele aparece repentinamente, muito mais surpreendente ainda por ter sido ignorado em certas circunstâncias. A separação que o racismo desenha aqui, com toda sua carga de afetividade confusa, entre os homens, é a imagem de uma separação que divide o sujeito no interior de si mesmo, contra si mesmo.

Pode-se compreender dessa maneira o lugar em que intervém a explicação psicológica. Em certa concepção abstrata da humanidade, definida como uma espécie biológica, responde uma concepção abstrata da pessoa, unificada por um "eu penso" metafísico. Mas, *independentemente da forma que ela se disfarça*, essa unificação completamente teórica da pessoa *é feita* para ignorar os conflitos afetivos; da mesma maneira que, percebida em sua unidade abstrata, a humanidade só pode ser dilacerada por conflitos acidentais, que não deveriam existir, que não decorrem de sua essência. Qualquer estudo razoável, científico, objetivo, nesse domínio do humano, corre o risco de ser viciado na base, se implica tacitamente essas concepções abstratas. É então, por assim dizer, cúmplice de uma política de "grandes princípios", que tratará os conflitos reais como acidentes alheios a suas teorias, o que é uma maneira de deixar as mãos livres para forças mais obscuras e mais irresponsáveis.

Essa unidade abstrata do homem enquanto espécie, enquanto pessoa, pode ser considerada como uma peça de construção idealista, ainda que possa se camuflar sob outros nomes; ela permanece um decreto do Espírito – contudo, o vício desses decretos soberanos é o de serem desdenhados pelos fatos cotidianos. Apenas o exame concreto das situações de fato permite-nos vislumbrar o que deveriam ser a verdadeira unificação da pessoa e a verdadeira unificação da humanidade, e ele nos mostra que essas duas unificações coincidem em seus traços genéricos. A psicologia obriga a empreender esse exame concreto que revela os conflitos verdadeiros. Seria um desafio tentar construir uma antropologia ou uma etnografia que não permanecessem puramente acadêmicas, se fizéssemos de tal maneira que os conflitos humanos, na pessoa ou no mundo, pudessem ser negligenciados a título de acidentes.

A QUESTÃO ECONÔMICA

As considerações acima são válidas para todas as situações inter-humanas, cuja situação colonial é como uma caricatura, reveladora por sua amplitude. Elas explicam o racismo colonial, o ódio e o desprezo inter-raciais, a necessidade de autoridade absoluta – assim como explicam a submissão do colonizado e suas revoltas, sua docilidade que se diferencia de nossa disciplina, seu nacionalismo que não se assemelha ao nosso.

Um traço da colonização que elas não parecem explicar de nenhum modo é o que faz dela uma situação de *exploração econômica*. Essa exploração é caracterizada pela manutenção de um baixo nível de vida. Graças a um sistema que permite dar a uma colônia uma atividade econômica "próspera" sem que os lucros possam capitalizá-lo, o malgaxe médio é hoje um pouco mais pobre do que no tempo de Gallieni, o que foi suficiente para explicar seu pouco interesse pelos métodos e os esforços pelos quais pretendemos colocar seu país em "evidência".

As questões econômicas têm uma importância enorme: não se tem certeza de que elas determinam absolutamente o futuro dos povos colonizados, mas é certo que elas o condicionam fortemente. Preciso então dizer a razão pela qual concedo a elas, aqui, tão pouco espaço. O fato é que explicações de natureza econômica são muito genéricas para dar conta dos fatos de colonização; a exploração econômica se instaura onde quer que as condições políticas e sociais a permitam, e nas colônias, assim como em *outros lugares*. É certo que nas colônias ela assume um aspecto particular e se torna exploração *colonial*. Os conceitos usados pelos economistas não explicam essa transformação. Ao invés disso, ela é compreendida se, para descrevê-la, levarmos em conta a situação colonial tal como procurei analisar enquanto tipo de relação inter-humana. Desde o início, afirmei: dizer que o negro é infeliz porque é explorado é uma verdade incontestável. Contudo, é uma verdade incompleta se não explicarmos também que ele é explorado porque é negro. E a verdade completa talvez seja que a situação colonial, tal como se constitui pelo estabelecimento da relação concreta entre os homens brancos e os homens negros, é explorada por forças econômicas as quais, em si mesmas, podem nada ter de coloniais, a não ser a origem longínqua, e abstrata para elas, de seus lucros. Afinal, uma pessoa surda pode obter sua renda com a operação de casas de concertos sem ser capaz de – ou precisar – entender por que o público está gastando seu dinheiro. Do mesmo modo, aqueles que exploram uma situação colonial ignoram (e não fazem questão de saber) as verdadeiras razões pelas quais enriquecem tão facilmente. O próprio modo pelo qual, para defender seus interesses, eles influenciam de maneira tão nefasta a "política colonial", prejudicando frequentemente os coloniais como os indígenas, é prova evidente de que as colônias são para eles um negócio como outros, em que cada um se limita a tentar perpetuar as condições que os beneficiam e combater as mudanças "que lhes custam dinheiro". Interessados apenas no lucro, eles não são espontaneamente racistas e só se tornam assim a partir de seus livros de contabilidade, mais ou menos como nosso surdo descobrirá um apreço por Mozart, se os concertos que apresentam Mozart fornecerem melhores entradas. Ocorre que uma situação colonial, uma vez constituída, pode ser explorada de forma muito vantajosa. Existe um colonialismo que se resume a isso. Ele pode causar muitos danos. Mas o verdadeiro colonialista é diferente; encontramo-lo no seio da própria situação colonial, e é ele que transforma essa situação de modo a torná-la explorável, mesmo quando ele próprio tire dela lucros bem magros.

Se considerarmos, concretamente, uma economia colonial, descobriremos em primeiro lugar que, ao colocar de um lado os exploradores e de outro os explorados, não dividimos a população exatamente em brancos e negros; que os brancos cujos lucros são medíocres são ainda mais racistas do que aqueles que enriquecem; que, aliás, é bem mais fácil enriquecer interessando-se apenas pelo lado dos *negócios* do que se faz, abstendo-se de qualquer discriminação racial, e que, se essa atitude é muito rara, não é portanto o fato de um cálculo, mas o resultado de uma visão "apaixonada". Europeus que deixaram a Europa por Madagascar na intenção de enriquecer enriquecem e voltam para a Europa... Ali, eles sentem uma verdadeira nostalgia e retornam a Madagascar, onde venderam tudo. Outros, ao contrário, empobreceram-se, seus negócios faliram. Eles permanecem em Madagascar "porque não têm condições financeiras" de voltar para a Europa... Nesse sentido, observamos que o que pode manter o verdadeiro colonial em uma situação colonial não é em essência o lucro, independentemente do que ele próprio pense disso. Se tem escravos preguiçosos em vez de ter operários eficientes, é que ele não faz questão de ter operários como esses; ele encontra uma satisfação maior em manter esses escravos. Por certo, ele gostaria de que esses escravos trabalhassem *como* operários, mas não sacrificaria a satisfação em ser um senhor absoluto; ele sacrificaria, antes, o lucro.

São esses traços que dão à economia sua característica *colonial*, que fazem com que o indígena seja explorado *diferentemente*, em relação ao branco.

Aliás, o colono branco tem, nitidamente, consciência de que também é explorado, de forma mais anônima, pela Europa. Ele se julga até certo ponto solidário, *economicamente*, aos indígenas. Essa solidariedade, porém, não pode ser aceita, porque faria com que desaparecessem satisfações psicológicas mais preciosas que o dinheiro.

Compreendemos então o que torna uma situação colonial tão facilmente explorável; os habitantes da colônia, brancos e negros, são divididos; nenhuma solidariedade é concebível; os direitos dos indígenas são negados, não porque seja lucrativo, mas porque são indígenas; assim se mantém um baixo nível de vida, pois um indígena pode se contentar com isso, porque é um indígena.

Portanto, apesar da importância dominante das condições econômicas, não podemos lançar mão delas para explicar por que a exploração colonial se diferencia da exploração propriamente dita, pois o indígena é um escravo em vez de ser um proletário, porque o colono é um pai e mãe no lugar de um patrão. Se procurarmos saber o que ganham aqueles que se dão ao trabalho de manter tal situação, descobriremos que não é um aumento de lucro, mas satisfações que não se contabilizam.

Antigamente, era lei na Etiópia que um credor podia exigir que seu devedor fosse acorrentado a ele. Encontravam-se ambos, assim, na mesma situação. Mas, nessa situação idêntica, se o devedor fosse digno de pena, o credor, ao contrário, experimentava certa satisfação. Essa situação revela, *em estado puro*, a satisfação do senhor que tem um escravo. Ainda que se tratasse de uma satisfação de um credor, nenhum economista pode explicar esse fato. A economia nos explica como se pode buscar dominar os homens para adquirir uma riqueza superior, mas ela não encontra muito mais a nos dizer diante de alguém que se utiliza de sua superioridade econômica simplesmente pelo prazer de submeter um homem. Assim, é necessário levar em conta essa espécie de prazer, quando queremos compreender a economia colonial enquanto colonial.

Existe certo perigo em se apegar muito fortemente à explicação econômica. É que ela implica que a colonização teria sido uma coisa boa se tivesse sido economicamente honesta, se o espírito de lucro não tivesse falsificado as contas, se os colonizadores tivessem sido economicamente desinteressados. Ora, ocorreram casos desse tipo, e certas tribos foram, ao menos por certo tempo, colonizadas por homens que não tinham em vista, essencialmente, o lucro, mas que vinham com a preocupação de converter ou evangelizar[2]. Sua "honestidade" não os protegeu no sentido de criar situações inter-humanas más... É que esse tipo de honestidade não é suficiente para realizar esse ideal que é a unificação da espécie humana pela unificação da pessoa humana. É um ideal que pode ser realizado em uma história e em direção ao qual a humanidade já progrediu visivelmente. Ela o fez através das guerras, revoluções e conflitos de todos os tipos. Os erros e os fracassos da política colonial podem ser as etapas cruéis desse caminho.

A DEPENDÊNCIA E A CIVILIZAÇÃO

Ao tentar perceber a natureza dos fenômenos de interpsicologia tais como eles se manifestam em uma situação colonial, na qual são ampliados pela diferença de nível que separa as civilizações envolvidas, fui levado, sem ter procurado, a formar uma representação da personalidade humana e de sua evolução. Não se trata de uma teoria a ser defendida nem de uma tese a ser sustentada. Trata-se simplesmente de um ponto de vista a partir do qual vemos as coisas sob certa perspectiva.

O pessoal emerge do coletivo e tende a se distinguir dele apoiando-se no individual. Porém, nunca se livra dele completamente, pois ele se constitui no coletivo. Ele mantém sempre, de uma forma ou de outra, algum resíduo das relações originais[3]. Essas relações são, aliás, biologicamente necessárias, pelo menos por um tempo, em função da situação, dependente por natureza, da criança pequena. Os primeiros esboços de qualquer personalidade são elaborados no mundo da dependência infantil; as relações sociais – ou simplesmente interindividuais – do adulto serão mais ou menos rigidamente determinadas pela evolução, conservação ou transformação dessas relações originais.

Esse argumento parece válido até mesmo na psicologia animal: com efeito, apenas podem ser capturadas as espécies nas quais os jovens animais encontram-se em uma situação de dependência em relação à mãe ou ao casal parental; são quase exclusivamente mamíferos e pássaros. Os outros podem ser apenas *adestrados*. Pode-se admitir que a domesticação não é nada mais do que o prolongamento artificial dos elos de dependência da infância, e que a sociabilidade humana tem as mesmas bases biológicas.

O longo período de estabilidade pelo qual passaram os estados de civilização que denominamos "primitivos" não representa um problema; a sociedade é organizada de tal forma que os elos de dependência da infância não são colocados em questão: eles constituem as bases das personalidades típicas nessas civilizações. O *abandono* é inconcebível: a estrutura social dá necessariamente um lugar a cada um, e ninguém pode viver sem se beneficiar do conforto afetivo assegurado por essa relação inequívoca com as estruturas sociais, seja com as linhagens, seja com os grupos.

A primeira mobilização do indivíduo fora desses contextos só é possível graças aos fenômenos de substituição mágica; os substitutos, sejam materiais ou imaginários, são investidos do poder de proteger o isolado.

As civilizações evolutivas do Ocidente, comparadas às suas populações, distinguem-se essencialmente pelo fato de que o homem ocidental típico conseguiu integrar o *abandono* à sua personalidade. Essa integração é possível graças à introjeção das imagens parentais; ela resulta na confiança concedida à técnica, garantida pelas leis positivas, verificada pela experiência. No entanto, isso só poderia ser a consequência de uma longa crise, ou melhor, de uma série de crises separadas por períodos de equilíbrio. Nessas crises, são as estruturas da personalidade tipo que estão em jogo; as ideias religiosas desempenharam um papel dominante nessa evolução. O ocidental de hoje pode olhar de frente – não sem angústia, mas com uma angústia que ele pode se empenhar em superar – uma situação que nunca teria ousado encarar há alguns séculos: ele se sente lançado em uma aventura, com toda sua civilização, em direção a um objetivo, que não vislumbra porque a própria evolução deve criá-lo. Ele mantém, no entanto, o sentimento de ser cada vez mais o dono de seu destino, e reivindica a responsabilidade em relação a ele. Esse sentimento foi muitas vezes cruelmente desmentido pelos acontecimentos, mas permanece como a única base possível de nossa personalidade. Ele não tem certeza de que seja uma ilusão, mas é certo que o homem não se coloca em semelhante situação seguindo suas tendências naturais ou seus instintos, tampouco seguindo a razão. É preciso que ele tenha aprendido a se ver, ainda que de forma confusa, em uma história. Sem dúvida, não podemos pedir a populações menos avançadas nesse caminho que se coloquem na mesma situação: não porque não sejam suficientemente instruídas, ou insuficientemente equipadas do ponto de vista da técnica, mas porque sua personalidade não se defende o suficiente contra a angústia do abandono. A personalidade ocidental nem sempre é suficientemente ela mesma.

A necessidade de laços talvez faça parte das características hereditárias do homem. Ela não é incentivada em nossa sociedade, mas tampouco é combatida sem ambiguidade. Cada um se julga obrigado e culpado de romper os elos; e, com frequência, hesita entre o sonho de uma sociedade diferente da nossa, na qual os vínculos seriam mantidos com o máximo de conforto afetivo (e de estabilidade), e o sonho de uma individualização completa, graças à qual o indivíduo radicalmente independente poderia ser autossuficiente pela sua coragem, sua técnica, suas capacidades de invenção. A criança que sofre por sentir ameaçados os vínculos que a ligam a seus pais e que, ao mesmo tempo, sente culpa, pois é ela que deseja rompê-los, responde a essa situação pela tentação de um mundo sem laços reais, de um mundo em que ela é sozinha e no qual pode projetar as imagens do inconsciente, ligadas a ela da maneira mais satisfatória, afetiva. No entanto, é esse mundo originário que, a rigor, constitui o único "mundo primitivo". É dele que sai, por assim dizer, o modelo de todos os mundos. Esse modelo, feito no início de devaneio e fabulação, duplica o mundo da realidade, o penetra e o organiza afetivamente. Vai pouco a pouco coincidindo, mais ou menos bem, com o real. Assim, em um período de transição, o mundo é povoado de anjos, demônios e outras imaginações. É essa imagem "primitiva" do mundo humano que iremos buscar nas sociedades menos reais aos nossos olhos, tornando-nos, assim, exploradores, etnógrafos e coloniais, por excessiva fidelidade à nossa infância.

O desejo de romper qualquer vínculo conduziria, se pudesse ser realizado, a uma espécie de emancipação selvagem[4] do adulto, tal como é constatada somente em certas espécies animais. Porém, a pessoa desligada de tudo permanece uma espécie de ideal mais ou menos ascético, que foi apenas abordado. No entanto, ele se realiza, em certo sentido, substituindo vínculos originais por laços despersonalizados: o próximo, anônimo, que podemos amar por caridade, a *pin up girl*, intercambiável com o *anima* de cada um, um número de registro, em relação a quem nossos deveres tornaram-se abstratos, todos esses seres são ainda pessoas, sem dúvida, mas o são apenas o suficiente para nos permitir associar a eles laços de ilusão, assim como Próspero se vincula a Ariel e Crusoé, a Sexta-Feira. Criou-se assim uma materialização do *socius primitivo*, que tende a se aproximar do indivíduo em estado puro. Ao mesmo tempo, aliás, desenvolve-se a concepção de uma matéria cujas partes podem ser substituídas umas pelas outras. Resulta disso uma mobilização das pessoas e das coisas, em um espaço indiferente; e não é coincidência que sejam negados juntos e ao mesmo tempo, de um lado, o alto e o baixo, os lugares naturais etc., e de outro, a autoridade, seja a de Aristóteles ou a de um rei por direito divino. Esse traço da civilização ocidental deu ao homem um poder de transformação, sobre as coisas ou grupos humanos, muito maior do que tudo que os mágicos puderam imaginar. O preço a ser pago é a aceitação do abandono.

A sociedade moderna é, em parte, determinada pela imagem infantil do mundo primitivo: a multidão indiferenciada, como foi frequentemente apontado (já por Descartes em uma célebre carta[5]), oferece a mesma solidão afetiva que a ilha deserta, as mesmas possibilidades de projeção para as imagens do inconsciente, uma vez que a *star* ou qualquer outra figura do mesmo tipo ocupam o lugar de Ariel ou Sexta-Feira. E não faltam outros termos para representar Caliban ou Caraíbas... As sociedades arcaicas são completamente diferentes: elas continuam a ser regidas por uma espécie de autoridade parental, mas uma autoridade que, ao fim, não encontra ninguém para exercê-la realmente, pois cristalizou-se nos costumes, ou então, está escondida nas tumbas...

À medida que o *socius* torna-se mais impessoal, as regras de conduta tornam-se abstratas e tendem a assumir o aspecto de imperativos regulamentares, sem, aliás, nunca o atingir. As crenças professadas são julgadas em relação a dogmas. Nas sociedades arcaicas, as crenças são maneiras de existir, ou seja, costumes, mas costumes que estão profundamente integrados à pessoa, e que, até mesmo, a constituem. Além disso, é inconcebível que se possa mudá-los como se muda de opinião. Isso só pode ocorrer a partir de uma crise, na qual as antigas estruturas desmoronam dando lugar a uma reconstrução. Acreditamos que o homem pode, por uma simples decisão da vontade, trocar seus costumes (os quais tendemos a confundir com preconceitos), pois nos parece que as instâncias superiores da pessoa não são profundamente afetadas por tal mudança. As personalidades arcaicas, porém, não contêm instâncias superiores aos costumes... Elas podem modificá-los na aparência, a ponto de nos fazer acreditar – e também elas mesmas acreditarem – que os deixaram; mas, enquanto suas estruturas resistem, não podem, verdadeiramente, se desapegar desses costumes. Poderíamos comparar essa situação arcaica com a da neurose obsessiva; o doente só pode renunciar a seus costumes à custa de uma angústia insuportável. No entanto, as civilizações arcaicas não contêm nenhum elemento patológico; elas representam, ao invés disso, uma forma de equilíbrio.

Em nosso mundo, o ideal de intercambialidade impulsiona o desenvolvimento de personalidades profundas, mais ou menos recalcadas, com originalidades escondidas, fora de qualquer campo de comparação. Aqui está um fator de mudança, um fator de progresso ou de neurose. Entretanto, as personalidades arcaicas só existem através do lugar definido que elas ocupam em conjunto imutável, e esse lugar as constitui desde o início. Elas não podem vislumbrar a possibilidade de deixar esse lugar por um outro, a não ser em certos casos com a ajuda de cerimônias mágicas suficientemente poderosas para modificar os laços afetivos. Resulta disso uma forma de adaptação do indivíduo a seu meio que o próprio ocidental pode compreender, pois mantém a lembrança da dependência perdida, a qual ele pode, inconscientemente, lamentar durante toda a vida. Mas ele aceitou o abandono e aprendeu a viver em uma espécie de vida afetiva em que se desenvolvem aspirações em direção à perfeição, ao absoluto e ao infinito. Essas aspirações constituíram durante muito tempo o essencial de um ideal que as civilizações do Ocidente formaram para sua grandeza e seu tormento.

Antananarivo, 1947;
Paris, 1948.

ESCRITOS ANEXOS

The Decolonization of Myself[1]

A revista *Race* solicitou que eu expusesse se – e como – minhas concepções ou minha posição puderam evoluir desde o dia em que, após uma longa estada em Madagascar, escrevi *Próspero e Caliban*, um estudo sobre a psicologia dos colonizados e seus colonizadores. A situação dos países outrora coloniais – em todo caso a maioria deles – mudou muito desde essa época e, certamente, hoje eu escreveria um livro bem diferente. No entanto, não seria uma preocupação colocar minhas concepções "em dia", completá-las e adaptá-las a uma nova situação. É, antes, que o tempo e a história são nossos melhores críticos, nos confirmam e nos refutam em nossas ideias precisamente da maneira que não sabíamos prever.

Caso se tratasse simplesmente de levar em conta situações novas, a ideia de escrever agora uma psicologia da descolonização surgiria naturalmente à minha mente. Seria uma tarefa difícil, mas, em si mesma, muito interessante. Porém, ela não me atrai absolutamente, por motivos que não são acidentais e que, pouco a pouco, vão surgir ao longo deste artigo.

Percebo nitidamente que um estudo sobre a descolonização nos revelaria, sem dúvida, de um ponto de vista psicológico, o que sobrevive hoje da antiga situação no seio da nova, um pouco como a forma simbólica com que a palavra "colonização" se encontra com um prefixo naquela que a substituiu. Vejo também o que me impediria, de fato, de escrever um estudo como esse: é que não vivi em um meio "descolonizado", a não ser, na medida em que poderíamos – e, até certo ponto, não é impossível – buscar os efeitos psicológicos de uma política de descolonização nos meios brancos metropolitanos. Porém, não é absolutamente dessa maneira que minhas ideias evoluíram. Elas evoluíram pela maneira como evoluem as ideias, e não pelo modo como se transformam as situações, ainda que, evidentemente, esses dois tipos de transformação não possam ser isolados e separados de forma bem clara.

As perguntas que posso me fazer, retrospectivamente, sobre o trabalho que eu realizava há cerca de vinte anos me parecem ser de dois tipos: por um lado, posso me perguntar como avalio hoje, enquanto explicações *psicológicas,* as que dei da situação então existente. Considero hoje essas explicações muito boas e muito ruins, quero dizer que reafirmaria, enfim, as mesmas coisas, mas de um modo muito diferente. Não utilizaria mais a palavra "dependência", por exemplo, porque o emprego dessa palavra leva a colocar muita ênfase na descrição dos malgaxes, enquanto eu pretendia, evidentemente, descrever uma situação em que estão implicados "indígenas" e europeus, e mostrar como a atitude de uns induz à dos outros. Ou então, eu teria o cuidado de não misturar de forma tão despreocupada os conceitos emprestados de escolas rivais e dificilmente conciliáveis, no plano teórico. Eu levaria mais longe a análise, procuraria dedicar maior interesse ao capítulo sobre os sonhos, que me parece muito pobre. E ainda, obviamente, eu me empenharia em compreender a razão pela qual as forças que, à época, trabalhavam para manter a colonização nos parecem tão consideráveis em relação às dos colonizados, enquanto cederam com mais rapidez do que podíamos prever, e quase não esperávamos isso, o que me deu a impressão desagradável de ter sido muito temeroso, e, inconscientemente, mais conservador do que imaginei. Eu sabia, enquanto escrevia meu livro, que a questão colonial dividia os brancos entre si, assim como os negros, e que um conflito colonial seria interpretado, a rigor, pelo menos como a ameaça de uma dupla guerra civil. Esse fato pode ser lido em *Próspero e Caliban,* mas somente nas entrelinhas. Hoje, essa ideia me parece mais importante e mais significativa. No entanto, parece-me que, apesar de todos esses defeitos, meu estudo foi fundamentado em intuições que ainda considero válidas, e é sobretudo sobre a arte imperfeita com a qual as teorizei, que eu faria objeções. No final das contas, essas objeções não têm uma grande importância. Ao contrário, fico muito mais constrangido pelas reflexões que posso fazer sobre a natureza de meu empreendimento, do que em relação às críticas ou defesas de sua execução.

Eu me pergunto, agora, o que queria dizer o fato de procurar uma explicação puramente psicológica para os problemas e dificuldades nascidas da colonização. Sem dúvida, eu havia tomado todas as precauções oratórias necessárias. Não negava que teria muitos outros pontos também válidos; eu poderia enumerá-los: a história, a economia, a política etc. Foi uma surpresa para mim – certamente desagradável, mas reveladora de alguma coisa – encontrar-me, de alguns lados, atacado em meu próprio projeto, como se houvesse algo de desonesto em querer buscar uma explicação psicológica para as dificuldades da situação colonial. E logo fui obrigado a dar-me conta de que meu livro não teria como não ser interpretado em um sentido político, aliás, de maneiras diversas. Deixando de lado certas utilizações abusivas e injustificáveis, aliás, raras, eu podia me assegurar constatando que meu trabalho desmistificava os leitores. Pude ver que ele esboçava também algum misticismo, que era, de fato, útil à causa anticolonialista. Não podia ser evitado, e a dificuldade não se referia a isso. Era necessário que eu fosse mais longe e me questionasse sobre a posição daquele que propõe explicações psicológicas em um domínio desse tipo.

Se me vejo levado a propor uma pergunta tão genérica, genérica demais para não ser aqui apenas evocada, não é porque meu interesse por questões de psicologia tenha diminuído; ao contrário, passei meu tempo a aprofundá-las. Não duvido do valor, tampouco, mas apenas até certo ponto, da eficácia desse tipo de explicações. Ele dissipa os mal-entendidos, mostra novas orientações. Traz ao leitor, na medida em que ele esteja apenas interessado e não verdadeiramente engajado, um alívio aos seus embaraços e preocupações. Apenas vemos que aqueles que estão verdadeiramente comprometidos hesitam em levá-lo em consideração. Quando pensamos sobre isso, corremos o risco de cair na pior das defesas: somos tentados a dizer que aqueles que estão comprometidos são vítimas de atitudes passionais que os cegam. Contudo, afirmar isso não seria cegar-se a si mesmo, já que equivaleria a resolver as questões da maneira mais satisfatória, mas somente para aqueles que são menos afetados por elas? Dito de outra forma, criticando a ineficiência dos métodos "objetivos" nas ciências do homem, eu não teria ido longe o suficiente.

Essas dificuldades me ocorreram quando estava escrevendo. Eu tinha um cargo oficial em Madagascar que me permitia ter algum tempo livre. Eu me interessava, como amador, pelas pesquisas etnográficas e acabei por me ver implicado de maneira tão perturbadora, que iniciei, durante minhas férias em Paris, uma psicanálise que terminou em *training analysis*. Essa análise ainda estava em curso enquanto escrevia. Eu era um verdadeiro neófito, e, como todos os neófitos, entusiasmado com minhas descobertas. Agradava-me constatar o quanto meu ponto de vista era amplo em comparação ao das outras disciplinas científicas, e me parecia fácil denunciar a estreiteza das posições "objetivas", tratá-las como racionalizações e quase como defesas obsessivas. Isso me impedia de ver que eu também havia cercado meu domínio por barreiras, e que eu afastava aquilo que, talvez, fosse o mais incômodo...

Também não me satisfaria, de modo algum, acrescentar um segundo volume ao meu livro, para estudar, na mesma perspectiva e com o mesmo método, o que o branco se tornou no meio de negros sobre os quais ele não reina mais, pelo menos não da mesma forma, tampouco o que se tornaram os negros enquanto herdeiros de seus antigos senhores. Gostaria ainda mais, como disse, de pesquisar de que modo o fantasma do antigo colonizado assombra, sem que eles o suspeitem, as relações entre os brancos que não deixaram a Europa porque, afinal, disso tenho a experiência em mim mesmo. Lamentei, em um prefácio para uma edição inglesa, de não ter "produced a more openly personal study" (produzido um estudo assumidamente pessoal). Naquele momento, eu podia acreditar que se tratava do remorso, análogo àquele que Freud declara em *Traumdeutung* (A Interpretação dos Sonhos), por não ter cogitado, quando ainda era tempo, expor a ordem das minhas impressões em sua cronologia e em seu contexto biográfico. E isso, sem dúvida, não era possível. Mas, impulsionando essa reflexão sobre mim mesmo, venho em busca da descolonização no único território a que tenho, pelo menos, a ilusão de ter acesso a todo instante, daí o título do presente artigo. Para me limitar, não seguirei esse mesmo caminho, mas um outro, levemente paralelo.

O alcance da explicação psicológica é limitado; ela permite superar certas atitudes racistas, ou, em todo caso, denunciá-las quando é incapaz de corrigi-las. A questão, aliás, não é fácil; o racismo não entra de maneira definida em uma classificação nosográfica; é, antes, do ponto de vista da patologia, um sintoma que não tem absolutamente o mesmo significado, por exemplo, em um paranoico; em um perverso; e, além disso, pode perfeitamente ser encontrado em personalidades "normais". Esse tipo de questões pode interessar, deve interessar a todo psicanalista. Porém, não seria uma grande ilusão acreditar que a redução de qualquer sentimento racista, se tal redução fosse possível, tanto de fato como em teoria, levaria por ela mesma à solução humana e justa das dificuldades raciais? Eu diria, de maneira talvez um pouco rápida, que a psicanálise não deve vincular sua causa, longe disso, àquela das antigas ilusões liberais (com um "l" minúsculo), e deve ser capaz de ver como a dificuldade persiste após essa redução. Ou, expressando de outra forma, o racismo, naqueles que não estão implicados em uma relação inter-racial real, é um sintoma neurótico, em todo caso patológico; mas, naqueles que vivem uma relação inter-racial difícil, o racismo aparece como uma *solução "delirante"* dessas dificuldades. Reduzir o delírio permite acessar as dificuldades verdadeiras, ou mais verdadeiras, mas nem por isso são eliminadas. Posso explicar melhor, talvez, através de um exemplo grosseiro: se surgem desentendimentos graves dentro de um casamento misto, um dos dois cônjuges (ou ambos) pode adotar uma atitude racista, o que, por assim dizer, o fará sentir-se justificado definitivamente, sem grandes esforços, e, ao mesmo tempo, tornará mais difícil a solução do desentendimento real. Mas se, voltando repentinamente à razão, ele abandonasse qualquer sentimento racista, e pudesse compreender melhor as causas reais do desacordo, seria reconduzido para enfrentar a dificuldade, tal como existia antes de ter adotado a solução "delirante"... Assim, as limitações da explicação psicológica não impedem de levar os problemas adiante, de eliminar seus aspectos distorcidos ou passionais. Porém, nenhum psicanalista, a menos que ele seja assombrado por um otimismo irredutível a qualquer análise, admitirá que todas as dificuldades que encontramos nesse mundo real são devidas apenas a mal-entendidos, paixões, ilusões, e nem que, uma vez livre de todo racismo, o branco poderá se apresentar ao negro como seu verdadeiro irmão. Sabemos, sabemos muito bem, e não cessamos de nos surpreender com isso, quando o branco chegar a esse ponto, o negro se recusará a reconhecê-lo como um irmão e não se mostrará satisfeito com essa situação humanista. Parecerá ao negro que, para chegar a essa solução, simplesmente eliminamos o verdadeiro enunciado do problema. Assim, o psicólogo corre o risco de desempenhar, involuntariamente, o papel desses mordomos da comédia italiana que, intermediando seus patrões alterados, conseguem acalmá-los, até o momento em que os patrões, falando entre si, encontram o verdadeiro motivo de sua discussão.

É nesse sentido que devo buscar minha própria descolonização, tentando ver de que lado um elemento importante da questão havia sido eliminado ou negado por mim. Não há dúvida de que qualquer tentativa de buscar uma única solução na eliminação do racismo abre necessariamente, mesmo que de modo implícito e sem que seja formulada, para uma concepção *universalista*, ou seja, de que todos os homens são semelhantes – do mesmo modo que todos eles têm, supostamente, almas imortais – e que assim é apresentada como uma solução, o que é apenas a negação otimista do enunciado. O racista nega a semelhança universal de todos os homens, e o contestamos restabelecendo essa semelhança; todavia, o problema real não se coloca em termos de semelhança, mas precisamente em termos de diferença, a questão é saber o que os homens farão com suas diferenças, e não as eliminar. E a indicação de que deve ocorrer assim, sem que se possa afirmar que seja uma prova disso, é a reação dos negros diante do liberalismo dos intelectuais brancos, já que os mais clarividentes entre eles acabam de maneira paradoxal, por dizer que, se a solução dos racistas é inadmissível, ao menos essa solução concerne mais ao enunciado real do que a solução universal que perdeu o enunciado de vista.

Essas questões não são fáceis. A solução universalista é tão agradável, abre um paraíso, imaginário, de justiça e felicidade, que torna criticá-la uma tarefa nada fácil, e nenhuma crítica, aliás, vinda do lado dos racistas, jamais teria surgido entre eles, que se sentem puros de coração. Mas esses últimos ficaram desconcertados e, por vezes, chocados, quando observavam essa crítica vir em direção a eles, às vezes de forma veemente, da parte daqueles que, ao contrário, acreditavam-se defensores da causa. Meu estudo eliminava os mitos raciais e coloniais – mas quase não abordava as convicções universais implicadas.

No início de minha prática analítica, lembro-me de me sentir tentado a dizer a um paciente judeu, que encontrava dificuldades em sua própria relação com o judaísmo, que, na realidade, não existiam judeus, que era apenas uma palavra, uma etiqueta que as mãos de outros tinham colado nas suas costas – interpretação indefensável, pois, mesmo se a raça judaica não tem nenhuma existência científica (ou "objetiva"), o dilema de cada judeu apresentado por suas relações com os outros judeus e com os não judeus não pode ser resolvido, se for preciso fazê-lo, por esse tipo de negação. E isso, mesmo levando em conta o fato de que muitos dos próprios judeus experimentam essa solução, esforçam-se em se assimilar aos não judeus e, frequentemente, são bem-sucedidos, na condição, aliás, de pagar por essa negação um preço de angústias e desordens de todos os tipos, que os psicanalistas conhecem bem.

O mesmo problema poderia ser encontrado em lados diferentes e até mesmo nas relações entre homens e mulheres. Quando uma mulher foi bem-sucedida em se colocar em uma igualdade universalista que faz dela um ser-humano-sem-diferença, ela pede em pouco tempo para ser reconhecida e amada como mulher; e ainda, reivindica o direito, fonte de tantos conflitos às vezes cômicos, às vezes dolorosos, de ser aceita e amada por seus defeitos. Aliás, quem não sabe que ninguém se contenta – a não ser diante da lei ou da administração, e mais ainda! – em ser aceito como ser-humano-sem-diferença? Um tal "amor" é apenas uma laicização da caridade cristã; e, qualquer que seja o valor das virtudes de caridade, seria um insulto a uma pessoa, amá-la por pura caridade.

Uma vez descoberta essa negação otimista da dificuldade real, negação essa que funciona exatamente como uma resistência, não é mais possível se satisfazer com uma explicação psicológica que implica, ainda que de forma velada, uma adesão às posições universalistas. Mas, se é uma resistência, a que afinal resistimos? Aqui, as questões se tornam rapidamente difíceis, exigindo tais desenvolvimentos – e, talvez, chegando apenas a aproximações –, que se pode tratar apenas, nessas páginas, de apontá-los ao longe. Não é de uma resistência às reivindicações dos negros enquanto tais, que se pode tratar. Os brancos podem se opor a essas reivindicações, mas eles as conhecem, pelo menos em parte, ainda que certos aspectos sejam, aos seus olhos, incompreensíveis ou obscuros. Essa parte incompreensível ou obscura é assim porque está ligada ao fato de que, se, por um lado, a atitude do branco é problemática para o negro; por outro e inversamente, o problema dos negros não é exterior ao mundo dos brancos. Como sabemos, os brancos estão divididos por esse problema sem conseguir enunciá-lo de maneira que satisfaça a todos. A ponto de, como vimos acima, os negros, quando vão até o fim, afirmarem que, se as atitudes racistas são inadmissíveis, têm, no entanto, o mérito de situar a dificuldade onde ela realmente habita, enquanto a ideologia liberal (à qual, sem o saber, quaisquer tentativas de explicação ou de redução psicológica, são associadas) apresenta como solução o que se revela, finalmente, pura evacuação do enunciado. Podemos conceder aos universalistas que as diferenças raciais não têm *absolutamente nenhum sentido na ordem da natureza*. Porém, é da mesma maneira que os diversos fenômenos que constituem o balbuciar de um bebê não têm um sentido natural em si mesmos. Eles o receberão mais tarde. Qualquer discussão, científica ou não, sobre a natureza em si das diferenças raciais não pode, portanto, fazer avançar uma questão que surge em outro lugar. Essas diferenças tornar-se-ão os *significantes*, os quais permitirão, de forma clara ou confusa, colocar enfim o enunciado entre os homens, como se o encontro do branco e o negro, longe de ser o encontro de dois homens-sem-diferença, fosse o encontro da diferença em estado puro, a diferença sem significado natural, que se torna o símbolo, simultaneamente evidente e absurdo, daquilo que vai mal nas relações humanas e, no que nos concerne, do que vai mal no mundo dos brancos. De maneira que, na história, ou seja, praticamente na nossa história – pois a esta foi com maior frequência uma questão nossa –, poder-se-ia dizer que o fato da existência do negro passou a desempenhar o papel de revelador, para fazer surgir *no mundo branco* algo que talvez não se mostrasse tão bem sem ele. É a essa revelação a que resistimos, e é o que nega a universalidade. Experimento uma certa satisfação ao perceber que, se em *Próspero e Caliban*, uma confiança excessiva na psicologia me fez reduzir às vezes as questões, essas explicações eram, apesar disso, bem orientadas, algumas vezes à minha revelia, para conduzi-las de forma bastante clara nessa direção.

Mesmo sendo afastadas todas as distorções racistas, todos sabem hoje que não se trata de conduzir pesquisas raciais em um espaço que seria mais ou menos limitado através de concepções como as de Darwin, de Kipling ou do Dr. Schweitzer, por exemplo. Não é mais possível encontrar para as dificuldades humanas e políticas uma base mais real (biológica) do lado de uma concorrência natural, para opor a ela a simples caridade cristã; ainda menos, confirmar as responsabilidades planetárias dos brancos pintando-os com a cor do humanismo. Se a presença do negro sobre esse planeta coloca um verdadeiro desafio aos brancos, não se trata, segundo os esquemas milenares, de uma oposição entre raças, semelhante a uma guerra fria entre as grandes populações que teriam como fronteira a cor de sua pele, de tal maneira que cairíamos na antiga alternativa tão frequentemente fatal no passado da humanidade: como estabelecer a paz ou, na sua falta, como ganhar a guerra? Mesmo o contrarracismo negro, que por uma falsa simetria tendemos a colocar em frente ao racismo branco, está longe de ter a mesma natureza: ele é uma oposição às concepções e às práticas morais e políticas dos brancos. É a coexistência dos homens entre si, e não somente das raças, que está em questão; e, a esse questionamento, é o universalista, ou seja, o puro antirracista, que resiste, afirmando que os homens já coexistiriam de modo satisfatório se somente conseguíssemos dissipar os preconceitos, as ilusões, os fantasmas – a loucura dos adversários; para dissipá-los, conta com os psicólogos. O negro está posicionado de maneira a ver diferentemente o que não vai bem na maneira como os brancos (os menos loucos e mais humanos) organizaram a coexistência entre os homens – inclusive entre os brancos –, porque é ele que carrega o maior peso daquilo que, nesse domínio, está errado. Suas concepções não são, talvez, melhores, elas são talvez piores, mas não estão em causa, não carregamos o peso. De tal forma que cabe a nós sermos questionados. A *diferença* foi colocada a cargo do negro, ela lhe foi imputada como um pecado original. Por que ele não aceita, quando estamos dispostos a fazê-lo, que esse pecado seja lavado no batismo universalista? O que significam essa teimosia e inflexibilidade? Por que ele retoma a responsabilidade da diferença quando deixamos de atribui-la a ele? Porque ele agora se tornou o *significante* de sua reivindicação: ele não pode mais pedir para ser reconhecido como puro ser humano, ele quer ser reconhecido como negro. O universalismo não lhe interessa, vê nele apenas um truque destinado a assegurar ao branco boa consciência. Ele trabalha, evidentemente, para nos causar consciência pesada, mas com meios diferentes dos de outrora.

Não me sinto levado a desempenhar o papel do otimista e não sei se a existência do negro nos revela algo como o dilaceramento irremediável do mundo humano que é o motor da história, com suas violências e catástrofes, ou se ela nos indica o caminho das reconciliações até aqui perdidas ou ausentes. Não tenho nenhuma vontade de profetizar, mas permaneço fiel ao meu primeiro projeto tentando, com dificuldade, identificar os erros que se escondem nas atitudes presentes; e não surpreende o fato de que agora percebo que metade da minha antiga análise ainda era prisioneira desses erros, enquanto a outra metade já havia sido uma liberação. Não tenho agora menos confiança nos instrumentos da psicanálise, ao contrário, mas vejo mais nitidamente como utilizá-los em seu verdadeiro lugar e em seus verdadeiros limites. Toda doutrina que subentende – de uma maneira ou de outra, seja de moralistas, políticos, psicólogos – que nossas dificuldades atuais decorrem exclusivamente do fato de que, outrora, nos faltou justiça ou caridade (e precisamos investigar cuidadosamente esses subentendidos, pois eles podem se camuflar de forma muito sutil) tende a escamotear as verdadeiras dificuldades. Sem dúvida nenhuma, a justiça e a caridade, lá como em outros lugares, falharam frequentemente, mas, na medida em que, no entanto, elas intervinham, eram ineficazes, pois tomavam como objeto apenas o homem universal, o homem sem diferença. A tal ponto que acabavam por nos desviar da dificuldade real, e até mesmo por nos servir de álibi. A cada vez que as diferenças entre os homens se tornavam muito difíceis de ser negadas, podemos dizer, sem muito exagero, que é nossa própria incapacidade de fazer algo a respeito, que desencadeava as reações cegas de recusa e violência – como se aquele que trazia a diferença, que refutava nosso universalismo, devesse receber a punição por essa infâmia.

Como analista, não estou absolutamente surpreso por chegar a esse tipo de conclusão, pois conheço a vaidade de toda pregação caridosa quando se trata de vencer os males que me são confiados. Sou levado a compreender os sentimentos de hostilidade segundo o papel que desempenham no equilíbrio precário de uma personalidade individual; isso certamente me ensinou muito sobre o que pode acontecer em situações coletivas, pelo menos naquilo que seria puramente redutível a reações emocionais de massas pouco organizadas. Mas esse, evidentemente, é apenas um aspecto da situação.

Comecei, há cerca de vinte anos, minha própria descolonização de uma forma que não renego absolutamente, penso que era apenas uma etapa. Mas, indo mais longe, e assim procedo, parece-me que me arrisco a chegar apenas a mais sabedoria individual, mais amplitude de espírito, mais tolerância, talvez a mais sutileza psicológica, Isso não é suficiente. Não é suficiente se, afinal, levar a dizer que ser um negro não tem importância nem significado; o negro não pode acreditar em nós, e ele considera, ao contrário, que esse fato tem muita importância e significado. Talvez, sejamos nós, os brancos, que os levamos a essa atitude; eu seria facilmente convencido disso; não encontramos o sentido dessa importância e desse significado; nós nos desinteressamos dessa questão como se não nos dissesse respeito, como se não fosse, pelo menos em parte, nossa obra.

"Terrains" de Mission?[1]

A situação no Camboja, em Laos, no Vietnã, assim como nos Estados Unidos, nos faria recordar, se já tivéssemos esquecido a Guerra da Argélia, que uma guerra "colonial" é sempre *uma dupla guerra civil*. Essa dupla guerra está em curso nos países árabes, e vemos os primeiros sinais dela entre os israelitas e já entre os israelenses. Se ocorre dessa forma, não é por acidente. Trata-se de um fato muito fundamental, ao qual não dedicamos atenção suficiente, e que podemos apontar apenas de forma vaga, afirmando ser um conflito de base entre duas orientações, universalmente divulgadas, no que se refere às relações humanas em sua generalidade. Aqueles que empreendem uma guerra colonial (ou neocolonial), de maneira paradoxal, oprimem uma parte de seus compatriotas.

Essa situação se reflete, se dissimula e se especifica simultaneamente no debate etnológico ou antropológico. Para ajudar os argelinos, não era necessário, como alguns acreditavam, combater ao lado deles, ainda menos militar entre eles, ou lhes dar ridiculamente conselhos: havia um campo de batalha muito mais perto. E, apesar das aparências, os etnólogos nunca acreditaram que é em "solo" que eles levariam ajuda aos "autóctones". Eles não escrevem no idioma desses últimos, não publicam, nem divulgam seus livros entre eles. Se o fizessem, ficariam expostos a surpresas instrutivas.

A etnologia é um tema entre ocidentais. O "indígena" que se diz etnólogo, se não é um mistificador, é mistificado. Se um branco vive com os indígenas o suficiente para compreendê-los, para compartilhar suas emoções, sua sabedoria, seus costumes, como um grupo pequeno que não pôde encontrar a felicidade em outros lugares, ele pode ao final de uma longuíssima experiência, e se ainda se preocupa com isso, justificar-se de forma simples... No entanto, isso interessará muito pouco aos etnólogos, pois, para dizer de forma um pouco vaga, trata-se de uma espécie de fusão em que veriam apenas confusão. Uma confusão que é o modo de viver, em relação ao qual o etnógrafo se preserva, mantendo certo grau de objetividade, que persiste mesmo no caso de engajamento político. Seria o fracasso de seu projeto completo, aproximadamente como seria o caso de um missionário que se tornasse animista. Tanto que os jovens etnógrafos, frequentemente, buscam uma espécie de utopia, o que valeria a pena analisar. Em relação a essa busca, é melhor estar consciente.

O papel e a função do etnólogo estão em outro lugar. É em "solo" que ele vai buscar a experiência, os exemplos e os argumentos para agir em outro lugar. Antigamente, para descobrir (com que sucesso, não podemos esquecer, em seu país de origem) simplesmente o relativismo cultural. Hoje, trata-se de algo mais profundo ainda (quero dizer mais profundo que o relativismo cultural *para nós hoje*, pois, na época, não significava nada!). É nessa tarefa que ele pode trair. Quando Griaule, sem o saber, descrevia os abissínios de modo que podia favorecer Mussolini, não apenas traía os abissínios, mas parte dos europeus. Seu erro foi não ter o conhecimento disso. A objetividade científica, nesse domínio, não é uma desculpa. Em todo caso, não vemos como os objetos dessa objetividade poderiam aprová-la.

Precisamos dos etnógrafos para compreender (e algumas vezes compreendemos à custa deles) e para modificar nossa atitude ocidental, após ter dimensionado tudo o que a separa de outras atitudes possíveis. Eles são os especialistas das diferenças, no fundo, de todas as diferenças, porque as diferenças culturais mais acentuadas são apenas como a ampliação explicativa dos outros. Eles são encarregados de nos contar histórias verdadeiras que provam ser possível mudar de vida. E se Rimbaud acabou como colonial, esse infeliz avatar tenha talvez decorrido, como um fracasso, do fato de ter dito isso primeiro.

O "solo" não é, portanto, o da ação, não preciso recordar isso: podemos ver esse fato claramente no próprio ritmo dos debates. E não é necessário considerar a sobrevivência do indígena como um pretexto dessa luta: aí se reflete corretamente a verdadeira aposta. De um modo ou de outro, somos todos colonizados – todo mundo por todo mundo.

(Eu mesmo sei muito bem disso por ter vivido, sem delirar, em um meio colonial; mas eu ainda era bastante ingênuo, mesmo quando escrevi a respeito, por ter acreditado que o país onde eu vivia apresentava tão pouco interesse econômico, que poderia se transformar sem que o imperialismo se desse conta. Ingenuidade ao estilo século XVIII. Mas mostrei mesmo assim, talvez o primeiro, que o estudo objetivo de uma população criava por si mesmo uma situação colonial. Em todo caso, era em 1949, antes de *Tristes Trópicos*, *África Ambígua* etc.)

O essencial é que ir até os indígenas, às favelas, ou às prisões, às fábricas, aos hospitais psiquiátricos, é a mesma coisa. Aprendemos aqui o que é preciso combater em outros lugares. (Mesmo nas fábricas, um combate que não fosse um momento tático de estratégia mais geral não resultaria em melhorias reformistas.) A formação técnica pode ser útil. Apenas é preciso, como se diz na China, a orientação correta.

Notas

PREFÁCIO À EDIÇÃO BRASILEIRA

1. Edward Said, Reconsiderando a Teoria Itinerante, em Manuela Ribeiro Sanches (org.), *Deslocalizar a Europa*, Lisboa: Cotovia, 2005, p. 25-42.
2. Ver Andréa M. C Guerra, *Sujeito Suposto Suspeito: A Transferência no Sul Global*, São Paulo: N-1 Edições, 2022.
3. Sigmund Freud, Dinâmica da transferência [1912], em *ESB (Edição Standard Brasileira)*, v. XII, Rio de Janeiro: Imago, 1976, p. 146.
4. Ibidem, p. 167.
5. Ver Jacques Lacan, *O Seminário, Livro 11: Os Quatro Conceitos Fundamentais da Psicanálise*, Rio de Janeiro: Jorge Zahar, 1998, p. 125.
6. Lélia Gonzalez, *Por um Feminismo Afro-Latino-Americano*, organização de Flávia Rios e Márcia Lima, Rio de Janeiro: Zahar, 2020, p. 84.
7. Ibidem, p. 78 e 79.

AS MÚLTIPLAS VIDAS DE UM LIVRO INOPORTUNO

1. Ver Aimé Césaire, *Discours sur le colonialisme* (Paris: Présence Africaine, 1950); assim como o relatório de Alioune Diop, o fundador de Présence Africaine, em *Esprit* (out. 1951). Sobre a relação Fanon-Mannoni, frequentemente reduzida à crítica mordaz do "complexo de dependência", ver Livio Boni, La Condition (post)coloniale entre marxisme et psychanalyse (2): l'apport de Mannoni, *Actuel Marx*, n. 61, 2017, p. 153-167. Entre os raros defensores da abordagem de Mannoni, na época, estavam a revista *Les Temps modernes*, um apoio relevante, onde ele publicará regularmente nos anos 1950-1960; e o antropólogo Georges Balandier, que retomará, a partir de 1951, a noção de "situação colonial". Recordemos ainda um texto esquecido de Mannoni, "La Plainte du noir", publicado em *Esprit*, também em 1951, no mesmo fascículo em que Fanon publica "L'Expérience vécue du Noir", que será incluído, posteriormente em *Peau noire, masques blancs* (Paris: Seuil, 1952). Esses dois textos apresentam intersecções muito significativas, e Mannoni destaca o tema da máscara, de onde Fanon tira a inspiração para o próprio título de seu livro.
2. Sobre tal empréstimo, ver Charles Baladier, "Prefácio" para Octave Mannoni, *Prospero et Caliban*, também incluído na terceira edição, *Le Racisme revisité*.
3. Ver Livio Boni e Sophie Mendelsohn, *La Vie psychique du racisme* (Paris: La Découverte, 2021), assim como o prefácio de Sophie Mendelsohn na reedição de *Je sais bien, mais quando même...* (Paris: Seuil, 2022).
4. Ver François Vatin, "Octave Manonni (1899-1989) et sa *psychologie de la colonisation*. Contextualisation et décontextualisation", *Revue du MAUSS*, n. 37, 2011, sem dúvida, a melhor introdução biobibliográfica ao primeiro Manonni.
5. Ver Octave Mannoni, *Nous nous quittons, c'est là ma route: Carnets* (Paris: Denöel, 1990).
6. Sigla de Parti Comunista Français, partido político francês criado em 29 de dezembro de 1920, no Congresso de Tours, sob o nome *de section française de l'Internationale communiste*, como consequência da cisão provocada pela grande maioria dos socialistas pertencentes à *section française de L'Internationale ouvrière*. (N. da T.)
7. Sigla de Confédération Générale du Travail, organização sindical francesa criada em 23 de setembro de 1895, no Congresso de Limoges, reunindo 18 conselhos trabalhistas, 28 federações de indústrias e 126 sindicatos não federados. (N. da T.)
8. Essa curta experiência na administração colonial será transposta para uma longa novela, redigida na mesma época que *Psychologie de la colonisation*, e publicada em uma primeira vez pela Seuil em 1951, sob o título *Lettres personnelles À Monsieur le Directeur*, antes de ser retomada sob o título *La Machine* (apris, Tchou, 1977) e depois, em uma última vez, sob o título *Lettres personnelles. Fiction lacanienne d'une Analyse* (Paris: Denoël, 1990). Para além do paralelismo com *Psychologie de la colonisation* (três editoras e títulos diferentes), trata-se de uma tentativa – suspensa entre o pastiche kafkiano e a narrativa autoanalítica – de fazer um balanço mais pessoal da experiência do mundo colonial. A sexualidade e a questão do corpo, praticamente ausentes em *Psychologie*, são convidadas, assim, por esse aspecto literário da análise da situação colonial.
9. O. Mannoni, *Nous nous quittons, c'est là ma route*, p. 313.

10. Entre 1948 e 1949, vários trechos do que será, mais tarde, *Psychologie de la colonisation*, são publicados nas revistas de psicanálise e de ciências sociais, incluindo *Psyché*, *Esprit et Chemins du monde*.
11. O balanço inicial, de quase 90 mil mortos, foi dividido por dois nas pesquisas mais recentes, porém o debate permanece aberto dentre os historiadores. Para um inventário das questões pendentes e os debates ainda em curso sobre esse episódio complexo, que continua a assombrar a história pós-colonial malgaxe, ver *Madagascar 1947. La tragédie oubliée* (Paris: Laterit/Mémoires de Madagascar, 2018).

INTRODUÇÃO

1. Ver L. Lévy-Bruhl, *La Mentalité primitive*.
2. E pode-se compreender assim por que um etnógrafo se vê frequentemente tentado a se voltar *para o passado* em tudo o que estuda, por mais estéril que seja essa atitude, a ponto de negligenciar o estudo de tudo que é "recente".
3. "Teus cabelos crespos, teus braços de mulata", tradução livre. (N. da T.)
4. Eu me explicarei através de um exemplo mais gritante, emprestado das ciências naturais: observadores seguiram – de longe, evidentemente – hordas de gorilas em liberdade a fim de estudá-los. Eles nos trouxeram uma descrição que estranhamente coincide com a ideia que a psicanálise formou da "família primitiva". Ora, essa ideia a psicanálise concebeu unicamente explorando o inconsciente do civilizado. Essa coincidência entre o que os naturalistas observaram com seus binóculos e o que se poderia descobrir em seu inconsciente é, portanto, suspeita. Ela tende a provar que a observação é influenciada pelo inconsciente do observador e seus complexos de origem infantil. (Caso contrário, teríamos que admitir que a psicanálise é o melhor meio de fazer biologia ou pré-história! Nem mesmo Jung iria tão longe.) Em todo caso, consideramos que passa a ser interessante a pesquisa sobre as razões profundas pelas quais certos naturalistas deixam suas famílias para irem ao centro da África encontrar a dos gorilas – em parte, imaginária. Empreendendo essa pesquisa, estaríamos apenas começando *a preparação psicológica do estudo verdadeiramente objetivo das hordas antropoides*.
5. G. Bouthoul, *Traité de sociologie*, p. 398.
6. Ibidem, p. 375.
7. É, ainda hoje, a força dos missionários.
8. Acréscimo redigido pelo autor para a edição inglesa de 1956 (N. da E.).
9. M. Klein, *Contributions to Psychoanalysis*, p. 238.

PARTE 1 A DEPENDÊNCIA

1.1. DEPENDÊNCIA E INFERIORIDADE

1. Ver, por exemplo, o que diz a respeito disso o padre Vincent de Paul Cotte, *Regardons vivre une tribu malgaxe*, p. 225-232.
2. A palavra *mishoatra* (obrigado), em Madagascar, é pronunciada tanto por aquele que dá como por aquele que recebe. No entanto, o mesmo se aplica às crianças europeias.
3. L. Lévy-Bruhl, *La Mentalité primitive*, p. 477-502.
4. Esse tipo de vínculo independente das estruturas tradicionais coletivas desempenha um papel no desenvolvimento da pessoa e na civilização. Opõe-se aos vínculos tradicionais. Assim se prepara a ideia cristã do próximo. Mas foi necessário um deus – Júpiter, que protege o hospedeiro desconhecido, ou um Pai eterno, que torna irmãos todos os homens – para tornar a passagem possível.

1.2. O CULTO DOS MORTOS E A FAMÍLIA

1. Tal atitude é encontrada em outra parte. Os melanésios descritos por Maurice Leenhardt chamam seus ancestrais de *bemu*, quer dizer, *ajuda vida*.
2. V. de Paul Cotte, *Regardons vivre une tribu malgache*, p. 71-72.
3. Ibidem, p. 73.
4. Esta palavra *lolo*, por uma curiosa coincidência, tem o mesmo sentido que ψυχή: "alma" e "borboleta". A semântica exige que, em grego, a passagem de um sentido a outro se explica pela ideia de umidade (ver ψῦχος). Não há quase nenhuma dúvida de que ele se explica em malgaxe, pois a crisálida assemelha-se a um morto enterrado, e do qual podemos ver sair uma borboleta, assim como a alma sai do corpo adormecido ou morto.

5. Vincent Cotte observou essa situação em relação aos betsimisaraka, sem explicá-la (op. cit., p. 173-175). Ver uma descrição detalhada da vida familiar malgaxe em um artigo de Pierre Boiteau sobre "La Structure sociale" (*Revue de Madagascar*, n. 21).
6. C. Renel, Les Amulettes malgaches, *Bulletin de l'Académie malgaxe*, p. 63.

1.3. A AMEAÇA DE ABANDONO

1. D. Westermann, *Noirs et blancs en Afrique*, p. 130.
2. A maneira como Künkel se expressa tem, naturalmente, muito mais nuances que um resumo pode revelar. Eis aqui uma passagem de *Eïnfürung in die Charakterkunde*, emprestada de uma tradução ainda inédita de P. de Monès del Pujol: "Il n'est pas absolument démontré que l'inhumanité des parents (de l'enfant *trahi* dont on analyse le cas) ait été telle qu'elle apparut intérieurement aux yeux du désespéré. Mais l'enquête n'a pas à établir ce qui s'est objectivement passé dans cette famille. Elle n'a à considérer que ce qui est subjectivement passé dans l'âme de l'enfant. La rupture entre ce dernier et ses parents n'était que trop réelle…" (Não está absolutamente demonstrado que a desumanidade dos pais [da criança *traída* cujo caso analisamos] é tal como é percebida interiormente aos olhos do desesperado. Mas a investigação não deve estabelecer o que aconteceu objetivamente nessa família. Ela só precisa considerar o que subjetivamente se passou na alma da criança. A ruptura entre ela e seus pais era apenas real demais…).

   Convém observar que, quando a análise depara com um acontecimento que se revelou traumatizante, não pelo que foi, mas pelo que pareceu ser aos olhos da criança, ela não pode parar por aí e deve investigar *por que* o evento foi assim percebido.
3. Ver *Einführung in die Charakterkunde*, segundo o mesmo tradutor: "Notre vie à tous debute dans le nous primitif, dans une complete harmonie avec notre entourage. Rien ne nous distingue au début, en tant que sujet, des sujets qui nous environnent. Nous reposons tout simplement au sein d'une humanité sujet, et nous vivons comme si tous les hommes vivaient la même vie que nous. Le nourrisson appartient en quelque sorte au stade primitif de l'humanité. Mais il ne pourrait y demeurer que si l'humanité primitive était une réalité. On peut donc prétendre que le comportement du nourrisson repose sur une équivoque […]. Il en resulte une rupture du nous considérée par l'entourage comme un appel injustifié, ou même comme une prétention égoïste de l'enfant, cependant que celui-ci la ressent comme une trahison des adultes à son égard." (Nossa vida, para todos nós, se funda em nosso primitivo, em uma completa harmonia com nosso entorno. Nada nos distingue no início, como sujeito, dos sujeitos que nos rodeiam. Apoiamo-nos simplesmente no seio de uma humanidade-sujeito e vivemos como se todos os homens vivessem a mesma vida que nós. O lactente pertence a um tipo de estágio primitivo da humanidade. Mas ele só poderia permanecer assim se a humanidade primitiva fosse uma realidade. Podemos então admitir que o comportamento do lactente repousa em um equívoco […]. Resulta disso uma ruptura, considerada como um apelo injustificado ou mesmo como uma pretensão egoísta da criança, ainda que esta última a vivencie como uma traição dos adultos em relação a ela.)
4. Pelo menos, segundo O. Brachfeld, *Sentiments d'infériorité*, p. 100.
5. Ver infra, terceira parte, "O Que Fazer?", sobre os *fokon'olona*.
6. *Solo*, em malgaxe, quer dizer "substituto".
7. Pode ocorrer, excepcionalmente, que no momento da morte do pai se produza uma grave crise no filho, o qual, então, renega sua mãe. O caso foi observado por Émile Cailliet, *Essai sur la psychologie du Hova*, p. 110. Lamentei o fato de nunca ter encontrado pessoalmente esse fato, o qual parece ser do maior interesse.

   Essa verticalização com projeção de um "patrão" na imagem do pai desempenhou, frequentemente, um papel nefasto e faz fracassar exatamente as medidas que deveriam ter um efeito satisfatório, sem que as causas psicológicas desses fracassos tenham sido compreendidas.

   Sobre tais fracassos, daremos apenas um exemplo. Os sindicatos desenvolveram-se muito nos últimos anos em Madagascar, o que deveria ter resultado em progresso na evolução psicológica pelo desenvolvimento do sentido das responsabilidades e da solidariedade social e profissional. Infelizmente, os malgaxes sempre colocaram, à frente de seus sindicatos, não homens capazes de defender seus interesses, mas os "notáveis" que eram os mais aptos a representar a autoridade paternalista, e que frequentemente se julgavam na condição de utilizar a atividade sindical em seu benefício, sem que isso escandalizasse a maior parte dos sindicalizados. A necessidade de dependência, praticamente em toda parte, impediu (e, nos casos mais favoráveis, freou) o desenvolvimento do espírito sindical, privando os malgaxes, quase que completamente, das vantagens psicológicas e morais que dele poderiam retirar. E, como sempre, essa experiência marca o futuro. O que poderíamos conseguir, sem grandes dificuldades, partindo do zero, se tivéssemos levado em conta situações psicológicas, só poderemos realizar ao custo de penosos esforços de recuperação.

8. A. Hesnard observa em *Freud dans la societé d'aprés-guerre*, p. 78: "Insistamos [...] sobre a espantosa desproporção que existe [...] entre os eventos infantis que aparecem, na biografia afetiva do indivíduo, como patógenos, por um lado, e, de outro, esses mesmos acontecimentos percebidos na realidade social, isto é, no nível e no testemunho dos adultos que foram os atores ou testemunhas [...]. Vidas inteiras envenenadas por um terrível complexo de inferioridade social [...] tiveram assim, como ponto de partida, alguma manifestação engraçada e vulgar de um dos genitores, o qual, ao ser indagado sobre a cena traumática, não se recordava mais, pois esta permaneceu infantilmente insignificante."

É, sem dúvida, assim que se deve compreender a "traição" à qual Künkel se refere. Acrescentamos que o reconhecimento dessa desproporção entre os fatos e a lembrança só pode ser um efeito da cura e não sua causa.

9. Encontraremos uma descrição do comportamento do europeu inferiorizado em Adler, *Tempérament nerveux*, p. 38. O inferiorizado tem *o culto dos medianos* que conduzem ao objetivo que ele persegue. Procura se distinguir dos outros para se sentir superior. Sente-se o mártir de suas próprias exigências. O malgaxe tem o respeito pelos modelos; não visa a nenhuma superioridade; ele não se coloca absolutamente como mártir.

10. Gênero poético malgaxe, constituído de discussões fictícias ou reais, em versos ritmados ou com assonâncias. (N. da T.)

11. D. Westermann, op. cit., p. 45-46.

12. O que falta é uma certa evolução do superego. A consciência permanece associada às pessoas depositárias da autoridade, aos seus decretos, aos costumes sociais; falta uma instância moral, aquela cujos filósofos dizem ser autônoma. A dependência exclui autonomia. É. Cailliet, *Essai sur la psychologie du Hova*, p. 26-31, destacou todos os seus traços psicológicos sem analisá-los.

13. H. Berthier, *Notes sur les coutumes du peuple malgache*, p. 26 (a preocupação com a polidez nas respostas).

14. Para mais detalhes, ver ibidem, p. 89. A sorte, revelada pela adivinhação, confunde-se, da maneira mais vaga, com a vontade dos ancestrais.

15. A palavra *chargé* pode significar "carregado", mas também "encarregado", "responsável". (N. da T.)

16. Esse fracasso pode ser considerado como um bom exemplo das falsas verificações pela experiência que encontramos com frequência no estudo das relações inter-raciais.

Na aparência, efetivamente, os malgaxes europeizados diferem dos europeus apenas pelas características raciais, tais como são determinadas por seu estoque genético, sendo a manifestação mais visível dessas características a cor da pele. Assim, parecem realizadas as condições para um teste pelo "método da diferença", tal como a lógica indutiva concebe. Essa diferença na cor da pele é suficiente, de fato, para que a sociedade colonial europeia se negue a integrar esses evoluídos (ainda que ela lhes conceda espaço na administração). O malgaxe tem, como reação a essas dificuldades, o despertar de sentimentos de inferioridade, de necessidades de compensação, de sentimentos de abandono etc. Mas tal reação é vista pelos europeus como traços raciais; e o racismo, inicialmente espontâneo, torna-se consciente e considerado como tendo base na observação imparcial. Os malgaxes típicos, por sua vez, constatando o que acontece aos malgaxes europeizados, tiram disso também suas conclusões. De modo que, paradoxalmente, quanto mais se desenvolve a "civilização" nos autóctones, mais se tem consciência, dos dois lados, de diferenças raciais indeléveis. Essas diferenças têm exatamente a importância que lhes é dada. Entendida dessa forma, nossa antiga pretensão em assimilar os malgaxes pode ser considerada uma hipocrisia, já que recusamos, de fato, uma assimilação social; pode-se concluir disso que a assimilação teria sido perfeitamente possível sem essa hipocrisia. Mas não há dúvida

que, hoje, em presença das novas convicções inconscientes, essa possibilidade desapareceu completamente.
17. É. Cailliet, *Essai sur la psychologie du Hova*, p. 20.
18. Rei de um Estado muito pequeno; rei com pouco poder. (N. da T.)
19. Os malgaxes de hoje mostram-se ávidos para aprender em nossa escola.
20. O totemismo existe em Madagascar apenas sob forma de vestígios, aliás facilmente identificáveis. É de forma arbitrária que tentamos considerar esses traços como sobrevivência de um sistema antigo; é possível que sejam também um esboço, não sabemos nada sobre isso. Eis alguns exemplos desses traços: entre os merinas, certas famílias transmitem os *fady* (tabu) aplicados a diversas espécies animais. Existem *fady* de pessoas, semelhantes ao do rei Andrianampoinimerina, apontando para o cachorro. Esse animal tivera seu nome trocado nessa ocasião – *alika* em vez de *amboa*. O boi parece ter sido, outrora, *fady*: um rei meio lendário teria elevado esse *fady* há alguns séculos. Os tandroys, habitantes muito pouco "evoluídos" do sul de Madagascar, se suicidam quando perdem um boi de que eles gostavam. Outras tribos designam como ancestrais lêmures ou jacarés. O nome mais popular para designar os lêmures é *babakoto*, palavra que que significa, aproximadamente, o "ancestral-criança". Essa condensação da imagem da criança com a do antepassado também existe no inconsciente europeu, onde a análise a descobriu pela primeira vez. Ver Ernest Jones, *Traité de psychanalyse*, cap. 38 e 39.
21. Desde a redação deste trabalho, H.F. Hanneman publicou em *Le Monde non chrétien* (e na *International Review of Missions*) um estudo de muito interesse, intitulado "Le Culte du cargo en Nouvelle Guinée". Vemos nele como a imagem do branco, aos olhos dos papuásios, confunde-se com a do *Tibud*, ou seja, dos ancestrais-deuses.

Citamos uma passagem da curta introdução que Maurice Leenhardt fez a esse artigo: "Os oceânicos localizam, frequentemente, o paraíso onde repousam seus mortos em uma ilha que eles denominam e localizam além do horizonte. A da população de Buka se denominava Suné. Quando, a cada mês, um navio que partira de Sydney trazia mercadorias, os nativos subiam a bordo, compravam, usufruíam de todas as oportunidades de riqueza. Um capitão, certo dia, os proibiu de subir a bordo. Houve entre eles um descontentamento, protesto e, finalmente, revolta, contra a qual a administração acreditou ter que mobilizar seu exército. Depois, tudo fica esclarecido quando se entende o seguinte: os nativos, confundindo os nomes de Suné, seu paraíso, e Sydney, estavam convencidos de que o transatlântico mensal e sua carga eram milagre e dom dos ancestrais, sendo que eles mesmos se faziam presentes no corpo dos brancos. Eles subiam a bordo porque se sentiam em casa. Quando o branco deixou de ser benevolente, eles não puderam mais ver, neste, um deus-ancestral."

Sem dúvida nenhuma, como veremos melhor ainda em "O Que Fazer?" terceira parte, os brancos *são* os ancestrais, mas *de uma certa maneira*, e a propósito desse texto, gostaria de fazer duas observações:

1. A confusão entre os nomes Suné e Sydney não explica o que se passou. De fato, ela só é admissível para a população de Buka. Mas a atitude dos papuásios em relação aos brancos e seus navios de carga é observada em lugares onde nenhuma confusão desse tipo é possível. Portanto, é uma explicação acidental; a verdadeira explicação mostraria que a população de Buka estava *preparada* para fazer essa confusão por seu comportamento geral como melanésios.

2. Minha segunda observação é muito mais importante: *a explicação pelo mito é, talvez, também acidental*; o mito, como a confusão de Suné e Sydney, é uma elaboração dos papuásios para justificar a atitude que eles assumem, espontânea e inconscientemente, como consequência da transferência para o branco de sentimentos profundos que já tinham transferido para os mortos. Isso pode ser provado, já que essa transferência e essa atitude são muito mais disseminadas do que o mito. Reconhecemos aqui a atitude descrita pelos observadores que Levy-Bruhl cita. É a dos malgaxes típicos. No entanto, estes últimos responderiam pelas recusas indignadas ou as explosões de riso se lhes insinuassem que os brancos são ancestrais!

Os mitólogos acreditam que *os mitos são crenças*. Mas as verdadeiras crenças são situadas em uma outra profundidade. São as atitudes vitais fundamentais, e o mito é apenas o reflexo na imaginação: ele revela as crenças, como o sonho pode ajudar a compreender uma estrutura.

Um mitólogo, ao me ler, ficaria tentado a pensar que é uma pena que eu não tenha encontrado *um velho mito* malgaxe para explicar os comportamentos atuais, mas perderíamos tempo em procurá-lo, e caso encontrássemos algum, ele não explicaria nada; ele deveria ser explicado, ao contrário, pelas atitudes psicológicas profundas que esse comportamento revela e que a análise pode compreender. Caso contrário, seríamos, em pouco tempo, levados a esta monstruosidade: afirmar que a *encarnação* dos ancestrais pelos brancos é um *mito inconsciente* dos malgaxes! Para mim, essas *reações de transferência* são um fenômeno elementar; os mitos dos quais elas podem se originar são, *além disso*, dados. Elas devem ser analisadas a fim de revelar as crenças profundas.

Gostaríamos de saber o que fizeram a população de Buka quando lhes *explicaram* que Sydney não era Suné, e como a transferência evoluiu.

Há um terceiro ponto a respeito do qual não direi nada, porque ele será elucidado na sequência deste trabalho; é a dificuldade de explicar como é possível se revoltar contra ancestrais *encarnados* pelos brancos quando deixam de ser benevolentes; como se os mortos não pudessem ser temíveis sem qualquer pensamento de revolta!

22. Seria necessário levar em conta também o fato de que os elementos que primeiro se encontram estão, de uma forma ou de outra, entre os mais "excêntricos". Eles teriam menos chances de contato se, em ambos os lados, estivessem apoiados de forma mais sólida em suas estruturas sociais. Isso explica, sem dúvida, o caráter exagerado das condutas dependentes destacadas pelos observadores que Lévy-Bruhl cita e que já mencionei acima. O exagero parece decorrer de uma situação de insatisfação, a qual propicia maior avidez.

23. Ver, entre muitos outros exemplos, marcas dessas crenças em *Notes, reconnaissances et explorations*, v. 2, p. 196.

24. *Vahaza*, recentemente, assumiu um sentido pejorativo. Após a revolta, os *boto* do hotel onde eu fazia minhas refeições em Antananarivo passaram a me chamar *rangahy*, palavra que significa "senhor" quando se dirige a um malgaxe. Surpreso por esse novo tratamento, procurei saber o sentido: era um meio de me fazer entender que não me confundiam com os colonialistas.

25. Compreende-se que é esta a impressão que deve produzir numa personalidade psicologicamente dependente, uma personalidade psicologicamente inferiorizada.

26. Por exemplo, um dos hotéis de Antananarivo, a dois passos da Sûreté, com um canhão automático quase à sua porta, obteve para sua defesa duas metralhadoras, que eram entregues aos clientes. (Faltavam essas armas na costa leste, onde os colonos se encontravam sitiados.) Os soldados senegaleses armados montavam guarda diante dos quartos das mulheres de oficiais. Os clientes do hotel, armados, faziam patrulhas na cidade, patrulhas essas que nunca serviram para nada, pois não havia nenhum sinal de perigo real, e nunca houve na cidade. O perigo, naquele momento, estava a duzentos quilômetros. Mas o significativo é que, dois meses mais tarde, como consequência da extensão da rebelião provocada por medidas de repressão que assustavam a todos, indistintamente, o perigo acabou por se aproximar de Antananarivo. Nesse momento, os europeus de Antananarivo recuperaram sua calma e tiveram uma conduta normal e sensata. Qual prova maior do caráter puramente emocional – para dizer o mínimo – das reações do início?

EPÍLOGO: OS SONHOS E A NECESSIDADE DE PROTEÇÃO

1. Existe uma *chave dos sonhos* merina, pouco conhecida em outros lugares, que seria uma espécie de mistura de interpretações simbólicas e superstições. Os sonhos dos touros ocupam nela um grande espaço. O ataque do touro supostamente anuncia ao sonhador que ele está ameaçado por um sortilégio, e o touro representa o feiticeiro. Se o sonhador for atingido pelos chifres, o sortilégio está destinado a ser eficiente, e será preciso recorrer a uma magia de proteção. A cor da roupa deve ser observada, pois ela permite conhecer a tez do autor do sortilégio.

   Evidentemente, essa "interpretação", do ponto de vista da psicanálise, só tem o valor de um novo documento sobre esse tipo de sonho. Ela nos ensina que o medo do touro está associado à imagem do feiticeiro. Assim, se estabelece uma relação entre a imagem do feiticeiro e a do pai, da mesma maneira que entre nós existe uma relação entre a imagem da mãe e a da feiticeira.

   Entre os malgaxes, encontramos apenas (do meu conhecimento) uma imagem da mãe protetora, ainda que frequentemente o sonho evoque uma situação dramática onde a proteção da mãe se revela insuficiente.

   Estes são como os sonhos de angústia típicos.

2. No relato, a palavra *veux* (quero) é pronunciada como *vais* (vou). (N. da T.)

3. Esse é um dos resquícios de uma antiga organização familiar.
4. Os sonhos de onde foram extraídos os trechos citados aqui têm diversas fontes, mas a maior parte foi coletada nas escolas, sob a forma de tarefas de francês. Foram eliminados os que pareciam ter sido inventados – não que essas fantasias não fossem interessantes, mas sua interpretação é mais difícil. Ao contrário dos verdadeiros sonhos, elas eram todas muito "otimistas".
5. O autor associa as palavras *dispersée* (dispersa) e *percer* (transpassar),. (N. da T.)
6. Ver *Notes, reconnaissances et explorations*, v. 2, p. 542.

PARTE 2: A INFERIORIDADE

2.1. CRUSOÉ E PROSPERO

1. Um caso de viajante particularmente incomum a ser estudado, é o de R.L. Stevenson. Em seu país, Ariel e Caliban se denominam Jekyl e Hyde. Ele encontrou no fundo do Pacífico a determinação para enfrentar a imagem que o perseguiu tão longe, e ele começou *Weir of Hermiston*. Podemos dizer que ele morreu sem ter vencido esse combate, deixando sua obra-prima inacabada.
2. D. Defoe, *Sérieuses réflexions*, p. 139. (Grifo meu.)
3. Sobre a interpretação analítica do texto de Shakespeare, ver K.M. Abenheimer, Shakespeare's Tempest: A Psychological Analysis, *Psychoanalytic Review*, n. 33.
4. Veremos, em "O Que Fazer?", na terceira parte, a propósito dos *fokon'olona*, como a imagem do *país de Cocanha* aparece, atrás do esvanecimento do poder paternalista, como uma lembrança mais longínqua da primeira infância.
5. "Meus encantos foram derrubados / Tudo que me resta de força é a minha própria, / E é pouco."
6. G. Bouthoul, *Traité de sociologie*, p. 394.

2.2. A SITUAÇÃO COLONIAL E O RACISMO

1. Em todo o mundo, um argumento utilizado pelos racistas contra aqueles que não compartilham de suas convicções merece ser mencionado em função de seu caráter revelador. Ei-lo: "*Como*, dizem estes racistas, *se vocês tivessem uma filha para casar-se, a entregariam a um negro?*" Vemos pessoas que não são, de forma alguma, racistas na aparência, mas que, ao serem questionadas por esse tipo de argumento, perdem todo o senso crítico. Ocorre que tal argumento as atinge em sentimentos muito perturbadores (precisamente incestuosos) que impulsionam ao racismo por uma reação de defesa. O argumento é evidentemente estúpido em si: ele parece implicar que não há meio termo entre o racismo e todas as promiscuidades! Mas quem o faz de boa-fé não suspeita, em sua ingenuidade, o quanto ele revela sentimentos recalcados sobre os quais se fundamentam suas "teorias" racistas.
2. Quase não existe homossexualidade (*manifesta*, naturalmente) entre os malgaxes *típicos*. No entanto, é preciso mencionar o caso curioso dos *homens-mulheres*, cuja interpretação não é tão fácil quanto um europeu possa pensar. Tais homens se vestem de mulher e agem como mulheres, mas *para viver com as mulheres*, e, podemos garantir, com uma sexualidade normal. Esses casos são mais raros do que antigamente.
3. Os *hova* são burgueses *merina*. Os *andriana* são uma casta nobre.

    Os etnólogos talvez me agradeçam por lhes assinalar a seguinte comparação: Cook havia encontrado nas Ilhas Sandwich uma organização análoga; os nobres se denominavam ali Eree Taboo ou Eree Moee. O segundo desses termos indica que todo mundo é obrigado a se curvar diante deles, ou, segundo o significado do termo *moee, de deitar-se para dormir* em sua presença (Terceira viagem de Cook, março de 1779). Ora, "Andriana" provém da palavra *mandry*, que significa "deitar-se para dormir". Esse fato parece eliminar qualquer dúvida sobre a etimologia da palavra *andriana*, que é controversa.

    Não se conhece a etimologia da palavra *hova*. Esta raiz significa "mudança", mas não se identifica filiação semântica. Não temos mais do que hipóteses sobre o significado dessa obrigação de dormir na presença dos chefes.
4. No caso, evidentemente, em que têm pai europeu.

PARTE 3: DEPENDÊNCIA PSICOLÓGICA E INDEPENDÊNCIA POLÍTICA

3.1. A SUCESSÃO DAS GERAÇÕES E A PERSONALIDADE

1. A *supercompensação* parental da inferioridade torna-se adaptação psicológica na criança e perde as características pelas quais reconhecemos os fenômenos supercompensatórios.

2. Esse sentimento de superioridade é facilmente sustentado pelos mecanismos de projeção, que liberam o europeu. O trabalhador malgaxe é *incapaz* aos olhos dos que tiveram que desistir de constituir para si um lugar na Europa à altura de suas ambições. Ele é mentiroso e dissimulado aos olhos daqueles que viveriam para enganá-lo, e, acima de tudo, é preguiçoso para aqueles que experimentam o lazer da vida colonial. Naturalmente, ele parece ridículo em suas pretensões na perspectiva do novo rico etc.

   Mas o efeito mais curioso dessas projeções, e que talvez permita compreender o essencial dos sentimentos de superioridade, é a liberação sexual da qual os europeus se beneficiam, ainda que não tenham nenhum contato com a população indígena. Essa liberação é tão nítida, que se tentou justificá-la por um aumento de excitação atribuído à alimentação, ao clima, à ociosidade e até mesmo a hipotéticas relações telúricas... Na realidade, os europeus coloniais se livram de seus obstáculos inconscientes, associados à inferioridade e à culpa, graças à presença, em seu entorno, de uma população inferior, "portanto" lasciva e devassa... Sempre se notou o efeito "excitante" de uma atitude racista.

3. Do ponto de vista econômico e social, um crescimento global do bem-estar é um bem em si. Porém, do ponto de vista psicológico, contam apenas as *diferenças* e a ideia que se tem delas; o crescimento global só tem efeito na medida em que se pode compará-lo a algum termo. No entanto, tem efeitos benéficos indiretos.

3.2. A INDEPENDÊNCIA NACIONAL

1. Esse tipo de argumento é muito forte entre os franceses (tendemos ao anarquismo) e os franceses são sempre surpreendidos quando encontram uma população que o ignora.
2. Os malgaxes da costa leste, evidentemente. Os nacionalistas merinas não perturbaram a ordem.
3. O público europeu é mal-informado sobre a questão da requisição de trabalhadores coloniais. É uma medida do tempo da guerra que autoriza o governo a requisitar trabalhadores para trabalhos de interesse geral (as quais se reduzem quase exclusivamente à manutenção de estradas). Os beneficiários indiretos dessa medida são os colonos brancos: os malgaxes correm para obter um emprego junto a eles, em quaisquer condições, pois protegem-se assim da requisição governamental. As plantações têm então uma força de trabalho inflacionada que trabalha relativamente pouco e recebe salários ainda menores, mas todo mundo está satisfeito. Ao final da guerra, a requisição foi eliminada pelo governo; imediatamente, as plantações se esvaziaram de todos os trabalhadores "livres" – exatamente quando, graças ao restabelecimento dos transportes e à alta dos preços mundiais, os plantadores vislumbravam anos de fartura.

   O ideal do colono é que a administração, por sua severidade, exerça a função de espantalho ou bicho-papão e lhe sirva como recrutador. (Em geral, ela se protege disso, daí os conflitos.) Quanto ao colono, este prefere ter *protegidos* a *trabalhadores*; esses "clientes" não trabalham regularmente, mas estão sempre ali, com os filhos e a família, para dar "uma mão" quase gratuitamente. Mas também é um hábito e ele explica em parte a má qualidade profissional de todos esses falsos operários.

   Entendemos assim, também, por que a supressão da requisição dos trabalhadores provocou um conflito sério entre os colonos e o governo.

4. Os europeus de Madagascar de um lado, evidentemente. Mas também os brancos em geral, a população branca do mundo, que para o malgaxe constitui uma espécie de unidade confusa. As guerras entre europeus são extremamente perturbadoras para as populações dependentes.
5. Onde, alguns meses mais tarde, a revolta seria particularmente violenta.
6. Sobre esses pavores, ver É. Cailliet, *Essai sur la psychologie du Hova*, p. 17-19.
7. Sobre o *tody*, ibidem (segundo Andriamifidy: Ny Hevitra Malagasy, *Ny Mpanolo Tsuina*, p. 206). Comparar os sons dos radicais *ody* e *tody*, e seus derivados, no dicionário malgaxe do padre Malzac.
8. Ver, infra, "A Administração e a Psicologia".
9. Em função desses *empréstimos*, os movimentos coloniais, que não tiveram contatos verdadeiros, apresentam semelhanças superficiais.
10. O processo desses líderes aconteceu depois que estas páginas foram escritas; mas sabe-se que ocorreu em tais condições que nenhuma prova aceitável de sua culpa foi apresentada. Nada foi elucidado, a não ser que a instrução processual se mostrou deficiente desde o início. Afirmo isso porque o presidente do tribunal o

admitiu, ignorando a instrução. Oficialmente, a sentença proferida foi considerada sobretudo com base em suas implicações políticas, ou seja, mais como uma medida do que uma sentença.

3.3. REGRESSÃO, ESTAGNAÇÃO, PROGRESSÃO

1. Reconhecemos nesse sentido o *primitivismo* e seus fundamentos no isso. De fato, lutamos com armas o levante "bárbaro" e, com processos, o nacionalismo "hipócrita", tentando, na confusão, depositar nos malgaxes todos os defeitos.
2. Eu mesmo, quando dirigia o serviço de informação de Madagascar, havia pensado em publicar uma tradução do *Discurso do Método* no *Vao-vao frantsay malagasy*. Porém, era uma tentação à qual seria preciso resistir. Em vez disso, mandei fazer uma tradução de *O Médico Rural*. Muito mais acessível aos malgaxes, foi lida e seguida com interesse.
3. R. Allier, *Le non-civilisé et nous*, p. 230.
4. É. Cailliet, *Essai sur la psychologie du Hova*, p. 99-104.
5. A mesma libertação se vê em todas as religiões: recrutamos, na forma de fetiches, os poderes inicialmente locais. Após tê-los recrutado, os internalizamos.

3.4. A ADMINISTRAÇÃO E A PSICOLOGIA

1. Ver *Revue de Madagascar*, número especial de janeiro 1945, p. 40-41.
2. Office du riz, órgão criado para confisco de colheitas. (N. da T.)
3. É o *tody*, do qual falei mais acima, o retorno automático do mal. Os malgaxes podem dizer que não acreditam mais no *tody*, isso não é tão importante; agem como se acreditassem nele. Aliás, existe um provérbio espantoso: "Não há *tody*, é apenas o retorno do mal que fazemos." Vemos, por esse provérbio, como é difícil renunciar ao *tody*.
4. V.P. Cotte, *Regardons vivre une tribu malgache*, p. 59.
5. É. Cailliet, *Essai sur la psychologie du Hova*, p. 180.
6. Ver J.G. Frazer, Le Fardeau de la royauté, *Tabou et les périls de l'âme*.
7. Ver S. Freud, *Totem et Tabou*.
8. *Bulletin de l'Académie malgaxe*, v. 11, p. 129.
9. Pequeno veleiro árabe, cuja parte traseira é elevada e a frente, cônica. (N. da T.)
10. Como os vazaha conquistaram essa terra: / Esses seres extraordinários vindos do além-mar chegaram rapidamente. / Eles tinham sapatos de ferro, vestimentas de chapa metálica, / Botões estavam enfileirados sobre seu baixo-ventre. / Seus bigodes eram vermelhos como pimenta. / Seus olhos eram cinzas como os dos gatos. / Eles tagarelavam em seus navios, eles falavam nos *dhow* / A língua desses estrangeiros, não a compreendemos. / Estou muito espantado com todas essas coisas. // Um livro foi lançado de Bourbon. / Um papel foi lançado de Antananarivo. / Libertem os escravos, diziam os estrangeiros. / Lorotas, mentiras, dizem os hova. / Mesmo que a terra rachasse e o céu se partisse. / Não libertaremos os escravos. / Enviamos quinhentos mil cavalos. / E seguiram dois mil soldados. / Atravessaram mares dos quais não vemos o fim. / Partirei, diz a rainha Ranavalona. / Para onde ireis, lhe diz o primeiro-ministro? / Irei ao topo do Ikongo, rodeado de cactos. / Onde não podem portar os fuzis longos carregando-os pela culatra. / Quando são descarregados, as balas se perdem nas rochas. / As rochas repletas de pontas como as lanças. / Para tornar os caminhos fáceis, seria necessário levar martelos. / Após uma semana de caminhada, ainda não estamos no topo da colina. / Não podemos deter os vahaza vindos do além-mar. / Os soldados desembarcam em Majunga. / Dirigiam-se diretamente a Antananarivo / Guiados por um koranely. / As mulheres e as crianças tremiam. / A rainha Ranavalona também tremia. / Os hova não puderam nem mesmo pegar suas vestes. / O país que os vazaha conquistaram está pacificado. / Não há mais bandidos, os escravos são libertados. / Os estrangeiros de olhos azuis são realmente poderosos.
11. O Lebel 1886 é um fuzil de infantaria, de 8mm de calibre, criado em 1886, adotado pelo exército francês em 1887 e utilizado até 1940. (N. da T.)
12. Nessa canção *tsimihety*, o branco substitui também os antigos senhores hova, evidentemente, e a situação seria mais nítida se dispuséssemos de um texto merina equivalente… Mas essa complicação não modifica o essencial. Os europeus quiseram, frequentemente, fundar especulações políticas imprudentes no *reconhecimento* que nos concediam as diversas raças que *libertamos* do domínio hova. Essas especulações, naturalmente, foram desmentidas pelos acontecimentos.

3.5. O QUE FAZER?

1. Podemos concluir que não deveríamos ter colonizado, por exemplo. Mas esse tipo de conclusão não tem nenhuma utilidade.
2. Ver G. Hardy, La Psychologie des populations coloniales, *Revue de psychologie des Peuples*, p. 237, § 2.
3. Images d'Épinal são gravuras coloridas com temas populares. No sentido figurado, significa: clichê; estereótipo; visão ingênua. (N. da T.)
4. Em todo caso, é certo que uma boa *formação política* pode suplementar uma formação psicológica. Ela modifica as estruturas em seu conjunto. É inútil insistir em um ponto tão evidente, já que é desse modo, até aqui, que se transformou a personalidade. Opondo o *ponto de vista* da psicologia ao da política, não pretendo de maneira nenhuma tentar substituir um pelo outro!
5. Ver Dama Ntsoha, *Les Temps nouveaux*.
6. Ver idem, *La Démocratie malgaxe. Fokon'olona. Ny fitondrambahoaka, fomba gasy*.
7. Nem o malgaxe, aliás; encontramos nele o mesmo constrangimento.
8. É o *Urwir* de Fritz Künkel, evidentemente, mas projetada na morte!
9. Ver Dama Ntsoha, *La Démocratie malgaxe*, p. 11.
10. Ver É. Cailliet, *Essai sur la psychologie du Hova*.

3.6. O ESPÍRITO EXPERIMENTAL

1. Podemos, sem que isso signifique simplificá-la excessivamente, resumir a posição de Lévy-Bruhl dizendo que ele admitia, como um postulado tácito, um empirismo que reduz o conhecimento às sensações e ao princípio tautológico de identidade. A esse conhecimento positivo, ele se esforçava para acrescentar, em oposição, um pensamento de natureza radicalmente diferente, que ele denominava místico (seus sucessores nomearam *mítico*).

    Essa posição é insustentável porque, naquilo que se apresenta como dado empírico, é preciso que sejam compreendidas as coisas e rejeitadas as aparências. Os filósofos acreditam que isso seja possível graças a contextos ou formas que, independentemente do nome que lhes atribuímos, apresentam-se como aperfeiçoamentos das ideias de Platão ou categorias de Aristóteles.

    O que pretendo tentar vislumbrar em seguida é que a estrutura da realidade, ou seja, a maneira pela qual organizamos as aparências para apreender as coisas, é determinada pela estrutura de nossa personalidade – ou seja, genericamente, pela maneira pela qual organizamos nossos desejos e nossos temores diante do meio social.
2. No entanto, observamos como, ao nosso redor, os progressos das ciências físicas podem *acrescentar* a certas convicções ocultistas em vez de destruí-las.
3. D. Westermann, *Noirs et blancs en Afrique*, p. 40.
4. Os coloniais tendem a tomar os magos como líderes. É provável que, pelo contrário, esses tenham sido solicitados pelos rebeldes, os quais vivenciavam a necessidade de ser guiados e protegidos da angústia de sua culpa.
5. A. Hesnard, *Freud dans la societè d'après guerre*, p. 92, afirma: "Chegará um dia em que as massas compreenderão que esses líderes surgidos patologicamente de seu meio são todos, apesar de seu prestígio de outra época, anormais, bárbaros que surgem regressivamente na corrente normal do pensamento social, no percurso da progressão e libertação."

    Penso que essas regressões têm como causa, em uma parte dos indivíduos da massa, uma necessidade de dependência, mais ou menos recalcada, e, por outro lado, uma necessidade de dominação que se satisfaz apenas pela identificação com o líder. Elas mostram como, entre os civilizados, a libertação e a reconstrução da pessoa, em bases democráticas experimentais, são recentes e ainda frágeis.

3.7. A UNIDADE HUMANA

1. Encontraremos um caso desse tipo descrito em detalhe em *La Jalousie amoureuse*, de Daniel Lagache. De minha parte, constatei o caso de uma mulata, que tinha como projeção em tela, uma macaca! Era ao mesmo tempo uma manifestação caricatural de racismo.
2. Em certas ilhas do Pacífico, não foi a exploração econômica que dizimou ou até mesmo exterminou as populações. Foi nossa atitude moral, a consciência tranquila com a qual condenávamos as crenças e os costumes que "faziam viver" os indígenas. Essa moral acompanhou, reforçou e transformou os fatos de simples exploração.

NOTAS

3. Essas ligações não se definem exatamente pelos primeiros investimentos da *libido* no mundo dos objetos; elas seriam, antes, mais profundamente, a própria *libido* em sua necessidade de investimento.
4. Essa palavra, cuja utilização se impõe aqui, ensina-nos como concebemos uma selvageria solitária, por um retorno ao instinto após o período infantil da vida social. O mito inventado por Defoe é, assim, uma tentativa de exploração de todas as formas de selvageria.
5. A Guez de Balzac, 5 de maio de 1631.

ESCRITOS ANEXOS
THE DECOLONIZATION OF MYSELF

1. Artigo publicado, em inglês e em francês, com esse título, na revista *Race*, Londres, abril de 1966; o texto francês foi retomado em O. Mannoni, *Clefs de l'imaginaire* (Paris: Seuil, 1969).

"TERRAINS" DE MISSION?

1. Artigo publicado em *Les Temps modernes*, jun.-jul. 1971.

Referências

Os textos citados aqui referem-se aos costumes ou à mentalidade malgaxe – ou à maneira pela qual os europeus reagiram a esses costumes ou à sua mentalidade.

ABENHEIMER, Karl M. Shakespeare's Tempest. A Psychological Analysis. *Psychoanalytic Review*, n. 33, out. 1946.
ADLER, Alfred. *Tempérament nerveux: Éléments d'une psychologie individuelle et applications a la psichothérapie*. Paris: Payot, 1926.
ALLIER, Raoul. *Le non-civilisé et nous* (O Não Civilizado e Nós). Paris: Payot, 1927.
ANDRIAMIFIDY. Ny Hevitra Malagasy. *Ny Mpanolo Tsaina*. Antananarivo, 1905.
ANDRIANTSILANIARIVO; ABRAHAM, Charles-Elie. La Litérature malgache (A Literatura Malgaxe). *Revue de Madagascar*, n. 26, juil. 1946.
ASSEMBLÉE NATIONALE. Débats (Debates). *Journal officiel*, 6-9 mai 1947; 6 juin 1947; 1º août 1947.
AUGAGNEUR, Victor. *Erreurs et brutalités coloniales* (Erros e Brutalidades Coloniais). Paris: Montaigne, 1927.
AUJAS, Louis Célestine. Rites du sacrifice à Madagascar (Rituais do Sacrifício em Madagascar). *Bulletin de Mémoires de l'académie malgache*. Tananarive: Pitot, 1927.
BARNAUD, Paul. [1895]. Mon voyage à Madagascar (Minha Viagem a Madagascar). *Revue de Madagascar*, sept. 1901.
BAUDELAIRE, Charles. *Poèmes divers*.
BÉNÉVENT, Charles. La Conception de la mort chez les Malgaches (A Concepção da Morte entre os Malgaxes). *Revue de Madagascar*, sept. 1901.
BENYOVSZKY, Maurice. *Memoires and Travels*. London: G.G.J. and J. Robinson / Pater-Noster-Row, 1790.
BERTHIER, Hugues. *Notes sur les coutumes du peuple malgache* (Notas Sobre os Costumes do Povo Malgaxe). Antananarivo: Imprimerie Officielle, 1933.

BIRKELI, Emil. *Les Vazimba de la côte ouest* (Os Vazimba da Costa Oeste). Imprimerie Moderne de l'Emyrne / Pitot de la Beaujardière, 1936.

BOITEAU, Pierre. La Structure sociale (A Estrutura Social). *Revue de Madagascar*, n. 21, janv. 1945.

_____. La Situation matérielle et morale des travailleurs malgaches (A Situação Material e Moral dos Trabalhadores Malgaxes). *Esprit*, n. 142, févr. 1948.

BOUDRY, Robert. Le Problème malgaxe (O Problema Malgaxe). *Esprit*, n. 142, févr. 1948.

BOUTHOUL, Gaston. *Traité de sociologie*. Paris: Payot, 1949.

BRACHFELD, Oliver. *Sentiments d'infériorité*. Genève: Du Mont-Blanc, 1945.

BUET, Charles. *Six mois à Madagascar* (Seis Meses em Madagascar). Paris: V. Palmé / Bruxelles: J. Albanel / Genève: H. Trembley, 1884.

CAILLIET, Émile. *Essai sur la psychologie du Hova* (Ensaio Sobre a Psicologia do Hova). Paris: PUF, 1924.

_____. *La Foi des ancêtres: Essai sur les représentations collectives des vieux Malgaches* (A Fé dos Ancestrais: Ensaio Sobre as Representações Coletivas dos Velhos Malgaches). Paris, 1930.

CALLET, R.P. Tantaran'ny Andriana eto Imerina. Antananarivo, 1908 (trad. en *Bulletin de l'Académie malgaxe*, 1913, 1919; et Académie malgaxe, 1953-1958).

CAMERON, James. *Recollection of Mission Life in Madagascar during the Early Days of the LMS Mission* (Reminiscências da Missão Life em Madagascar Durante os Primeiros Dias da Missão LMS). Antananarivo: Abraham Kingdom, 1874.

CAMO, Pierre. *Madagascar*. Paris: Libr. Émile / Paul Frères, 1928.

_____. Chansons tsimihety (Canções tsimihety). *Bulletin de l'Académie malgaxe*, v. 11, 1913.

CLARK, Henry E. The Ancient Idolatry of the Hova. *Antananarivo Annual*, n. 11, 1885.

CONSEIL DE LA RÉPUBLIQUE, *Débats* (Debates). 18 et 24 juil. 1947.

COPPALLE, André. Voyage dans l'intérieur de Madagascar en 1825 (Viagem ao Interior de Madagascar em 1825). *Bulletin de l'Académie malgaxe*, v.7, 1910.

COTTE, Vincent de Paul. *Regardons vivre une tribu malgache* (Observemos Como Vive uma Tribo Malgaxe). Paris: La Nouvelle Édition, 1947.

COUSINS, W.E.; PARRET, J. *Ny Ohabolon'ny Ntaolo*. Antananarivo, 1885.

DAHLE, Lars. *Specimens of Madagascar Folklore*. Antananarivo: Abraham Kingdom, 1877.

DAMA NTSOHA. *Les Temps nouveaux*. Tannanarive: Antananarive/2 bis, 1945.

_____. *La Démocratie malgaxe. Fokon'olona. Ny fitondrambahoaka, fomba gasy*. Tananarive: Ny Fananatenana, 1948.

DANDOUAU, Berthe. Ody et fanafody. *Bulletin de l'Académie malgaxe*, v. 11, 1913.

DECARY, Raymond. *L'Androy*. Antananarivo, 1930, 1935. 2v.

DEFOE, Daniel. *Reflexions serieuses et importantes de Robinson Crusoe: faites pendant les avantures surprenantes de sa vie*. Amsterdam: Honoré et Chatelain, 1722.

DELTEIL, Pierre. Les Fokon'olona. *Revue de Madagascar*, janv. 1933.

DEMAISON, André. *Un Voyage moderne à travers notre continent austral*. (Uma Viagem Moderna Através de Nosso Continente Austral). Paris: Les Editions du monde moderne, 1927.

DESCHAMPS, Hubert. Pamosavi Antaisaka. *Revue de Madagascar*, juil. 1935.

_____. *Les Antaisaka* (Os Antaisaka). Paris, 1938.

DRURY, Robert. Madagascar or Robert Drury's Journal, during Fifteen Years Captivity on That Island, 1729. In: GRANDIDIER A. et G., *Collections d'ouvrages anciens concernant Madagascar* (Coleções de Obras Antigas Que Concernem a Madagascar), t. 4.

DUBOIS, R.P. Henri-Marie. *Aquarelles malgaches* (Aquarelas Malgaxes). Paris: SPES, 1926.

____. *La Connaissance des mentalités malgaches* (O Conhecimento das Mentalidades Malgaxes). Paris, 1931.

____. *Monographie du Betsileo* (Monografia do Betsileo). Institut d'ethnologie, 1938.

ESME, Jean d'. *Les Barbares* (Os Bárbaros). Paris: Albin Michel, 1925.

____. *L' Île Rouge*. Paris: Plon, 1928.

FAUBLE, Jacques. *L'Ethnographie de Madagascar*. Paris: Bibliothèque d'Outre--Mer, 1946.

____. Les Types et les sociétés malgaches (Os Tipos e as Sociedades Malgaxes). *Encyclopédie de l'Empire français* (Enciclopédia do Império Frances). Madagascar/Paris, v. 1, 1947.

FINBERT, Élian J. *Le Livre de la sagesse malgache* (O Livro da Sabedoria Malgaxe). Paris: Robert Laffont, 1946.

FLACOURT, Étienne de. *Histoire de la grande île de Madagascar* (História da Grande Ilha de Madagascar). Paris: Alexandre Lesselin, 1658.

FOMBA Malagasy, Antananarivo, 1920.

FONTOYNONT, Dr. Kabary Merina des Funérailles (Kabary Merina dos Funerais). *Revue de Madagascar*, n. 10, avr. 1935.

____. Le Folklore et les coutumes (O Folclore e os Costumes). *Enciclopédie de l'Empire français*, Madagascar, v. 1.

FRAZER, James George. Le Fardeau de la royauté. *Tabou et les périls de l'âme*. Trad. Henri Peyre. Le Cycle du Rameau d'or. 3. Librairie Orientaliste Paul Geuthner, 1927.

FREUD, Sigmund. *Totem et tabou*. Trad. S. Jamkélévitch. Paris: Payot, 1947.

GRANDIDIER, Alfred. *Les Voyages de Mayeur* (As Viagens de Mayeur).

GRIFFITH, Robert. *Children of Madagascar*. London: The National Sunday School Union, 1925.

HANNEMAN, H.F. Le Culte du cargo en Nouvelle Guinée. *Le Monde non chrétien*, Paris, n. 8, oct.-déc. 1948.

HARDY, Georges. La Psychologie des populations coloniales (A Psicologia das Populações Coloniais). *Revue de psychologie des peuples*, Le Havre, juil. 1947.

HESSLING. La Criminalité en Imérina (A Criminalidade em Imerina). *Revue de Madagascar*, 1904.

HESNARD, Angelo. *Freud dans la société d'après-guerre*. Genève: Mont-blanc, 1946.

IVRY, H. Le Mouvement national malgaxe (O Movimento Nacional Malgaxe). *Esprit*, févr. 1948.

JAUBERT, J. Pour une agriculture collective indigène (Para uma Agricultura Coletiva Indígena). *Revue de Madagascar*, juil. 1905.

JONES, Ernest. *Traité de psychanalyse*. Paris: Payot, 1925.

KLEIN, Melanie. *Contributions to Psychoanalysis*. London: Hogarth Press, 1948.

KÜNKEL, Fritz. *Einfürung in die Charakterkunde*. Leipzig: Hirzel, 1934.

LALLIER DU COUDRAY, André. Du Rôle des administrateurs dans une colonie neuve (Sobre o Papel dos Administradores em uma Colônia Nova). *Revue de Madagascar*, juin 1902.

LAGACHE, Daniel. *La Jalousie amoureuse*. Paris: PUF, 1947.

LAURENCE, Jean. *Ranora*. Paris: Éditions de la Revue mondiale, 1932.

____. *Rakotomavo*. Paris, 1936.

LA VAISSIÈRE, R.P. Camille de. *Vingt ans à Madagascar* (Vinte Anos em Madagascar). Paris: V. Lecoffre, 1885.

LAVAU, Georges. Rites funéraires malgaches (Rituais Funerários Malgaxes). *Revue de Madagascar*, janv. 1934.

LEBLOND, Marius-Ary. *Les Sortilèges* (Os Sortilégios). Paris: Fasquelle, 1905.

____. *Fétiches* (Fetiches). Éditions du Monde Nouveau, 1923.

LEROUX, Lina. *L'Envers du rêve colonial* (O Outro Lado do Sonho Colonial). Paris: Eugène Figuière, 1936.

LESSAY, Jean. À Tananarive, deux sociétés se côtoient sans se connaître (Em Antananarivo, Duas Sociedades Lado a Lado Sem se Conhecer). *Le Monde*, 15 mai 1948.

LÉVY-BRUHL, Lucien. *La Mentalité primitive: The Herbert Spencer Lecture Delivered at Oxford, 29 May 1931*. Oxford: The Clarendon Press, 1931.

LHANDE, R.P. Pierre. *Notre épopée missionnaire: Madagascar* (Nossa Epopeia Missionária: Madagascar). Paris: Plon, 1932.

LINTON, Ralph. *The Tanala: A Hill Tribe of Madagascar*. Chicago: Field Museum of Natural History, 1933.

LOCAMUS, Paul. *Mes trois voyages à Tananarive: 1889-1898-1907. Vint ans de séjour à Madagascar* (Minhas Três Viagens Para Madagascar). Diego-Suarez: E. Chatard, 1908-1909. 2 v.

MADAGASCAR. *Notes, reconnaissances et explorations*. Tananarive: Imprimerie Officielle, 1897. v. 2.

MAGER, Henri. *Nos colonies: La vie à Madagascar* (Nossas Colônias: A Vida em Madagascar). Paris: Firmin-Didot, 1898.

MALZAC, Victorin. *Histoire du royaume hova depuis les origines jusqu'à sa fin* (História do Reinado Hova). Antananarivo: Impr. de la Mission Catholique, 1912.

____. *Tantaran'andriana nanjaka teto Imerina* (História dos Homens Célebres de Imerina). Antananarivo: Impr. de la Mission Catholique, 1909.

MANNONI, Octave. "Terrains" de mission? *Les Temps modernes*, juin-juil. 1971.

____. The Decolonization of Myself. *Race*, London, apr. 1966 [In: *Clefs de l'imaginaire*, Paris, Seul, 1969].

____. Psychologie de la revolte malgache (Psicologia da Revolta Malgaxe), *Esprit*, avril 1950.

____. La personnalité malgache: Ébauche d'une analyse des structures (A Personalidade Malgaxe: Esboço de uma Análise das Estruturas). *Revue de psychologie des peuples*, juil. 1948.

____. Colonisation et psychanalyse (Colonização e Psicanálise). *Chemins du monde* (Caminhos do Mundo), v. 5, oct. 1948.

____. L'enseignement (O Ensino). *Encyclopédie coloniale de Madagascar*.

____. Andriananpoinimerina. *Revue de Madagascar*, juil. 1936.

MERLEAU-PONTY, Dr. La circoncision chez les Sihanaka (A Circuncisão Entre os Sihanaka). *Notes, reconnaissances et explorations*. Madagascar: Imprimerie officielle, 1897.

MONDAIN, Gustave. *Raketaka: Tableau de mœrs féminines dressé à l'aide de proverbes et de fady* (Raketaka: Tabela de Costumes Femininos Elaborada Com a Ajuda de Provérbios e Fady). Paris: E. Leroux, 1925.

____. *Consciences malgaches* (Consciências Malgaxes). Paris: Maison des missions évangeliques, 1906.

____. Condition sociale de la femme hova (Condição Social da Mulher Hova). *Bulletin de l'Académie malgache*, 1904, v. 3.

____. *Des Idées religieuses des Hovas avant l'introduction du christianisme* (Ideias Religiosas dos Hovas Antes da Introdução do Cristianismo). Tese, Universidade de Paris, Cahors, 1904.

OLSEN, M. Histoire des Zafindiamanana (Histórias dos Zafindiamanana). *Bulletin de l'Académie malgache*, 1929.

PAULHAN, Jean. *Les Hain-teny merinas*. Paris: P. Geuthner, 1913 / Gallimard, 1939.

PONDS, Roger. Lettre de Madagascar: Passé, présence et avenir de la France (Carta de Madagascar: Passado, Presença e Futuro da França). *La Tribune des nations*, 6 févr. 1948.

RABEARIVELO, Jean-Joseph. La Poésie malgache (A Poesia Malgaxe). *Revue d'Afrique*, aôut-sept. 1933.

RABEMANANJARA, Jacques. *Les Dieux malgaches* (Os Deuses Malgaxes, tragédia em verso). Paris: Ophrys, 1947.

RASAMUEL, Maurice. Kabary ampanambadiana (Discurso de Casamento). *Bulletin de l'Académie malgache*, v. 1, 1928. Tradução de Colançon.

REALLON, Henriette-H. Trois âges dans l'histoire de l'Imérina (Três Eras na História de Imerina). *Revue de Madagascar*, janv. 1937.

RENEL, Charles. *Ancêtres et dieux* (Ancestrais e Deuses). Antananarivo: Pitot de la Beaujardière, 1923.

____. *La Race inconnue* (A Raça Desconhecida). Paris: B. Grasset, 1910.

____. *La Coutume des ancêtres* (O Costume dos Ancestrais). Paris: P. Olendorff, 1913.

____. Les Amulettes malgaches (Os Amuletos Malgaxes). *Bulletin de l'Académie malgache*, 1915 [*Revue de Madagascar*, 1920].

RUSSILLON, Henry. *Le Vintana* (A Sorte), 1914.

____. Le Sikidy malgache. *Bulletin del'Académie malgache*, v. 6, 1908.

____. *Paganisme, un culte dynastique avec évocation des morts chez les sakalaves de Madagascar. Le tromba*. (Paganismo, um Culto Dinástico Com Evocação dos Mortos. O Tromba). Paris: A. Picard, 1912.

SAVARON, Calixte. *Mes souvenirs à Madagascar avant et après la conquête (1885-1898)* (Minhas Memórias em Madagascar Antes e Depois da Conquista, 1885-1898). Antananarivo: G. Petitot, 1932.

SHAKESPEARE, William. *La Tempête*.

SIRIEX, P.-H. Les Affaires malgaxes (Os Negócios Malgaxes). *Revue de Madagascar*, 1945. Número especial.

____. Situation politique de Madagascar (Situação Política de Madagascar), *La Documentation française*, n. 713, 29 aôut 1947.

STANDING, H.J. Les Fady malgaches (Os Fady Malgaxes). *Bulletin de l'Académie malgache*, 1904.

____. Une Convention de Fokon'olona à Tananarive em 1884 (Uma Convenção de Fokon'olona em Antananarivo em 1884). *Bulletin de l'Académie malgache*, v. 3 1908.

STEVENSON, Robert Louis. The Pavillion on the Links, *New Arabian Nights*. London: Chatto & Windus, 1882..

VAN GENNEP, Arnold. *Tabou et totémisme à Madagascar* (Tabu e Totemismo em Madagascar). Paris: E. Leroux, 1904.

WESTERMANN, Dietrich. *Noirs et blancs en Afrique*. Paris: Payot, 1937.

Este livro foi impresso na cidade de São Bernardo do Campo,
nas oficinas da Paym Gráfica e Editora, em maio de 2024,
para a Editora Perspectiva.